中国企业境外投资
理论研究前沿

Research Frontier of Chinese Firms' Outward Foreign Direct Investment

● 陈福添 著

厦门大学出版社 XIAMEN UNIVERSITY PRESS | 国家一级出版社 全国百佳图书出版单位

总　序

厦门大学企业管理系计划出版一套学术文库丛书，应系主任郭朝阳教授的邀请，我非常乐意为此丛书作序！因为我自己就是伴随着厦门大学企业管理学科的发展而成长进步的，作为一名厦门大学企业管理学科发展的同龄人，我为厦大企业管理学科的每一个成长与进步高兴，也愿意为企业管理学科的发展尽自己的一份力量。厦门大学企业管理学科从1980年恢复招生以来，已经走过了31个春秋，如今已经发展成为国内一支不可忽视的学术力量。企业管理学科于2007年被评为国家重点学科，这是几代人共同努力的结果。但更值得高兴的是今天的企业管理学科已经形成了一支以年轻人为主的、接受过良好的专业学术训练、具有创新思维的师资队伍，他们思想活跃、勇于创新与开拓，在教学、科研与社会服务等方面作出了积极的贡献。

尽管由于时间关系，我并没有看到丛书的所有书稿，但从丛书书目可以看出，这些著作都是企业管理系一批年轻教师近几年来最新的科研成果，有的是在他(她)们博士学位论文研究的基础上所作的进一步探讨与思索，有的是他(她)们承担的国家及省级课题的研究成果。这些成果涉及的领域包括员工关系管理、商业模式创新、战略管理的心智模式研究、企业人力资本投资分析、员工的战略性培训与开发、创业管理、领导影响力研究、我国食品行业的安全性与竞争性等。从以上选题可以看出，企业管理系的年轻教师能紧跟学科研究发展的趋势与方向，掌握了科学的学术研究方法。相信本学术文库的出版，将对企业管理系的教学与科研水平起到比较大的提高与促进作用，也将对国内企业管理学科的研究作出积极的贡献。我期待企业管理系的年轻教师们能有更多高水平的学术成果问世。

林志扬

2011年5月10日

序 言

自国家提出实施“走出去”发展战略以来，短短的十余年间，中国企业抓住国际经济发展趋势和国家政策发展导向所带来的国际化发展机会，在境外投资方面取得迅猛发展，投资增量和投资存量都大幅提高。国家商务部、国家统计局和国家外汇管理局联合发布的《2011 年度中国对外直接投资统计公报》显示，2011 年中国对外直接投资流量达 700 多亿美元；截至 2011 年年底，中国共有 13 500 多家境内投资企业在国(境)外设立境外企业 1.8 万家，分布在全球 177 个国家或地区，对外直接投资存量突破 4 000 亿美元，年末境外企业资产总额近 2 万亿美元。截至 2011 年年末，中国对外直接投资存量的主要特点有：全球排名位于按国家或地区存量排名的第 13 位，但是与发达国家相比仍然存在较大差距；投资存量遍布全球七成的国家或地区；行业涉及商务服务业、金融业、采矿业、批发和零售业、制造业和交通运输业等，多元化格局日益明显；存量主要(七成)分布在亚洲地区；对发展中国家或地区投资存量占多数，存量的国家聚集度较高。中国企业在国际化进程中，不仅有国有企业，也有民营企业；不仅投资于发达国家，也投资于发展中国家；不仅有绿地投资方式，也有跨国并购方式；不仅有制造业和能源业等传统产业，也有高科技行业和服务行业等新兴产业；不仅有成功典范，也有失败个案。虽然已有学者开始关注中国企业国际化问题，也陆续出现了一批研究专著，但是系统梳理企业国际化理论研究前沿并结合中国企业独特情景阐述其理论在中国情境下的运用，则相对欠缺。

本书是作者在所主持的国家自然科学基金项目(项目名称：中国海外子公司投资权限管理研究；项目批准号：71002039)和教育部人文社会科学基金项目(基于经理人视角的中国民营企业国际创业研究；项目批准号：08JC630069)的研究成果的基础上，结合所教授的研究生课程《高级管理学》和本科生课程《跨国管理》的课堂讨论所形成的研究和教学成果。本书力求密切跟踪对外直接投资理论研究前沿，所综述观点主要源于AMJ、AMR、JIBS、SMJ、ASQ和JWB等管理学界和国际商务学界国际顶尖学术期刊，以及《经济研究》、《管理世界》和《中国工业经济》等国内刊发国际商务研究论文的重要期刊；并基于中国情景阐述中国企业在国际化进程中面临的独特情景(特别是制度背景)及其应对策略。全书共分为十个章节，每章分别分析一个研究专题。

第一章阐述了中国企业境外投资发展情况，包括相关概念的法律界定、中国企业境外投资发展历程、中国企业境外投资发展现状以及整体研究进展等。

第二章对国际商务相关理论进行研究述评，期望能够较为全面地对国际商务相关研究领域及其研究文献进行系统梳理，使得我们对国际化有着更加系统性认识。

第三章阐述了企业国际化的传统动因和新兴动因，以及中国企业国际化发展的特殊动因。

第四章阐述了企业国际化发展的经营业绩问题，包括国际化对经营业绩的影响，以及其他相关因素对该两者之间关系的调节作用。

第五章阐述了企业国际化路径选择，主要阐述了国际化渐进模式、国际创业模式和跳板战略等。

第六章阐述了企业国际化投资区位选择问题，包括区位选择理论的提出、对区域概念外延的拓展、企业特征、企业所有权性质、战略性联系和家族控制等对投资区位选择的影响情况。

第七章阐述了企业国际化进入模式选择，分析了绿地投资抑或兼并收购、全资模式抑或合资模式的选择及其影响因素。

第八章阐述了中国企业在国际化进程中面临的外来者劣势及其合法性管理战略，阐述了合法性的概念、类型和管理以及国际化背景下合法性对企业国际化行为的影响情况。

第九章阐述了企业在国际化进程中面临的反海外腐败问题，包括腐败如何影响对外直接投资的两种假说(便利假说和税负假说)、腐败对FDI来源和进入模式的影响以及《反海外腐败法》内容及其影响。

第十章阐述了企业国际化进程中的投资权限布局问题，首先分析了跨国公司海外企业定位从科层范式到网络范式的转型，投资权限的内涵、类型和演化路径选择等。

本书与其他跨国投资研究书籍的显著区别在于，它不是对具体管理职能进行简单的国际化拓展，例如从战略管理发展到国际战略管理、从营销管理发展到国际营销管理和从人力资源管理发展到国际人力资源管理；而是基于国际化过程视角，探讨企业国际化进程中所面临的独特情景以及相关研究领域，比如国际化路径选择、国际化动因考察、投资区位选择、进入模式选择、外来者劣势与组织合法性、海外反腐败行为以及海外企业投资权限等。本书拟对这些国际化问题进行专题分析，并主要基于制度视角阐述中国企业在其特殊制度背景下如何克服外来者劣势等各种国际化经营困难，提高国际化经营水平。相信本书的出版将有助于该领域的学术界和实业界了解中国企业境外投资面临的各种问题，从而提高其国际化成效。

作者

2013 年 4 月

目 录

第一章　中国企业境外投资发展概述

本章内容由中国企业境外投资相关概念界定、中国企业境外投资发展历程分析和中国企业境外投资发展现状分析三部分组成。其中,中国企业境外投资相关概念界定包括中国企业境外投资的内涵界定、中国企业境外投资额的内涵界定、中国企业跨国并购的内涵界定和跨国公司的内涵界定。中国企业境外投资发展历程分析包括尝试阶段(1984—1992 年)、起步阶段(1992—2001 年)和发展阶段(2001 年至今)。中国企业境外投资发展现状分析包括中国企业境外投资总体发展情况、中国企业境外投资主管机构介绍和中国企业境外投资研究现状分析。通过这样的内容安排,本书试图从纵横两条线向读者展示中国企业境外投资的实务进展和研究动态,从而更好地把握中国企业境外投资趋势。

一、中国企业境外投资相关概念界定

为了规范研究对象的明确性,我们需要对相关概念进行明确界定。由于学术界和实业界对相关概念的界定存在认定差异,本书认为,可以采用国际和国内的相关法律法规或者重要机构对相关概念的界定,以减少认定差异,促进该领域研究的对话与沟通,提高其对企业实践的借鉴意义。在本书中,我们主要采用国家商务部、国家统计局和国家外汇管理局于 2010 年 12 月联合颁布的《对外直接投资统计制度》(2010)中对“主要概念及指标解释”的规定,以及联合国贸易与发展会议(UNCTAD)、国际货币基金组织(IMF)和世界银行(WB)等机构对相关概念的界定,作为本书对相关研究概念的认定标准。

1. 中国企业境外投资的内涵界定

在本书中,中国企业境外投资主要指中国企业境外直接投资,两种概念将同时使用,除非有特别说明。根据国家商务部、国家统计局和国家外汇管理局于 2010 年 12 月联合颁布的《对外直接投资统计制度》中对“主要概念及指标解释”的规定，对外直接投资是指我国企业、团体等（以下简称为境内投资者）在国外及港澳台地区以现金、实物、无形资产等方式投资，并以控制国（境）外企业的经营管理权为核心的经济活动。

根据《对外直接投资统计制度》(2010)对“主要概念及指标解释”的规定，对外直接投资的内涵主要体现在一经济体通过投资于另一经济体而实现其持久利益的目标。直接投资企业是指境内投资者直接拥有或控制10%或以上投票权（对公司型企业）或其他等价利益的境外企业。境外企业按设立方式主要分为子公司、联营公司和分支机构。(1)子公司，是指境内投资者拥有该境外企业50%以上的股东或成员表决权，并具有该境外企业行政、管理或监督机构主要成员的任命权或罢免权。(2)联营公司，是指境内投资者拥有该境外企业10%～50%的股东或成员表决权。(3)分支机构，是指境内投资者在国（境）外的非公司型企业；境内投资者在国（境）外的常设机构或办事处、代表处视同分支机构。

2.中国企业境外投资额的内涵界定

根据《对外直接投资统计制度》(2010)对“主要概念及指标解释”的规定，对外直接投资额是指境内投资者在报告期内直接向境外企业实现的投资，包括股本投资、利润再投资以及与公司之间债务交易相关的其他投资。(1)股本投资，是指境内投资者在境外分支机构的股本金，或在其境外子公司和联营公司的股份。其中，股本等于报告年度末境外企业资产负债表中“股本”项乘以中方所占投资份额（或股权比例），当期股本投资的减少记作当期负流量；新增股本等于报告年度境外企业股本增加额乘以中方股权份额，其中包括境内投资者当年实际缴付的股本和由投资收益转增的股本。股本增加额为该企业年末、年初资产负债表“股本”项目相减之差。(2)利润再投资，是指境外子公司或联营公司未作为红利分配但仍应归属于境内投资者的利润部分，以及境外分支机构未汇给境内投资者的利润部分。其中，当期利润再投资等于报告年度境外企业资产负债表中按中方股权比例计算的未分配利润期末数与期初数的差额，当期利润再投资为负数记入当期负流量；利润再投资等于报告年度境外企业资产负债表中按中方股权比例计算的未分配利润期末数，未分配利润期末数为负数的不计入对外直接投资存量。(3)其他投资，是指境内投资者和境外子公司、分支机构以及联营公司之间的债务交易等，包括境内投资者与境外子公司、联营公司和分支机构的借贷；境内投资者当期提供给境外子公司、联营公司、分支机构的借贷记作当期对外直接投资流量和存量的增加；境外子公司、联营公司归还当期或以前年度境内投资者的记作当期对外直接投资的负流量，同时应调减当期存量。

3. 中国企业跨国并购的内涵界定

根据《对外直接投资统计制度》(2010)对“主要概念及指标解释”的规定，并购是兼并和收购的总称。兼并是指境内投资者(或通过其直接投资设立的境外企业)在国(境)外合并其他境外独立企业的行为。收购是指境内投资者(或通过其直接投资设立的境外企业)在国(境)外用现金或者有价证券等方式购买境外实体企业(包括项目)的股票或者资产，以获得对该企业(或项目)的全部资产或者某项资产的所有权，或对该企业的控制权。在并购事件的统计界定方面，三条原则值得特别注意：(1)境内投资者直接与卖方签订并购境外实体企业(或项目)协议以及实施并购的行为活动纳入并购事项统计；(2)境内投资者通过其境外企业与卖方签订并购企业(或项目)协议以及实施并购的行为活动纳入并购事项统计；(3)境内投资者之间的境外企业股权转让不纳入并购事件统计。以上(1)中所涉及并购企业(或项目)的最终控制权不得小于10%；(2)中所涉及并购事项不受最终控股比例的限制。

4. 跨国公司的内涵界定

UNCTAD(1973)将跨国公司定义为：“同时在两个或两个以上国家控制资产、工厂、矿山、销售办事处等的企业。”UNCTAD(1984)将跨国公司定义为必须满足如下三个条件的公司：(1)由两个或两个以上国家的经济实体所组成，而无论这些经济实体的法律形式和活动领域如何；(2)在一个决策系统制定的连贯政策和一个或多个决策中心制定的共同战略下从事经营活动；(3)它的各个实体通过所有权和其他方面相联系，它的一个或多个实体能够对其他实体的经营活动施加有效影响，特别是在与其他实体分享知识、资源和责任等方面。UNCTAD 对跨国公司的定义演变突出了战略和组织一体化的重要性，跨国公司的关键特征在于其对位于不同国家的经营活动实行管理一体化。Bartlett，Ghoshal and Beamish(2008 McGraw-Hill Companies，Inc.)在《跨国管理：概念、案例和阅读材料》(第 5 版)一书中，指出跨国公司必须满足两个必要条件：第一，跨国公司必须在外国从事直接投资，而不是限于从事出口贸易。按照这一条件，大多数贸易商都被排除在外。第二，跨国公司必须对海外资产进行主动的经营管理，而不是消极地以金融证券形式简单地拥有海外资产。按照这一条件，简单的国际机构或者境外上市不能算作真正意义上的跨国公司。Bartlett，Ghoshal and Beamish(2008 McGraw-Hill Companies，Inc.)的观点强调，跨国公司与一般公司的真正区别在于，它创造了一种内部组织体系，而不是依赖开放市场的贸易来执行关键的跨国经营任务和进行内部交易。

本书认为，跨国公司是一种异质性企业间全球价值网络①。该定义有以下几个内涵。第一，跨国公司是一种价值网络。传统的跨国公司研究强调产权属性，主要从产权属性角度出发来研究跨国公司的控制问题。但是，跨国公司更应该是一种价值网络而不仅仅是一种产权网络，跨国公司的存在是为了通过其价值网络而形成资源优势互补，从而促进价值增值目标的实现。产权网络仅仅附属于价值网络，是为实现价值增值服务的。第二，跨国公司是一种全球范围内的价值网络。跨国公司不是指仅在某个国别经营的公司，而是指跨越国界开展经营业务的公司；并以全球市场作为资源配置场所，而不是仅仅局限于某个特殊市场。在这种经营理念的支配下，跨国公司不再单纯强调母子公司之间的产权关系，而是从全球资源最佳配置角度出发来研究经营活动，强调的是资源整合和业务整合，从而形成有机的全球价值网络。第三，组成跨国公司的各个企业存在异质性。跨国公司是由存在异质性的各个企业所构成的，这种异质性表现在资源和能力的差异与互补之上；跨国公司存在的意义，在于发挥各个企业的异质性资源和能力，从而促进跨国公司这一全球价值网络的整体发展。因此，跨国公司应该根据其各个海外企业的资源和能力的异质性来选择其战略类型，并依照该战略选择来设计相应的治理机制。跨国公司作为一种异质性企业间全球价值网络，是由地理分散和目标不同的企业和总部组成的，并嵌入外部网络之中。跨国公司分散在世界各地，面临着不同的经济环境、社会环境和文化环境；为了适应外部环境和组织角色的需要，跨国公司内部各下属企业需要具有异质性。这种分散化和异质性，最终决定了跨国公司内部存在着各种依赖和互赖关系，从而需要建立相应的治理机制。

---

① 实际上，广义的跨国公司(MNCs)包括国际公司、多国公司、全球公司和跨国公司(狭义)四种形态。有些学者也将广义的跨国公司(MNCs)称为跨国企业(MNEs)。现有大多数研究文献没有对广义跨国公司和狭义跨国公司进行严格区分，而是混合使用(除非是研究跨国公司演化历程)。在本书当中，跨国公司主要是指高级形态(狭义)下的一种公司形态，但在研究跨国公司演化历程时则是指广义上的跨国公司。对于中国跨国公司而言，虽然它还处于“走出去”的初级阶段，但是由于它是在网络环境下成长的，因此它也应该将跨国公司发展成由异质性企业所构成的全球价值网络，而不应该停留在跨国公司(广义)早期发展阶段。对于跨国公司是否属于中国的判断，是以其母公司产权主体是否属于中国企业或公民为评定标准。

二、中国企业境外投资发展历程分析

中国早期“走出去”的企业主要是国有企业，民营企业在2003年之后才得以快速发展。早期中国企业的跨国经营，主要是在国家和省级政府的严格监管和行政许可下才得以进行的。1992年邓小平“南方谈话”加速了中国企业的国际化发展步伐，2001年中国加入WTO并提出“走出去”发展战略，进一步放松了中国企业国际化经营管制，在外汇、财政和行政等各个方面给予便利和支持，推动了中国企业的国际化发展进程。Luo，Xue and Han(2010 JWB)基于“政治经济学理论视角”(political economy perspective)分析了新兴市场政府对外直接投资的政策影响，系统阐述了中国政府在中国企业“走出去”发展战略问题上所采取的各种政策措施，包括主管部门变迁史、政策三部曲和关键的规制政策演变，以及当前的促进措施和监管措施，为我们系统了解中国政府的政策导向提供了翔实的文献资料。

中国国家商务部于2003年开始发布《中国对外直接投资统计公报》，而可查的中国企业对外直接投资数据可以追溯到1982年，是由联合国贸易与发展会议(UNCTAD)统计发布的。但是从中国对境外投资政策的发布来看，在经历了“文化大革命”的十年浩劫之后，从1984年起，历经1992年邓小平先生的“南方谈话”和2001年的“中国入世”一直到现在，中国企业境外投资历经了三个不同的发展阶段，每一阶段的政策导向和投资情况各有所不同。

1.尝试阶段(1984—1992年)

经历了“文化大革命”的十年浩劫，中国经济濒临崩溃，邓小平先生提出的“开放政策”为中国经济复苏打开了曙光之门。中国境外直接投资对于中国经济复苏的重要性引起了学术界的关注和讨论，也引起了政策制定者的关注，关注焦点在于中国对外直接投资与社会意识形态是否相悖，以及对外直接投资对国内投资和经济发展的影响等。令人遗憾的是，中国企业缺乏在海外市场进行运作的熟练经验，所以境外直接投资自由化浪潮并未获得社会关注。在该阶段，中国境外直接投资政策的主要目的在于取得并累积外汇，只有取得出口许可的企业才有权保留一定份额的外汇盈余。外汇管制限制了中国境外直接投资规模和范围，国家外汇管理局通过外汇管制政策对中国境外直接投资施加宏观层面和微观层面的影响作用。国家外汇管理局评价海外投资的资金来源以及外汇风险，并且要求对外投资企业保留5%的境外直接投资额作为特别账户基金留在国家外汇管理局。国家外汇管理局对于中国企业境外投资有着非常严格的管制措施，所有的对外直接投资项目都必须经过国家计划委员会或者国务院的审批。中国境外直接投资项目价值最高不能超过1千万美元，所有海外利润都必须返回到国内。以上各种政策管制严重制约了中国境外直接投资的规模和范围，发展速度极为缓慢。根据Cai(1999,China Quarterly)的统计分析，1979年中国对外直接投资从几近零起点上开始发展，到1985年达到了6亿美元，到1991达到了9亿美元，在1992年飞速发展到了40亿美元。1979—1993年，大概三分之二的中国境外直接投资发生在亚洲地区，包括61%投资于香港和澳门；之后分别是北美地区(15%)、澳洲地区(8%)、中东地区(5%)、非洲地区(2%)、拉美地区(2%)和西欧地区(2%)。

2.起步阶段(1992—2001年)

1992年，邓小平先生的南方谈话，回答了“姓资还是姓社”的问题，提出并逐步建立和发展社会主义市场经济体制。国家政府对国有企业采取“抓大放小”的政策导向，进行国有企业改革，逐步放松企业管制。国家政府一方面逐步放宽管制来发展中国境外直接投资，另一方面又担心国有资产流失。在1997年亚洲金融危机的背景下，国家加大对境外直接投资的管制措施，严格审批各项境外投资项目。1998—2002年，国有企业改革围绕“抓大放小”的政策导向，加大对大型国有企业的监管力度，同时放宽对中小企业的行政监管使之转向市场监管，这就形成了一批特大型国有企业，比如中国海洋石油总公司和中国五矿集团等。这些由国家垄断的大型国有企业成为中国境外直接投资的主要成员，占有中国境外直接投资总额的主要部分。1995年之后，中国政府对于外汇管制的政策从“先赚取后使用”(earn-to-use)转向“直接购买并使用”(buy-to-use)，中国企业可以直接从国家外汇管理局购买外汇并对外投资，而不管其是否已经赚取外汇。在该阶段，国家计划委员会(简称为国家计委)提出了强化海外投资政策监管的相关意见，要求中国企业境外直接投资必须使用海外技术、海外资源和海外市场，要求有国有资产参与的境外投资和投资总额超过100万美元的境外投资必须征得国家计划委员会的批准，投资总额超过3 000万美元的境外投资必须征得国务院的批准，中国境外直接投资企业有义务向国家相关部门提供可行性研究报告。另外，国家也开始重视并鼓励中小企业对外投资。

3.发展阶段(2001年至今)

2000年中国政府正式开始实施“走出去”发展战略并进行相关政策制定，为中国企业境外投资创造了良好的制度环境。之后，国家和各级部门先后出台了各种政策来鼓励中国企业境外投资，中国政府在对外直接投资问题上实现了职能转变，从干预转向引导，从控制转向服务，提高了市场机制对中国企业境外的配置作用，逐步实现了服务于中国企业境外投资的职能转变。在此背景下，中国出现了多起重要的跨国并购和绿地投资等跨国投资行为，例如2004年联想对IBM PC业务的收购，2004年TCL对法国汤姆逊电子的收购和1999年海尔在美国设立生产中心等，2005年中海油对美国优尼科石油公司收购的失败，以及最近中海油对加拿大尼克森石油公司的成功收购和三一重工对美国奥巴马总统的起诉等，都闪现出中国企业境外投资的锋芒。2006年，中国开始探索在海外建立经济和贸易合作区，其目的在于避免关税壁垒以扩大出口、在全球市场建立发展中国企业和中国品牌、释放中国外汇储备进而在东道国提供就业机会来促进东道国经济发展和改善双边关系。建立海外经济和贸易合作区的主导思想在于其有利于中国企业以集群方式走向国际，提高其整体抵抗外来者劣势风险的能力。在选址问题上，中国政府综合考虑了双边关系、政治稳定性和比较优势，这些东道国包括韩国、俄罗斯、哈萨克斯坦、尼日利亚和巴基斯坦等(Cheng and Ma，2010)。例如，中国于2006年10月在俄罗斯成立了Ussrriysk经济与贸易合作区，主要负责木材、纺织和物流业务；中国于2006年9月在巴基斯坦成立了“Haier-Ruba经济贸易合作区”，主要生产消费类电子产品；总部设在巴基斯坦拉哈尔市的Ruba集团是集家电生产、国际贸易、房地产开发、钢铁冶炼、经济特区经营和管理、教育培训以及发电等多种经营于一体的巴基斯坦民营企业集团，是巴基斯坦境内首家设立和经营经济特区的私营企业。

2001年中国实施“走出去”发展战略和加入WTO以来，中国政府各个部门陆续出台了各项措施来引导和规范中国企业境外投资，颁发部门包括国家外汇管理局、国有资产监督和管理委员会、国家商务部和国家统计局等，以下列举的是这些年来这些机构颁布的与中国企业境外投资相关的部分重要政策法规。

2003年，国家外汇管理局出台了《国家外汇管理局关于简化境外投资外汇资金来源审查有关问题的通知》。该通知指出，为贯彻实施“走出去”发展战略，落实《国务院关于取消第一批行政审批项目的决定》(国发[2002]24号)的有关精神，做好取消境外投资外汇风险审查和汇回利润保证金两项行政审批的后续监管工作，国家外汇管理局决定简化境外投资外汇资金来源审查手续。

2005年5月1日，为及时了解我国企业境外并购情况，为企业境外并购提供及时有效的政府服务，商务部和国家外汇管理局制定了《企业境外并购事项前期报告制度》，要求企业在确定境外并购意向后，须及时向商务部及地方省级商务主管部门和国家外汇管理局及地方省级外汇管理部门报告。国务院国有资产管理委员会管理的企业直接向商务部和国家外汇管理局报告；其他企业向地方省级商务主管部门和外汇管理部门报告，地方省级商务主管部门和外汇管理部门分别向商务部和国家外汇管理局转报。

2005 年 9 月 1 日，为支持企业参与国际经济技术合作和竞争，促进投资便利化，解决境外投资企业融资难问题，根据《境内机构对外担保管理办法》及其实施细则，国家外汇管理局进一步简化对外汇指定银行为我国境内机构在境外注册的全资附属企业和参股企业提供融资性对外担保的管理手续。

2006 年 7 月 1 日，为适应对外经济发展的需要，完善鼓励境外投资的配套政策，便利境内投资者开展跨国经营，国家外汇管理局调整了部分境外投资外汇管理政策；指出境内投资者到境外投资所需外汇，可使用自有外汇、人民币购汇及国内外汇贷款；国家外汇管理局不再对各分局(外汇管理部)核定境外投资购汇额度。

2011 年 1 月 1 日，为准确、及时、全面地反映我国对外直接投资的实际情况，科学、有效地组织全国对外直接投资统计工作，充分发挥统计咨询、监督作用，国家商务部、国家统计局和国家外汇管理局依照《中华人民共和国统计法》及其实施细则，制定并实施了《对外直接投资统计制度》；指出对外直接投资的基本任务是通过统计调查、统计分析和提供统计资料，全面、准确、及时地反映我国对外直接投资的全貌，为国家分析境外投资发展趋势，监测宏观运行，制定促进导向政策和实施监督管理，以及建立我国资本项目预警机制提供依据。

2011 年 7 月 1 日，由国务院国有资产监督管理委员会颁布的《中央企业境外国有资产监督管理暂行办法》和《中央企业境外国有产权管理暂行办法》正式实施，其目的是加强对国务院国有资产监督管理委员会履行出资人职责的企业(中央企业)的境外国有资产的监督管理，规范境外企业经营行为，维护境外国有资产权益，防止国有资产流失。

2012 年 5 月 1 日，《中央企业境外投资监督管理暂行办法》(简称《境外投资监管办法》)正式出台，其目的是加强对国务院国有资产监督管理委员会(国资委)履行出资人职责的企业(中央企业)的境外投资的监督管理，促进中央企业开展国际化经营，引导和规范中央企业境外投资活动。《境外投资监管办法》要求中央企业根据企业国际化经营战略需要制定境外投资规划，建立健全企业境外投资管理制度，提高决策质量和风险防范水平，组织开展定期审计，加强境外投资管理机构和人才队伍建设，加强对各级子企业境外投资活动的监督和指导；要求中央企业各级子企业依法建立健全境外投资管理制度，严格遵守中央企业境外投资管理规定，加强境外投资决策和实施的管理。《境外投资监管办法》的出台，是国资委依法履行出资人职责、完善国有资产保值增值责任体系的一项重要举措，对于推动中央企业认真落实做强做优、培育具有国际竞争力的世界一流企业的目标要求，加快实施国际化经营战略，具有重要意义。《境外投资监管办法》与2011年发布的《中央企业境外国有资产监督管理暂行办法》(国资委令第26号)和《中央企业境外国有产权管理暂行办法》(国资委令第27号)共同构成了国资委对中央企业境外国有资产监督管理的制度体系。《境外投资监管办法》主要内容包括：定义境外投资概念，明确《境外投资监管办法》适用范围；明确国资委、中央企业对境外投资监管的职责；提出境外投资活动应当遵守的原则；要求中央企业建立健全境外投资管理制度；规定中央企业境外投资计划报送制度；明确主业境外投资项目备案和非主业境外投资项目审核的程序和内容；对提高境外投资决策质量和加强境外投资风险防范提出要求。

三、中国企业境外投资发展现状分析

1.中国企业境外投资总体发展情况

伴随着GDP的高速增长，中国经济在全球经济中扮演着重要角色。中国不但是全球重要的对外直接投资资金流入国，也是全球重要的对外直接投资资金流出国。中国共产党第十五届二中全会提出，我国企业要实施"走出去"战略。党的"十六大"又明确指出：实施"走出去"战略是对外开放新阶段的重大举措。我国政府鼓励和支持有比较优势的各种所有制企业对外投资，以形成一批有竞争力的跨国企业，积极参与国际经济技术合作与竞争。继而，我国跨国公司快速崛起，其海外子公司的数目迅速增加。国务院时任总理温家宝2009年3月5日在十一届全国人大二次会议上所作的政府工作报告中指出，"支持各类有条件的企业对外投资和开展跨国并购，充分发挥大型企业在'走出去'中的主力军作用"。国务院时任总理温家宝在2013年《政府工作报告》中指出，"我国正处于对外投资加快发展的重要阶段，要加强宏观指导，强化政策支持，简化审批手续，健全服务保障。引导各类所有制企业有序开展境外能源、原材料、农业、制造业、服务业、基础设施等领域投资合作和跨国并购。创新境外经贸合作区发展模式，支持'走出去'的企业相互协同、集群发展。放宽居民境外投资限制。加强对外投资风险管理，维护我境外企业人员和资产安全"。

根据国家商务部的最新权威统计，2012 年，中国境内投资者共对全球 141 个国家和地区的 4 425 家境外企业进行了直接投资，累计实现非金融类直接投资 772.2 亿美元，同比增长 28.6%。其中，股本投资和其他投资 628.2 亿美元，占 81.4%，利润再投资 144 亿美元，占 18.6%。[①]《世界商务期刊》(Journal of World Business，以下简称为 JWB)2012 年第 1 期(ISSN 1090-9516 Vol. 47，issue 1)刊发了针对中国企业国际化问题的专题研究。JWBEditorial(2012)指出，中国已经从注重出口和 OEM 发展到注重合资和并购。一批卓越的中国企业开始踏上了国际化征途，这些企业包括海尔(家用电器行业)、华为(电信设备行业)、TCL(电子产品行业)、联想(电脑设备行业)、青岛啤酒(啤酒饮料行业)和格兰仕(微波炉行业)等。2009 年，海尔集团占据全球冰箱行业 10.4%的市场份额，成为全球最大的白色家电制造商；联想占有全球8.8%的市场份额，仅次于惠普、宏碁和戴尔(Euromonitor，2009)。华为成为全球第二大电信设备制造商，其销售额中有 75%来自海外市场，并于 2010 年首次进入财富全球 500 强企业(Fortune Global 500)(JWBEditorial，2012)。[②] 2013 年 2 月 26 日，中国海洋石油有限公司宣布，中海油完成收购加拿大尼克森公司的交易，收购尼克森的普通股和优先股的总对价约为 151 亿美元，成为中国企业成功完成的最大一笔海外并购。中海油董事长王宜林认为，通过收购尼克森，使公司获得一个国际领先的发展平台。中海油坚信收购尼克森符合公司发展战略并将为股东带来长远利益。中海油首席执行官李凡荣先生表示："尼克森是一个较强且具备较好增长前景的多元化公司，拥有丰富的资源量及储量、较高的勘探前景和能充分发挥资产价值的高素质员工。我们将充分发挥该平台的功能，进一步拓展公司的海外业务。"尼克森将作为中海油的全资子公司，由在尼克森工作 18 年以上的首席执行官 Kevin Reinhart 继续负责运营。新的董事会将由中海油、尼克森及加拿大籍独立董事组成，李凡荣先生担任该公司董事长。[③] 以上资料表明，中国企业开始重视全球

---

① 数据来源：国家商务部官方网站，http://hzs.mofcom.gov.cn/article/date/201301/20130100006028.shtml。

② 更多名单可以参考由中华人民共和国商务部、中华人民共和国国家统计局和国家外汇管理局联合出版的《2011 年度中国对外直接投资统计公报》(中国统计出版社，2012 年 8 月)中根据"对外直接投资存量、境外企业资产总额、境外企业销售收入"三个指标排序的中国非金融类跨国公司 100 强名单。

③ 资料来源：中海油新闻办公室，http://www.cnooc.com.cn/data/html/news/2013-02-26/chinese/335139.html。

战略运作，已逐渐融入全球经济，成为全球经济的重要组成部分。

由国家商务部、国家统计局和国家外汇管理局联合颁布的《2011年度中国对外直接投资统计公报》显示，2011年中国对外直接投资流量增势强劲，并购领域较为集中，全部为非金融类投资并购，并购领域以采矿业、制造业、电力生产和供应业为主，对主要经济体投资增长快速，主要投资流向为发展中国家，行业分布广，流向交通运输业、金融业、商业服务业的投资下降幅度较大，六成投资流向中国香港、英属维尔京群岛和开曼群岛，对欧洲、大洋洲和非洲的投资快速增长，对北美洲投资略有下降，在非金融类对外直接投资中，国有企业仅占55.1%。2011年中国对外直接投资净额（简称为流量）为746.5亿美元，较上年增长8.5%。其中，新增股本投资313.8亿美元，占42%；当期利润再投资244.6亿美元，占32.8%；其他投资188.1亿美元，占25.2%。截至2011年底，中国共有13 500多家境内投资者在国（境）外设立对外直接投资企业1.8万家，分布在全球177个国家（地区），对外直接投资累计净额（存量）4 247.8亿美元，其中，股本投资1 418.4亿美元，占33.4%；利润再投资1 706.5亿美元，占40.2%；其他投资1 122.9亿美元，占26.4%。

2011年末中国对外直接投资存量达到4 247.8亿美元，位于全球按国家地区存量排名的第13位，较2010年末上升四位。中国对外直接投资起步较晚，存量规模远不及发达国家，仅相当于美国对外直接投资存量的9.4%、英国的29.5%、法国的30.9%和日本的44.1%；投资存量遍布全球七成的国家（地区），共分布在全球177个国家（地区），较2010年新增了对南苏丹的投资，撤销了对冰岛和伯利兹的投资；行业多元化，商务服务业、金融业、采矿业、批发和零售业、制造业和交通运输业形成中国对外直接投资的主要行业架构；存量的七成分布在亚洲地区，主要分布在中国香港、新加坡、哈萨克斯坦、中国澳门、缅甸、巴基斯坦、蒙古、柬埔寨、硬度尼西亚、韩国和日本等；对发展中国家投资存量占89%，发达国家占11%；投资地区聚集度高，主要集中在中国香港（占61.6%）、英属维尔京群岛（占6.9%）、开曼群岛（5.1%）、澳大利亚（占2.6%）、新加坡（占2.5%）、美国（占2.1%）、卢森堡（占1.7%）、南非（占1.0%）、俄罗斯联邦（占0.9%）、加拿大（占0.9%）、法国（占0.9%）、哈萨克斯坦（占0.7%）、中国澳门（0.6%）、英国（占0.6%）、德国（占0.5%）、缅甸（占0.5%）、巴基斯坦（占0.5%）、蒙古（占0.4%）、柬埔寨（占0.4%）和印度尼西亚（占0.4%）等。

中国对外直接投资者的构成方面，2011年末中国对外直接投资者达到了13 500家，从境内投资者在中国工商行政管理部门的登记注册情况来看，境内投资者为有限责任公司占60.4%，国有企业占11.1%、私营企业占8.3%、股份有限公司占7.7%、股份合作企业占4.0%、外商投资企业占3.6%、港澳台投资企业占2.4%、集体企业占1%、个体经营占0.8%，其他占0.7%[①]。从境外企业的设立方式来看，子公司及分支机构占境外企业数量的95.3%，联营公司仅占4.7%。从设立境外企业的数量来看，中央企业和单位占16.9%，地方企业占83.1%，其中，浙江省是中国拥有境外企业数量最多的省份，占境外企业总数的17.8%；其次为广东省，占11.4%；江苏省位列第三，占8%。

中国企业境外投资主要呈现出四种类型。第一，绿地投资型。这种投资是指直接在海外投入资金设立独资或合资子公司。例如，海尔在美国和巴基斯坦建有工业园；TCL在越南建立彩电生产线以及数码相机和电工产品生产线；格力在巴西生产空调；中兴在巴基斯坦建厂等。第二，跨国并购型。按照并购目标的不同，可以分为四种并购类型。一是资源开发。中海油通过购入东道国现成油气田股份，成为印尼最大的海上石油生产商；中石油也收购了印尼部分油气田。二是生产与营销全球延伸。上汽通过购入通用大宇股份，走上国际化经营之路；TCL通过收购破产拍卖的德国施耐德电子公司，成为欧洲高端彩电主要生产商等。三是逆向代工。万向集团购入纳斯达克濒临摘牌的美国汽车零部件厂商UAI公司，后者每年从万向购入制动器，使万向销售成本大为降低。四是获取技术。京东方科技购入韩国现代显示器株式会社，从而同时获得了对方的产品和技术。第三，研究开发型。例如，华为在硅谷、达拉斯、班加罗尔、斯德哥尔摩和莫斯科设立了研究所，同摩托罗拉、英特尔和微软等成立联合实验室；李宁集团和意大利著名的设计室ROK签订了设计合约；广东格兰仕集团在美国西雅图设立了研发中心；海尔在美国、欧洲等地已实现本土设计、本土制造、本土营销，不是从国内派人到国外经营，而是聘用当地人才，利用当地资源创品牌。第四，战略联盟型。它是指通过同其他国家公司开展某方面的联合，达到优势组合和跨国发展的目的。例如，TCL通过同法国汤姆逊公司合资组建TTE Corporation（简称TTE），合并双方彩电和DVD业务，在亚欧美各主要市场拥有高效率的制造中心。中国企业海外投资的整体成绩十分明显，一方面扩张了企业的全球产能和市场，另一方面还提升了企业品牌的国际形象，如海尔、华为、TCL和青岛啤酒等企业已经取得了国

① 注：以上资料来自《2011年度中国对外直接投资统计公报》，中国统计出版社，2012年8月，本书认为此类划分存在商榷之处，原因在于国有企业和私营企业也可能是股份有限公司，因此此类划分存在交叉重叠问题，值得商榷。

际声誉。此外，海外投资为企业拓宽了资金来源，如中石化通过与埃克森美孚和英国石油联盟，促进了其在纽约证交所交易的筹资，为企业的全球发展创造了重要条件。尽管我国企业对外投资发展进入快速发展时期，但是其规模还是远远不够的。中国企业“走出去”在境外投资还是一种新兴事业，中国跨国公司正处于发展的初级阶段，在产业布局、企业管理、市场拓展和技术开发等方面都需要不断地积累经验。因此，为了促使中国跨国公司在经济全球化背景下成长壮大，就有必要加强对中国跨国公司的研究，包括中国跨国公司的目标市场选择、市场进入模式以及海外企业的战略定位和治理机制设计等，以完善中国跨国公司管理水平，从而使其融入全球创新网络体系并形成自己主导的行业标准。

传统上，跨国公司研发活动主要集中在发达国家之间；现在，越来越多的跨国公司(特别是汽车、电子、生物以及制药等行业的跨国公司)逐渐在发展中国家建立研发机构，其研发活动逐渐以全球市场为目标并被整合于跨国公司的核心创新体系。例如，自 1993 年摩托罗拉在中国建立了第一个外资研发实验室以来，目前国外跨国公司在华已设立了 700 多家研发机构；在半导体设计方面，东南亚和东亚地区在 20 世纪 90 年代中期还几乎为零，到 2002 年已经占世界份额的 30%；位于巴西的通用汽车子公司与位于美国、欧洲和亚洲的通用汽车子公司开展了设计权限竞争(《WIR05》)。

跨国公司逐渐将发展中国家视为其持续发展、技能更新以及新技术开发的重要来源，而不仅仅是廉价劳动力来源。对于跨国公司而言，研发国际化不仅有助于世界各地的技术转移，而且也有助于技术创新过程本身。实际上，跨国公司的研发国际化具有溢出效应，它也有助于帮助东道国提高技术和创新能力；但同时也可能进一步恶化那些无法融入全球创新网络的发展中国家的创新能力。根据 UNCTAD 创新能力指数①(ICI，Innovation Capability Index)，不同国家之间的创新能力以及它从研发国际化进程中的获益程度存在很大差异。东道国创新能力直接影响到其对于跨国公司研发投资的吸引力，并影响到其从国际研发中获益的程度，这是因为跨国公司研发质量受到东

---

① 《WIR05》提出了一种新的国家创新能力测量体系(UNCTAD 创新能力指数——UNICI，即 UNCTAD Innovation Capability Index)。它所测量的内容包括：(1)创新活动(技术活动指数，the Technological Activity Index)；(2)用于衡量创新活动的能力可获取性(人力资本指数，the Human Capital Index)。有关国家创新能力测量指标体系的详细内容，请参阅《WIR05》第 111～116 页。

道国创新能力的影响。跨国公司与东道国之间的互动过程，将会影响研发活动的深度与广度，而这种互动过程则受到东道国制度环境和政府政策的影响。

跨国公司研发全球化既给我国企业带来机遇，同时也带来挑战。我国企业可以积极利用国外跨国公司研发全球化来促进国内产业结构调整，提升创新能力，使企业能够尽快融入全球创新网络体系。同时，我国企业也需要加大自主创新力度，提高自主创新能力，以在融入全球创新网络体系的同时，尽可能占据全球创新网络体系的主导地位。对中国跨国公司而言，这不仅意味着需要在国内与其他跨国公司开展研发合作，而且需要在国外与东道国企业、政府和科研机构开展联合研发，以提升对全球创新网络体系的支配力度，进而形成由自己主导的行业标准。因此，中国企业的跨国经营刻不容缓，而如何通过提高中国跨国企业的治理水平，从而提高其创新能力、应变能力、整合能力和监督能力，是中国企业国际化进程中迫切需要解决的问题。

2.中国企业境外投资主管机构介绍

(1)国务院。国务院在规划中国中长期对外直接投资发展蓝图方面充当制度规划和领导角色。为了避免过分干预，国务院没有直接参与具体的政策发起，而是处理更为基础性的政策问题，比如主要的政策变化和规制调整，以制定和实施中国中长期对外直接投资发展蓝图。国务院是中国对外直接投资发展蓝图的设计者和政策制定者，从宏观上引导中国企业在新的全球化背景下大力实施“走出去”发展战略，从而提高中国企业在全球市场的竞争地位。

(2)中国人民银行。中国人民银行作为中国央行，其对中国企业对外直接投资的影响作用主要是通过货币政策和外汇政策来加以实现的。例如，人民币贬值促进中国企业加大对外直接投资力度，人为降低外汇储备金率使得更多外汇得以在中国外汇市场上流动，从而使得更多企业能够参与对外直接投资，并且对外直接投资规模也因此得以提高。

(3)国家外汇管理局。国家外汇管理局在中国人民银行的监督和管理下，主要负责外汇的流进和流出，在外汇管理方面承担如下职能：向国务院报告支付平衡表、审视外汇政策、监督外汇流进和外汇流出，以及管理中国外汇储备。国家外汇管理局直接参与了中国对外直接投资的审批流程和年度报备，并与国家统计局和国家外汇管理局每年度联合颁布上个年度《中国企业对外直接投资统计公报》。

(4)国家商务部。国家商务部是促进和管理中国企业境外直接投资的核心机构，负责起草对外直接投资政策和规制以及批准非金融部门的大规模对外直接投资项目;代表中国政府在世界贸易组织或者其他国际机构进行双边或多边投资与贸易谈判;确保中国经济和贸易法与国际条约和协定相一致;协调中国对外援助政策和相关资助与贷款计划。国家商务部负责中国企业境外直接投资的年度数据采集、投资机会发布、投资风险评估和投资报告发布等。

(5)国家发展和改革委员会(简称国家发改委)。国家发改委受命于国务院,负责制定、实施和监督中国经济和产业政策,发布国家产业支持政策。一些大型投资项目,包括涉外并购项目或其他涉外投资项目等,都必须经国家发改委审批通过后方可执行。

(6)国有资产监督和管理委员会(简称国资委)。国资委是由国务院于2003年设立的主要政府机构,其主要职责在于管理非金融类国有资产,对于大型非金融类国有企业的境外直接投资拥有管理职责和权力。在央企频现海外亏损的情况下,于2011年颁布了《中央企业境外国有资产监督管理暂行办法》和《中央企业境外国有产权管理暂行办法》,标示着国资委着手对央企境外资产的监督和管理。两办法将于2011年7月1日起正式执行。《境外资产监管办法》明确要求,国资委要组织开展中央企业境外国有资产产权登记、资产统计、清产核资、资产评估和绩效评价等基础管理工作;首度明确将境外企业纳入中央企业业绩考核和绩效评价范围,定期组织开展境外企业抽查审计。中央企业应明确外派人员岗位职责、工作纪律、工资薪酬等;要求境外企业注册地相关法律规定须以个人名义持有的,应当统一由中央企业依据有关规定决定或者批准,依法办理委托出资等保全国有产权的法律手续,并以书面形式报告国资委。国资委公布了境外企业出现七大情形就将追究有关责任人责任,这七大情形包括:违规出借银行账户,越权或违规进行投资、调度和使用资金、处置资产,内控防范存在严重缺陷,有账外业务和账外资产,通过不正当交易转移利润,挪用或者截留应缴收益,未按本规定及时报告重大事项等。

3. 中国企业境外投资研究现状分析

当代中国经济融入全球经济始于20世纪70年代末的"开放政策",并在1992年邓小平先生的南方谈话和2011年中国入世后,获得快速发展。已有研究主要着眼于中国贸易的全球地位、中国作为制造基地的比较优势以及中国内向FDI的规模、分布和影响(Buckley,Clegg and Wang,2002 JIBS),对于中国作为FDI资金来源国的研究比较少,且偏向于对FDI发展趋势的描述性研究(Taylor,2002 ABM;Deng,2003 JLOS;Deng,2004 BH)和深度案例研究(Liu and Li,2002 EMJ;Warner,Hong and Xu,2004 APBR),采用公开数据进行实证研究的论文还相对比较稀少。与来自发达国家的跨国公司相比,中国企业存在诸多劣势，包括海外市场知识有限性、海外营销能力有限性、研发能力薄弱、缺乏国际品牌、缺乏战略聚焦和缺乏海外业务协调经验。中国作为全球最大的发展中国家，其经济增长模式引起全球学术界关注。特别地，由于中国情境的特殊性，中国企业境外投资发展模式与发达国家企业境外投资存在差异。这就决定了需要基于中国情境特殊性来理解和解释中国企业境外投资发展模式，从而在理论上丰富和完善已有的企业境外投资理论，在实践上为其他国家认识和借鉴中国企业境外投资发展模式提供借鉴意义。

(1)国际期刊和学者对于中国 OFDI 的研究关注。国际商务研究的顶尖学术期刊《世界商务杂志》(JWB，2012)从 47 篇投稿中选出 8 篇具有代表性的研究论文，从五个方面阐述中国企业国际化研究主题，包括地区因素如何影响国际化与业绩之间的关系、中国外向对外直接投资、中国企业在德国市场的进入模式和战略选择、中印企业跨国并购所有权优势比较，以及消费者视角下的中国品牌等。在《跨国并购的比较所有权优势框架——中国和印度跨国公司的兴起》一文中，Sun，Peng，Ren and Yan(2012 JWB)认为，发展中国家的跨国并购存在特殊性，挑战了已有国际商务文献对跨国并购的认识。该文献将比较优势理论与邓宁的 OLI 折中范式结合起来，构建了比较所有权优势模型，用于解释发展中国家的跨国并购实践。该比较所有权优势模型强调“国家—产业要素禀赋”“动态学习”“价值创造”“价值链重构”和“制度促进与约束”等五个方面特征。通过对于来自中国和印度 2000—2008 年间的 1 526 次跨国并购的实践进行分析，证明了其比较所有权优势模型的存在性。在《中国 OFDI——区位选择和企业所有权》一文中，Ramasamy，Yeung and Laforet (2012 JWB)考察了 2006—2008 年间中国上市公司跨国投资区位选择决策，在此基础上依据大股东性质将样本分为国有控股企业和民营控股企业。研究发现，国际化决定因素因所有权而异，国有控股企业倾向于投资到自然资源丰富的国别和高政治风险的国别；民营控股企业倾向于投资到市场机制主导的国别。在《中国 OFDI 决定因素》一文中，Kolstad and Wiig(2012 JWB)考察了 2003—2006 年间东道国因素对中国 OFDI 的影响情况，研究发现中国 OFDI 倾向于投资到拥有广阔市场的国别，以及自然资源丰富但制度薄弱的国家。在《在德中资企业：进入模式和 LOF 克服战略》一文中，Klossek，Linke and Nippa(2012 JWB)考察了在德中资企业市场进入模式与外来者劣势克服战略之间的关系，研究发现中国企业已经获得了一定的国际化投资经验，并且进入模式选择影响到其克服外来者劣势的战略选择。在《中资企业在东南亚地区的区位选择：传统经济因素和制度视角》一文中，Kang and Jiang(2012

JWB)研究发现,制度因素和经济因素都在一定程度上解释了中国在东南亚地区的OFDI水平,但制度因素相比较于经济因素解释力度更高;中国在东南亚地区OFDI的区位选择具有动态性,中国OFDI因不同经济集团和不同时间点而异。在《企业异质性与中国跨国公司区位选择》一文中,Duanmu(2012 JWB)考察了企业性质对跨国公司区位选择的影响情况,发现国有企业相对于其他企业较少关注东道国的政治风险,但是更加关注人民币汇率问题;中国跨国公司的战略意图影响到其区位选择,制造业相对于贸易型公司更加关注东道国市场的市场规模和成本结构。在《中国企业国际化与业绩关系中的地区效应》一文中,Chen and Tan(2012 JWB)以中国887家上市公司历时9年的面板数据为研究样本,探索其国际化程度与经营绩效之间的关系,以及东道国区位因素如何对经营绩效产生影响,发现投资到大中华区(Greater China Region)、亚洲地区、亚洲以外地区的中国企业在经营业绩方面存在差异;在控制了反向因果影响之后,仍然发现投资到大中华区的中国跨国公司的经营业绩显著高于投资到其他地区的中国跨国公司的经营业绩。在《中国民营企业国际化:相对于母国市场竞争者的竞争优势和竞争劣势的影响情况》一文中,Liang,Lu and Wang(2012 JWB)基于资源基础理论,考察了资源禀赋和组织能力对中国企业国际化及其风险偏好的影响情况,研究发现相对于母国市场竞争者(包括国有企业和外资企业)的资源禀赋和组织能力的竞争优势或竞争劣势,对中国民营企业国际化产生重要影响。

《国际商务研究期刊》(JIBS)曾在2007年刊发了针对发展中国家对外直接投资的研究专刊。Luo and Tung(2007 JIBS)研究认为,来自发展中经济体的跨国公司以国家扩张作为跳板来取得战略性资源和减少来自母国的制度缺陷和市场限制。Buckley,Clegg,Cross,Liu,Voss and Zheng(2007 JIBS)基于1984—2001年间中国OFDI官方数据,研究了中国企业境外投资的决定因素,并探索已有的企业国际化理论能否用于解释发展中国家。研究发现,中国OFDI与东道国的政治风险和文化相似性存在高度相关性;基于1984—1991年间数据,发现中国OFDI与东道国的市场规模和地理距离存在高度相关性;基于1992—2001年间数据,发现中国OFDI与东道国自然要素禀赋存在高度相关性。Yiu,Lau and Bruton(2007 JIBS)研究发现企业独特所有权优势和国际创业之间的关系受到母国竞争程度和出口程度的影响,此外该两者关系也受到公司创业转型程度的影响。Filatotchev,Strange,Piesse and Lien(2007 JIBS)研究了台湾企业在中国大陆市场的进入模式和区位选择,研究发现进入模式依赖于家族和机构投资者对母公司持股情况;在与母公司保持强势经济联系、文化联系和历史联系的投资区域中，跨国公司将采取高承诺进入方式(high-commitment entry)；以及进入模式与区位选择之间存在相关关系。

此外，其他诸多学者也对中国OFDI给予研究关注。Rauch and Trindade(2002 RES)对华侨网络与国际贸易之间的关系进行研究，该研究视角对于我们研究中国OFDI具有借鉴意义，我们可以借此考察华侨网络对于中国OFDI区位选择和经营业绩的影响情况。Mock，Yeung and Zhao(2008 JIBS)分析了中国OFDI的现状、区位选择和主要投资者，考察了中国OFDI的宏观影响因素，分别是高储蓄率、薄弱的公司治理和扭曲的资本市场，认为这些因素将会扭曲中国OFDI朝向健康发展。Liu(2007 JIBS)阐述了Lenovo公司的国际化战略，特别是其并购IBM PC业务事件。He and Lyles(2008 Business Horizons)基于微案例研究方法，阐述了中国企业在投资美国市场时所面临的对中国OFDI及其历史和挑战的两种极端反应。Child and Rodrigues(2005 MOR)考察了中国市场开拓型企业的国际化动因和模式选择，分析了其在技术获取和品牌提升方面的国际化行为，研究认为中国企业国际化与传统企业国际化不同，其主要目的在于借助国际化来发展和提升自身能力而非充分利用已有能力来获取利润。Cui and Jiang(2012 JIBS)基于中国OFDI企业分析了国有产权(state ownership)对于企业OFDI所有权决策(ownership decisions)的影响情况，研究认为国有产权使得企业与母国政府之间具有联系纽带，这将使得企业资源更多依赖于国家制度，而这也将同时影响到东道国对企业的印象。Rui and Yip(2008 JWB)基于战略意图视角(SIP，strategic intent perspective)分析了中国企业海外收购行为，研究认为中国企业海外收购是为了获取战略性能力来抵消其竞争劣势并充分发挥其独特所有权优势，并同时充分利用制度激励和避免制度约束。与该研究观点相一致的研究还有Deng(2007 Horizons，2009 JWB)等，该研究文献也认为中国企业境外投资具有发展战略性资产与能力的投资动机。

(2)国内期刊和学者对中国OFDI的研究关注。随着中国OFDI不断发展，国内学者也对这一日益重要的中国企业实践给予研究关注。这些研究关注不仅出现在新闻媒体报道上，而且还出现在学术性研究期刊以及一些研究学者的研究专著里，国家各级研究机构(比如国家自然科学基金委员会等)也对中国企业境外投资给予研究支持。例如，上海财经大学颜光华教授主持的"基于知识和网络的中国海外企业治理与组织控制研究"(70372068)将网络环境、知识基础和治理机制联系起来，研究网络环境下中国跨国公司如何设计一套有效的治理机制，来治理海外企业行为并促进跨国公司的整体发展；复旦大学薛求知教授主持的“中国企业海外子公司定位、协调和控制研究”(70472022)将海外子公司定位与协调和控制机制联系起来进行研究等。在国内期刊方面,中国 OFDI 研究涉及中国国有企业境外资产监管问题研究(周煊,2012 中国工业经济)、中国企业海外并购成败分析(顾露露、Robert Reed,2011 经济研究)、中国企业对外直接投资的国家特定优势(裴长洪、樊瑛,2010 中国工业经济;裴长洪、郑文,2011 经济研究)、中国企业走出去的制度障碍研究(张建红、周朝鸿,2010 经济研究)、决定中国企业海外收购成败的因素分析(张建红、卫新江和海柯·艾伯斯,2010 管理世界)、中国企业海外市场进入模式选择(黄速建、刘建丽,2009 中国工业经济)、东道国腐败对跨国公司进入模式的影响(薛求知、韩冰洁,2008 经济研究)、机构投资者对企业国际化的影响研究(薛求知、李茜,2010 国际商务研究)、天生全球化企业创业机理与成长模式研究(朱吉庆、薛求知,2010 研究与发展管理)和中国企业海外并购经济后果研究(王海,2007 管理世界)等。

周煊(2012 中国工业经济)基于内部控制整体框架视角,认为国有企业境外资产的监管能力本质上是境外子公司的内部控制能力问题,认为内部控制整体框架理论能够为中国国有企业境外监管提供一个系统分析工具;研究认为,在控制环境要素方面,要提升国有企业公司治理水平并完善境外高管的选聘、培训和激励机制;在风险评估要素方面,要构建清晰的跨国经营战略控制风险,并构建多元化董事会结构提升风险识别和评估能力;在控制活动要素方面,要强调业务控制与财务控制并重,构建境外高管的权力制衡机制;在信息与沟通要素方面,要利用计算机网络技术实现全方位监控,实现境内外信息传递的及时性、准确性与完整性;在监督要素方面,要通过内部审计强化内控制度执行,通过外部审计实现内控制度评价及优化,通过政府审计强化境外国有资产管理。

顾露露、Robert Reed(2011 经济研究)运用市场模型、FF3FM 模型和事件研究的基本方法评估 1994—2009 年中国 157 个企业海外并购事件的短期和中长期绩效。研究结果显示,尽管外界对海外并购绩效看法各异,但中国企业海外并购事件公告日的市场绩效明显为正,反映了市场对中国企业海外并购的正面评价。从中长期的角度看,中国企业海外并购整体上取得了非负的超常回报率,体现了政府“走出去”战略的胜利开局。考虑到行业绩效差异,该文运用 Fix-to-fix 控制组的方法对并购中长期绩效的决定性因素进行了多元回归分析,结果显示海外并购受益于人民币升值,国有企业的并购绩效明显差于民营企业,中国海外上市公司的绩效优于内地上市的公司。

裴长洪、郑文(2011 经济研究)研究认为,现有国际投资理论以跨国公司为研究对象,把"企业自身优势"与"东道国区位优势"作为一国企业对外投资的优势来源,这种认识有一定合理性,但其不足之处在于忽视了母国国家整体在一国对外投资中的地位与作用,难以完全解释当代发达国家和新兴国家的对外投资现象。该文献构建了跨国投资理论的补充解释框架,认为母国是一国企业对外投资的基石,它在国民收入水平、服务业发展水平等方面为本国企业发展提供基础性条件;母国因发展条件的不同,造就了各国不同的行业优势、规模优势、区位优势、组织优势及其他特定优势,这些母国国家特定优势也是本国企业参与国际竞争的优势之源,对本国企业参与对外投资具有重要意义。

张建红、周朝鸿(2010 经济研究)以海外收购为例,对制度因素在中国企业走出去过程中的作用进行理论探索和实证研究。其研究表明,制度因素不仅有可能直接影响企业国际化战略的顺利实施,而且会对影响企业国际化战略实施的其他因素产生显著的调节作用,从而间接地影响企业国际化的成效。对海外收购的实证研究的结果从三个方面证实了该观点。第一,东道国制度质量对中国企业海外收购成功概率没有产生直接显著的影响,但对影响海外收购成功的其他因素(产业保护和收购经验)有明显的负面调节作用;第二,收购企业的国有制形式对收购的完成有显著负面影响,这一负面影响在市场化和民主化程度高的东道国更加突出;第三,东道国产业保护对中国企业海外收购的完成有负面影响,这一负面影响对国有收购者更加突出。张建红、卫新江和海柯·艾伯斯(2010 管理世界)通过对 1 324 个中国企业海外收购案例进行实证分析,发现显著影响海外收购交易成败的因素来自不同层面。政治力量对敏感产业的影响、母国和东道国的经济关联度、收购企业和被收购企业的所有制形式、海外收购的经验和专业顾问的聘用等因素都显著地影响收购成败。研究认为,交易双方政治和体制方面的影响以及收购企业本身国际化水平的限制是中国企业海外收购成功率低的两个主要原因。

黄速建、刘建丽(2009 中国工业经济)研究认为,海外市场进入模式选择是企业国际化战略决策的核心内容。进入模式选择的科学与否,直接影响企业的国际化经营绩效。传统经济学选择模型从"经济效益最大化"角度出发构筑"成本—收益"分析框架,这对发达国家跨国公司有一定指导意义;而对于中国这样的发展中国家,多数企业还处在国际化初级阶段,它们进入海外市场很大程度上是为了学习先进的技术和管理经验,企业的进入模式选择必须考虑特定战略动因的实现。基于此,该文构造了分层次树型选择模型和动态多目标进入模式决策模型,以期对中国企业海外市场进入模式选择有所启示。

薛求知、韩冰洁(2008 经济研究)考察了腐败问题对 FDI 的影响情况,认为作为东道国投资环境中的重要组成部分,腐败不但会对 FDI 流入总量产生影响,还会对跨国公司战略产生影响,包括跨国公司海外市场进入模式选择。该文献以来自 19 个新兴市场国家的 745 家跨国公司子公司作为样本,运用 MANOVA 分析、判别分析、Logistic 分析等研究方法对该问题进行研究。研究发现:东道国国家层面感知腐败、产业层面感知腐败会使跨国公司采用持股比例较低的合资进入模式;东道国腐败程度对跨国公司进入模式战略的影响会受到跨国公司进入东道国战略动机的调节。

由李桂芳主编的《中央企业对外直接投资报告》(2011 中国经济出版社)分析了 2010 年中央企业对外直接投资的总体情况和绩效情况,分行业分析不同行业对外直接投资环境、中央企业对外直接投资概况以及典型案例。该书还分析了 2010 年中央企业海外并购十大事件,包括中国石化收购加拿大油砂项目、中国石油联合壳牌收购 Arrow 公司 100%股权、武钢投资 4 亿美元认购巴西矿业公司 MMX21.52%股份、中国海油完成公司改组,旗下公司收购阿根廷第二大油气商、中交股份收购 F&G、中铁物资入股非洲矿业公司、中华集团入股巴西油田、国家电网首次巴西试水、中投注资加拿大畔西公司和中国化工 14 亿美元收购以色列农药巨头马克西姆公司等。该报告对于我们了解和认识中央企业对外直接投资情况具有资料借鉴意义。

由君合律师事务所主编的《中国投资者海外投资指南》(2013 北京大学出)以并购相关的法律法规为主线,以实务操作为出发点,介绍了中国关于境外投资的相关规定以及相关国家和地区的基本投资政策和投资环境,明确了中国投资者在进行境外投资时应该关注或考虑的主要问题,是中国企业境外投资实践的重要指南。该指南旨在为中国投资者介绍其在境外并购交易过程中面临的关键性问题,范围包括目前中国境外投资最为活跃的代表性地区——北美、西欧、南美、非洲、亚洲和澳大利亚与新西兰等。该指南第一部分为与中国投资者相关的一些内容,无论其投资目的地在何处,这些内容包括境外投资的中国政府审批、政治风险、对于双边投资条约的分析、中国投资者的税务筹划、并购控制下的要求,以及尽职调查及常见的交易协商事宜。

由颜光华等著的《中国海外企业治理与组织控制》(2008 上海交通大学出)是在国家自然科学基金项目研究成果的基础上整理出版的研究专著,是在实地访谈和问卷调查的基础上,结合理论模型构建而形成的研究专著。该书以知识和网络为前提条件,抓住治理机制和控制模式两类对策环节,通过战略类型将知识、网络、治理机制和控制模式四个要素有机地联系起来。该专著在分析国际跨国公司组织模式演进、提炼国际跨国公司及其海外子公司在跨国经营和国际化进程中的组织管理经验的基础上，探讨中国海外企业的发展历程和现状，采用理论研究、模型构建和实证分析相结合的研究方法，对中国海外企业的治理机制和控制模式以及对策进行探索研究，提出了相应的政策性建议，对于提高中国海外企业治理与组织控制具有重要意义。

此外，中国学者对于中国企业境外投资的研究主题还涉及法律保障与风险防范（例如，《中国投资者海外投资法律保障与风险防范》，梁咏，2010 法律出版社）、跨国并购案例分析（例如，《中国企业跨国并购 10 大案例》，何志毅、柯银斌，2010 上海交通大学出版社）和动因与策略分析（例如，《中国企业对外直接投资动因与策略分析》，刘阳春，2009 中山大学出版社）等。整体而言，基于中国情境的特殊性和中国 OFDI 的迅速发展，国内外学者开始日益关注中国 OFDI 的决定因素及其理论解释，以期在理论上能够发展出适合于中国和发展中国家特殊情境的国际商务理论，在实践上能够更好地指导中国乃至发展中国家的企业跨国实践。本书的撰写目的亦在于此。

第二章　国际商务理论研究进展回顾

本章内容由国际商务研究范畴界定、国际商务研究理论基础和国际商务研究定性方法三部分组成。其中，国际商务研究范畴界定包括国际商务研究对象、国际商务研究期刊、国际商务研究主流和研究趋势。国际商务研究理论基础包含早期理论演进、制度理论与国际商务、跨国公司独特性与制度理论运用。国际商务定性研究方法包括定性研究方法在国际商务研究中的运用、卓越的定性研究的评价标准和基于案例研究的理论构建类型。

一、国际商务研究范畴界定

1. 国际商务研究对象

明确学科研究对象对于正确认识和把握该学科研究动态，具有十分重要的作用。虽然国际商务研究历史悠久，但是深入探索其研究对象则是在《国际商务研究期刊》(JIBS)创刊之际(1970 年)。Wright(1970 JIBS)在《国际商务研究期刊》的创刊号上，发表了《国际商务研究趋势》一文，系统回顾了国际商务研究的重要趋势。该项研究是在 20 世纪 60 年代福特基金会(Ford Foundation)的资助下完成的，旨在建立起国际商务研究领域，其首要工作是“准备一份近来和当前国际商务研究清单以及未来研究建议”①。在有关国际商务研究定义问题上，Wright(1970 JIBS)指出，国际商务研究必须满足如下两个限定性条件。第一，它必须关注企业层面的商业活动，该商业活动必须跨越国别界限或者处在企业母国之外的其他地区。第二，它必须关注该企业的业务活动与东

① 原文如下：It also proposed that an International Business Research Institute be established and that one of its first efforts be to “prepare an inventory of recent and current research in international business and recommendations for further research”. 参见 Wright Richard W.. Trends in international business research, Journal of international business studies，1970，1(1)：109－123.

道国环境之间的关系。基于德尔菲技术(Delphi technique),Wright(1970 JIBS)分析得出德尔菲过程第一回合和第二回合的分析结果,指出了未来国际商务研究的建议领域①。Wright(1970 JIBS)基于德尔菲法的研究强调了国际商务关注的是跨国企业的跨国业务活动,这与之后联合国贸易与发展会议(UNCTAD,1973/1984)对跨国公司的定义相互吻合。

Wright and Ricks(1994 JIBS)在《国际商务研究:24 年以后》一文中,总结了 24 年以来国际商务研究的变化,得出如下研究结论:第一,国际商务学会(AIB,Academy of International Business)成员从 1968 年的 237 名上升到当年的 2 500 名,充分展示了学术界对国际商务日益增加的研究关注;第二,国际商务研究涉及的范围和多样性也得到长足发展;第三,学者们的来源国更加多元化,欧洲地区学者和亚洲地区学者开始加入之前由美国学者和加拿大学者所主导的国际商务研究领域;第四,国际商务研究正在出现一些新兴的研究导向,包括国际信息系统、国际联盟和合并、国际创业和业务绿色化等。

在《管理有多国际化?》一文中,Werner and Brouthers(2002 JIBS)指出,随着国际商务的不断发展,管理类学术期刊也跟着国际化。基于对 1976—1980 年间和 1996—2000 年间 19 份管理杂志所发表的国际研究的数量和类型进行的统计分析,发现国际商务研究包括两类,分别是跨国公司研究和比较研究,并发现许多管理类杂志在该研究期间都提高了国际内容的刊发比例,但也有一些期刊有着相反倾向。具体而言,跨国公司研究涉及国际化进程研究、进入模式选择研究、海外子公司管理研究、母子公司关系研究以及外派人员管理研究;比较研究涉及不同文化情境或者不同国家情境下的比较管理实践。在对顶尖管理杂志进行界定的基础上,选取 1976—1980 年和 1996—2000 年两个时间段,对该时间段内发表在主流管理期刊和其他主流职能期刊(会计、财务、营销和管理信息系统)的研究文献进行统计分析,发现上述主流管理期刊越加重视国际商务问题,但是主流职能期刊则没有越加重视国际商务问题,除了管理信息系统类期刊以外。

本书认为,国际商务研究具有特定研究对象、理论基础、研究构念和分析框架等,它不是简单地将传统公司职能战略进行国际化延伸(比如从市场营销

① 有关第一回合和第二回合的具体分析结果,可以查阅原文详细阅读。特别的,第二回合中得到的未来研究领域包括国际商务企业的战略和目标、国际企业组织及其有效性、国际企业面临的政治和经济环境、国际商务管理的跨文化关系问题、国际商务管理绩效以及国际商务信息转移等方面。

到国际市场营销，从战略管理到国际战略管理，从人力资源管理到国际人力资源管理等），而是有其自己的研究对象、理论基础、研究构念和分析框架等，并被运用于探讨企业在全球环境中独特的商业模式和运营策略。Bartlett，Ghoshal and Beamish(2008)在其经典力作《跨国管理—教程、案例和阅读材料》一书中指出，20 世纪 70 年代和 80 年代，国际管理研究的一个新视角初现端倪，它更加重视跨国公司和管理行为，而不是全球经济力量和跨国机构。公司成为主要的分析单位，管理决策成为主要的变量，这些研究为应对跨国运营管理挑战提供崭新的思路。基于此，本书将基于过程视角，分专题分析中国企业境外投资所涉及的相关构念、理论基础和分析框架，分析跨国公司动机与绩效、国际化进程和投资区位选择、进入模式和合法性问题、投资权限问题和腐败压力应对策略等问题，从而为中国企业国际化提供决策支持。

2. 国际商务研究期刊

Chandy and Williams(1994 JIBS)在《期刊和学者对国际商务研究的影响——基于对 JIBS 文献的引文分析》一文中，采用引文分析法考察了期刊和学者对国际商务研究的影响，研究发现管理学、经济学、市场学和财务学对国际商务研究有着重要作用。基于 Chandy and Williams(1994 JIBS)、Buckley(2002 JIBS)、Buckley and Ghauri(2004 JIBS)和 Peng(2004 JIBS)等人的研究观点，Griffith，Cavusgil and Xu(2008 JIBS)在《国际商务研究中正在出现的新兴主题》一文中，采用引文分析法对六大主流的国际商务学术期刊(国际商务研期刊(JIBS)、国际管理评论(MIR)、世界商务杂志(JWB)、国际营销评论(IMR)、国际营销杂志(JIM)和国际商务评论(IBR)进行了分析，以明确近来哪些研究贡献推动了国际商务研究进程；采用文本分析法和德尔菲法，分析文献中哪些研究主题能够预示国际商务未来研究趋势。

基于学科属性，不同学术期刊在刊发内容上的侧重点不同，从而使得我们有必要分析国际商务领域哪些期刊是最为公认的重要期刊。DuBois and Reeb(2000 JIBS)在《国际商务研究期刊排序》一文中，基于引文分析法(citation analysis)和调查研究法(survey approach)，对 30 份国际商务期刊的相对质量进行了评估和排序，认为该排序有助于学术界从客观上更好地理解哪份“国际商务出版物”最能引导国际商务研究。在他们的研究中，排名前三的国际商务领域的期刊有《国际商务研究期刊》(JIBS，Journal of International Business Studies)、《管理国际评论》(MIR，Management International Review)和《世界商务杂志》(JWB，Journal of World Business)等。Inkpen(2001 JIBS)在《对国际商务研究期刊排序的注解》一文中，对 DuBois and Reeb(2000

JIBS)的关于国际商务研究期刊排序的研究观点加以反驳,认为他们忽视了国际商务研究的本质话题,并从三个方面对此加以详细阐述。作为对 Inkpen(2001 JIBS)研究观点的回应,DuBois and Reeb(2001 JIBS)在《回应国际商务期刊排序》一文中,也分别从三个方面阐述了其研究观点。Inkpen(2001 JIBS)与 DuBois and Reeb(2001 JIBS)和 DuBois and Reeb(2000 JIBS)之间的对话,可以从如下三个方面加以分析。

(1)国际商务跨学科性。Inkpen(2001 JIBS)认为,国际商务具有跨学科性,讨论国际商务是否具有研究合法性(legitimate field of research)缺乏针对性。对此,DuBois and Reeb(2001 JIBS)予以反驳,认为 DuBois and Reeb(2000 JIBS)的研究并没有讨论国际商务研究合法性,而实际上是事先假定国际商务研究具有合法性。Inkpen(2001 JIBS)认为,诸如《国际商务研究杂志》之类的研究杂志应该关注出版国际商务问题的前沿性研究,而不管其作者的具体研究领域,国际商务研究论文不应该只发表在国际商务期刊上;不应该将诸如《国际商务研究杂志》之类的国际商务杂志与其他杂志区分开来;由于国际商务具有跨学科性质,仅仅关注国际商务研究杂志将不利于识别来自其他管理杂志上发表的高质量的国际商务研究论文,也不利于国际商务研究在其他领域的传播与发展。对此,DuBois and Reeb(2001 JIBS)予以反驳,认为 DuBois and Reeb(2000 JIBS)并没有强调国际商务研究论文只能发表在国际商务期刊上,相反强调了发表在其他主流期刊杂志上的国际商务研究论文的重要性。总而言之,DuBois and Reeb(2001 JIBS)认为,Inkpen(2001 JIBS)对于 DuBois and Reeb(2000 JIBS)研究观点的反驳立不住脚,或者可以说是 Inkpen(2001 JIBS)误解了 DuBois and Reeb(2000 JIBS)的研究观点。DuBois and Reeb(2001 JIBS)总结道,期刊排序并非旨在提出建设性建议,而是仅仅为评价国际商务期刊提供评价依据。

(2)国际商务研究质量。Inkpen(2001 JIBS)认为,DuBois and Reeb(2000 JIBS)实际上关注的是研究热点而非研究质量,并且主流期刊实际上仅仅发表了少量的国际商务研究论文(Morrison and Inkpen,1991 JIBS)。对此,DuBois and Reeb(2001 JIBS)认为,DuBois and Reeb(2000 JIBS)是为了发现期刊间的品质差异,并非先验性假定期刊品质差异。本书认为,虽然期刊引用率能够反映出期刊质量,但是就某个具体研究领域而言,期刊质量并不能代表某个学科的发展水平,不能代表其所发表个别文章的研究贡献。从期刊质量(期刊主流性)来判定国际商务论文质量并不是最佳选择,应该从论文的理论贡献或实践意义角度来评判论文质量。

(3)国际商务领域发展。DuBois and Reeb(2000 JIBS)认为,被认为是高品质的国际商务期刊发展缓慢,使得国际商务作为合法性研究领域发展缓慢。Inkpen(2001 JIBS)对此加以反驳,认为 DuBois and Reeb(2000 JIBS)的观点具有误导性,研究者认为自己属于哪个研究领域(例如,国际商务领域、财务领域和营销领域等)并不重要,重要在于学术界是否在从事国际商务问题研究以及出版高品质的研究成果。Inkpen(2001 JIBS)认为,在过去的十多年里,国际商务研究取得重要进展,主流职能期刊(mainstream functional journals)发表了很多关于国际商务领域问题的专业文献;认为《国际商务研究期刊》(JIBS)应该将其竞争对手定位为全球最佳的职能期刊(functional journal),而非其他国际商务期刊;认为对国际商务期刊进行排序作用有限,排序研究无法识别出国际商务研究的核心问题。对此,DuBois and Reeb(2001 JIBS)认为,他们同意 Inkpen(2001 JIBS)的研究观点,认为国际商务研究学者应该重视发表高质量著作;但同时认为,Inkpen(2001 JIBS)所隐含的关于"国际商务研究正日益向管理类期刊扩散以及我们可以忽视国际商务期刊"的观点存在问题;认为国际商务并非各种职能总和,除了《国际商务研究期刊》(JIBS)之外的高品质的国际商务期刊对于国际商务研究发展具有重要意义。

通过分析 DuBois and Reeb(2000 JIBS)、Inkpen(2001 JIBS)和 DuBois and Reeb(2001 JIBS)的研究观点,可以发现,Inkpen(2001 JIBS)夸大甚至误解了 DuBois and Reeb(2000 JIBS)的研究观点,但是其评价存在一定合理性;DuBois and Reeb(2001 JIBS)对于 Inkpen(2001 JIBS)的反驳也存在一定合理性,但实际上也部分否定了 DuBois and Reeb(2000 JIBS)提出的研究观点。综合三篇文献的研究观点,结合国际商务研究的本质特征,本书认为,国际商务研究作为一门研究分支有其合理性,应该注重学科融合而非独树一帜,应该重视前沿问题研究而非学科属性,应该重视实际贡献而非仅仅期刊知名度。本书推荐如下学术期刊,作为国际商务研究重要期刊,包括《国际商务研究杂志》(JIBS,Journal of International Business Studies)、《世界商务杂志》(JWB,Journal of World Business)、《管理科学季刊》(ASQ,Administrative Science Quarterly)、《管理学术评论》(AMR,Academy of Management Review)、《管理学术杂志》(AMJ,Academy of Management Journal)、《战略管理杂志》(SMJ,Strategic Management Journal)、《哈佛商业评论》(HBR,Harvard Business Review)、《金融学期刊》(JF,Journal of Finance)、《金融经济学期刊》(JFE,Journal of Financial Economics)、《营销期刊》(JM,Journal of Marketing)、《经济研究》(中)、《管理世界》(中)和《中国工业经济》(中)等。

3. 国际商务研究主题与研究趋势

自1970年JIBS创刊至2000年，经过三十多年的发展，国际商务研究是否已经成熟？抑或是走到了尽头？在《国际商务研究议程是否走到了尽头?》一文中，Buckley(2002 JIBS)识别了三个关键研究领域，分别是对外直接投资、跨国公司和业务全球化，并在文章最后考察了未来研究议程。作者认为，之前国际商务研究之所以取得丰硕成果，得益于其核心研究问题，但是这些核心问题已经不复存在，这预示着国际商务研究将会面临减速趋势。在Buckley(2002 JIBS)看来，国际商务研究不仅从其他学科引入了研究概念和研究范式，而且也为其他学科研究提供研究概念和研究范式；国际商务研究应该重新找回核心问题，这些问题可能涉及国别进入顺序、个体文化背景、国际化实证测量指标和全球资本主义挑战。Buckley and Ghauri(2004 JIBS)在《全球化、经济地理和跨国公司战略》一文中认为，全球化分析聚焦于经济地理，能够成为跨国研究的核心问题。Buckley and Lessard(2005 JIBS)在《重拾国际商务研究前沿》一文中指出，国际商务学者使用多种理论框架和采用实证分析方法对不同分析层次问题进行分析，最为重要的分析层次包括管理者个体、企业、产业和环境层面。在该文中，Buckley and Lessard(2005 JIBS)从学科领域和分析层次两个维度勾勒出国际商务研究领域，其中学科领域涉及经济学、政治学、社会学和社会心理学等，分析层次涉及管理者、产业组织和宏观环境等。

引文分析法有助于客观测量学术界对某类主题的研究兴趣，从而有助于洞察当前研究主题。基于Dubois and Reeb(2000 JIBS)的研究成果，Griffith, Cavusgil and Xu(2008 JIBS)对1996—2006年间发表在上述六大杂志的文章进行了SSCI引文分析，并根据引用情况对这些文章进行排序，重点考察引用率超过20次的112篇文章(其总引用率占期刊总引用率40%)，然后由接受过定性研究方法培训的两名人员根据“文献所属领域(根据JIBS划分方法)、子主题、理论基础、研究情境、实证性/概念性以及文献综述与否”对文献进行编码，对于认定差异进行了讨论分析，最后由独立研究人员对两位人员的编码结果进行分析整合，形成了本文引文分析结果并为后续德尔菲法分析奠定基础。在六大期刊中引用率排名前15位的研究文献中，引用率最低为49次，涉及主题包括区位选择(Dunning, 1998 JIBS)、知识流动(Lyles and Salk, 1996 JIBS)、出口发展过程(Leonidou and Katsikes, 1996 JIBS)、文化一致性(Newman and Nollen, 1996 JIBS)、国别文化和经济意识对管理者工作价值观的影响(Ralston, Holt, Terpsta and KaiCheng, 1997 JIBS)等。基于引文分析法，Griffith, Cavusgil and Xu(2008 JIBS)归纳了1996—2006年间引用率最高文献的研究主题，分别是财务学(主要是比较制度和国际商务)、营销/消费者行为和供应链(关系营销、渠道管理、联盟、市场导向和消费者行为)、商业动态和战略(进入模式、出口、国际化进程、知识管理、合资企业、子公司管理和公司治理等)、组织和管理、文化冲突域认知(文化距离、跨文化研究方法、文化对进入模式的影响、文化对国际合资的影响、文化对一般管理问题的影响以及文化对业绩的影响等)、经济与国际政治经济、创业和新创企业、战略性人力资源管理和工业关系以及技术和创新等。

根据 Kuhn(1970)的研究观点,要想成为一门研究学科,国际商务必须采纳某种研究范式,国际商务形成研究范式的前提是能够识别出其重大研究问题。基于 Buckley(2002 JIBS)和 Buckley and Ghauri(2004)的研究观点,Peng(2004 JIBS)在《识别国际商务研究中的重大问题》一文中,认为国际商务研究需要围绕核心问题,该核心问题应该是"什么决定了跨国公司的成功或者失败?"并认为该核心问题符合了 McKinley, Mone and Moon(1999 AMR)在《组织理论中学派的成因及其发展》一文中所提出的"连续性、新奇性和范围性"(continuity, novelty and scope)的标准要求;批判了 Buckley and Casson(2002)在《跨国企业的未来》一书中提出的"学术重商主义"(scholarly mercantilism)的研究观点,认为国际商务作为一个独特领域能够通过其比较优势贡献于其他学科,从而取得长足发展。

引文分析法有助于洞察当前研究情况,但对于未来研究议程则识别能力不足,这就需要采用德尔菲法来加以弥补。德尔菲法有助于学者之间进行互动来共同确定某一话题未来的发展主题、发展导向和发展预测。借鉴 Czinkota and Ronkainen(2005 JIBS)在《下个十年国际商务与贸易——基于德尔菲法的研究报告》一文中对德尔菲研究方法的采用,Griffith, Cavusgil and Xu(2008 JIBS)亦采用德尔菲法来识别国际商务未来研究主题。在该项调查研究中,德尔菲研究参与者是根据其对国际商务研究的贡献程度来确定的。德尔菲法共分为两个阶段进行,第一阶段首先根据学者们之前的研究成果形成初步的研究主题,然后由专家对此进行打分,并将专家们认为值得增补的新主题纳入主题库;第二阶段是在第一阶段的基础上,首先告知其上回的个人打分与整体打分之间的差异,然后由其在新的主题表中对新形成的主题表进行分类,将其分为三个档次,并请他们从主要主题中提出三个具体的研究问题,以及推荐一些国际商务领域的书籍、专论和其他出版物。基于德尔菲法,Griffith, Cavusgil and Xu(2008 JIBS)总结出国际商务领域未来的研究主题和研究问题,如表 2-1 所示。这些研究主题及其具体的研究问题,能够为我们正确把握国际商务研究范畴,提供可资借鉴的重要讯息。

表 2-1　Griffith, Cavusgil and Xu(2008 JIBS)基于德尔菲法的分析结果

<table>
<tr><th colspan="2">主题</th><th>研究问题</th></tr>
<tr><td colspan="3">第　一　分　类</td></tr>
<tr><td rowspan="13">国际企业的管理和绩效问题</td><td>跨国市场细分和外国市场机会评估</td><td>跨国市场细分的实质如何?
我们该如何识别和确认它们?
这些是否优于国内市场细分?</td></tr>
<tr><td>国家分析(e. g. 国家风险的评估和管理)</td><td></td></tr>
<tr><td>增值活动的全球配置</td><td>我们该如何衡量全球化的企业价值链?
企业通过增值活动的全球化配置而取得的效能程度有多高?
增值活动的世界规模协调对企业绩效的影响有哪些?</td></tr>
<tr><td>国外市场进入模式(e. g. 出口、FDI、离岸生产、许可证、特许经营)</td><td>哪些行为因素影响企业在关于进入模式方面的管理决定?
发展中国家在发达经济体的 FDI 的先行条件和结果是什么?
离岸经营在多大程度上外包一个新的组织力量?</td></tr>
<tr><td>合作投资/联盟(包括股权投资和基于项目的联盟)</td><td>企业该如何衡量合作投资的成功?
怎样才能促进学习?
在国际商业伙伴关系中,信任和承诺的绩效结果是什么?
有哪些纵向证据可以用来证明网络和联盟的成功?</td></tr>
<tr><td>知识管理和转移</td><td>知识转移对绩效有哪些影响?
跨国公司该怎样将有价值的知识从组织的一部分转移到另一部分?
什么是适当的知识转移"微观基础"?</td></tr>
<tr><td>产品开发与创新</td><td>全球产品开发成功的决定因素有哪些?
新产品在全球市场中的角色是什么?</td></tr>
<tr><td>全球品牌</td><td>对国际公司来说,诸如品牌这种无形资产的价值有多大?
如何实现全球品牌在当地的效益?
中小企业该如何在国际市场中管理品牌?</td></tr>
<tr><td>国际业务中的相关资产</td><td>研究者如何最佳捕获诸如跨国关系中的关系资产这类的无形资产?
在国际业务中,企业应如何与供应商以及顾客建立关系资本?
信任和承诺的角色是什么? 为了确保信任而制定的战略需要根据不同的文化而改变吗?</td></tr>
<tr><td>供应链管理与采购</td><td>企业该如何设计全球供应链?
在供应链中,第三方服务提供商的角色是什么?</td></tr>
<tr><td>国际业务中的人力资源管理</td><td>企业如何有效配置全球组织中的人员以及如何对他们的绩效进行衡量?
企业如何有效地管理驻海外人员/外籍人员?</td></tr>
<tr><td>管理、战略和结构</td><td>成功的跨国企业中,管理者、战略和结构的相对重要性是什么?
在全球经济中,最佳的企业规模和结构是什么?
跨国企业应如何建立强大的核心价值观? 这个价值观在不同的地区间可以共享吗?</td></tr>
</table>

续表

主题		研究问题
企业国际化进程	企业和产业的国际化	我们怎样才能最好地描述企业的国际演变？ 企业国际扩张中的经验在不同产业有哪些不同？ 调节国际化进程的环境因素有哪些？
	天生国际化公司和国际企业家	在国际业务中，是什么让年轻的初创企业成功？ 什么因素决定了一个天生全球公司的演变进程？
	中小企业在国际化中的经验	在走向国际化的进程中，中小企业采取的雇佣政策有哪些独特的地方？ 它们是如何成功的？
	国际企业的管理导向	诸如全球化思维和全球化文化这类因素对国际业务的成功有什么影响？
	中介组织与混合组织形式的出现	未来全球业务的体系架构是什么？
	组织过程的商品化	
	新技术的整合	新信息、通信和制造技术对国际业务的影响有哪些？
对跨国公司的关注	解释跨国公司的存在、战略和组织	如何运用一般理论来解释国际业务活动的角色？
	公司的多国性和绩效	国际扩张/多样化的回报有哪些？ 怎样才能最好地衡量他们？ 那些调节因素能够影响企业多国性带来的回报？
	区域和全球跨国	区域跨国和全球跨国之间有哪些差别？ 我们可以检测到的绩效结果有哪些？ 价值链活动时如何在各种不同的地理区域中进行管理的？
	跨国公司的整合机制	允许最大协调的常见的流程有哪些？ 整合机制（例如全球团队、全球接触中心、全球人才库和全球产品开发）的角色是什么？
	全球账户管理	公司如何最好地对他们与全球（关键）账户的关系进行管理？ 为了成功地为全球客户服务，哪些技能和能力是必需的？
	网络和信息技术对跨国公司的贡献	互联网和内部网这些工具作为一种传播媒介，在多大程度上为跨国公司提供虚拟交流？
经济全球化	全球化的先行条件、过程和结果	
	全球化的实证测量	
	贸易、FDI 和离岸趋势	
	贸易协定、区域和工会	
	非政府机构在国际业务中的影响	

续表

<table>
<tr><th colspan="2">主题</th><th>研究问题</th></tr>
<tr><td rowspan="2">新兴市场</td><td>新兴市场的运作</td><td>在新兴市场的运作如何影响企业的成功？
新兴市场在何种程度上对现存的知识带来挑战？
全球外包在何种程度上为企业国际化提供机会？</td></tr>
<tr><td>新兴企业</td><td>在新兴企业的国际化中，已被观察到的差异有哪些？
新兴市场中的企业的全球品牌战略与那些发达经济体的企业有哪些不同？
新兴市场的企业如何成功影响全球产业结构？
全球外包在多大程度上为新兴市场走向国际化提供机会？</td></tr>
<tr><td colspan="3">第　二　分　类</td></tr>
<tr><td rowspan="4">跨国公司：附属子公司的问题</td><td>集中化管理和分散管理</td><td>跨国企业的结构和形式如何影响其绩效？</td></tr>
<tr><td>跨国企业活动在子公司中的协调</td><td></td></tr>
<tr><td>最佳实践的实施、普适过程</td><td></td></tr>
<tr><td>全球团队的效益</td><td>总部如何有效解决当地对全球协调的抵抗？
跨国公司如何将附属子公司的技术和能力整合成全球战略资产？
有哪些因素能够调节子公司在决策制定中的角色？</td></tr>
<tr><td rowspan="5">文化影响/全球顾客/消费问题</td><td>客户需求聚合</td><td>有哪些证据可以证明全球客户偏好的聚合？
在不同的经济发展水平的国家，聚合速度有何不同？</td></tr>
<tr><td>唯物主义的价值观</td><td></td></tr>
<tr><td>文化和国际业务</td><td>国家文化能够解释国际业务的现象吗？或者说这只能解释剩余方差？</td></tr>
<tr><td>消费的地区差异</td><td>经济区域一体化是如何影响消费者行为的？</td></tr>
<tr><td>创新的扩散、产品生命周期</td><td>在跨国采用新产品中，可以采取哪些模式？</td></tr>
<tr><td rowspan="2">企业社会责任/跨国企业公民行为</td><td>跨国企业在社会、当地利益相关者、技术溢出等的影响</td><td></td></tr>
<tr><td>对多个利益相关者的价值创造</td><td>跨国公司如何平衡各利益相关者与业务目标的利益？
管理者应如何权衡伦理价值与业务目标之间的关系？</td></tr>
<tr><td>国际业务中的伦理问题</td><td>伦理操作中的变异</td><td></td></tr>
</table>

续表

主题		研究问题
国家政策问题	全球化的意外结果	
	全球贫困	
	环境问题(e. g. 污染、气候变化)	
	工资、雇佣和生活标准的影响	我们该如何衡量全球化在国家层面的影响?
方法论问题	国际市场中的全球产业、全球公司、全球战略、公司绩效等关键构念的更好的操作化	
	IB研究中的分析单位	对照企业层面,我们怎样才能最好地捕获在网络或联盟层面的绩效?
	国际研究设计(e. g. 国家选择、样本选择、数据搜寻)	定性研究该怎样有效地应用于IB研究中?
	用于实证测试IB理论的严谨的方法论	我们该如何增加IB研究的信度? 我们该如何通过组织文化和其他变量来解释国家文化部分的影响?
第三分类		
国际业务的法律问题	跨境合作的伙伴关系	企业如何在基于契约的合作和关系合作之间权衡? 隐性契约和显性契约的绩效差异有哪些?
	国际合作伙伴的冲突解决	企业如何应对新兴市场正式的法律制度的缺失现象?
	知识产权的维护	
	国际业务中的安全和风险问题	
	雇佣、信息、数据等的安全性问题	
	企业应对风险(e. g. 恐怖主义、国家风险)	
	估计全球业务中的恐怖主义的有害影响	跨国公司在他们所在的地区安全中扮演哪些角色? 应该如何应对长期供应链风险?

资料来源:David A Griffith,Salih Tamer Cavusgil and Shichun Xu. Emerging themes in international business research[J]. Journal of International Business Studies,2008,39:1220—1235.

二、国际商务研究理论基础

1. 国际商务研究的早期理论演进

自亚丹·斯密提出“绝对优势理论”和大卫·李嘉图提出“比较优势理论”以来，国际商务研究历经诸多理论发展，涉及 Vernon(1966 QJE)“产品生命周期理论”、Hymer(1976)的“垄断优势理论”、Buckley and Casson(1976 book)的内部化优势理论、Johanson and Vahlne(1977 JIBS)的“国际化进程理论”、Dunning(1980 JIBS)的“国际生产折中理论”、Prahalad and Doz(1987)的“I—R 分析框架”、企业间网络治理理论(van Alstyne，1997JOC)、企业资源和能力理论(Barney，1991 JM；Teece，1997 SMJ)等。

(1)产品生命周期理论。产品生命周期是美国哈佛大学教授雷蒙德·弗农(Raymond Vernon)1966 年在其《产品周期中的国际投资与国际贸易》一文中提出的。它是指一种新产品从开始进入市场到被市场淘汰的整个过程。产品生命周期理论认为，产品要经历开发、引进、成长、成熟、衰退的阶段。该周期在技术水平不同的国家里，发生的时间和过程是不一样的，期间存在一个较大的差距和时差。正是这一时差，表现为不同国家在技术上的差距，反映了同一产品在不同国家市场上的竞争地位的差异，从而决定了国际贸易和国际投资的变化。虽然产品生命周期理论描述了战后几十年大部分跨国公司的国际化现象，但是正如弗农教授所指出的，到了 20 世纪 80 年代，这一理论的说服力正在开始减小，难以解释发展中国家对发达国家的反向投资现象。随着国际经营环境的日益错综复杂，一些公司开始为促进其国际性经营活动而探索出更加丰富的基本理论。

(2)垄断优势理论。垄断优势理论又称为所有权优势理论或企业特定优势理论，是最早研究对外直接投资的独立理论，是由对外直接投资理论的先驱——美国麻省理工学院教授海默于 1960 年在他的博士论文中首先提出的，由麻省理工学院金德博格在 20 世纪 70 年代对海默提出的垄断优势进行补充和发展后形成的企业对外直接投资理论，认为应该从垄断优势角度来考察对外直接投资。垄断优势理论认为，跨国公司进行直接投资的动机源自市场缺陷，不同国家的企业常常彼此竞争，市场缺陷意味着有些公司居于垄断或寡头地位，这些公司有可能通过同时拥有并控制多家企业而牟利；此外，同一产业中不同企业的经营能力各不相同，当企业拥有生产某种产品的优势时，就会想方设法充分发挥其垄断优势。垄断优势使得跨国公司能够克服其外来者劣势，这就是为什么跨国公司海外分支机构为什么能够与当地企业进行有效竞争，并能长期生存和发展下去。海默认为，一个企业之所以能够对外直接投资，是因为它有比东道国同类企业有利的垄断优势，从而在国外进行生产可以赚取更多利润。垄断优势论理论以国际直接投资为对象，开拓了国际直接投资研究视野，使国际直接投资理论成为独立学科。这一理论不仅解释了跨国公司为了在更大范围内发挥垄断优势而进行的横向投资行为，而且也解释了跨国公司为了维护垄断地位而将部分价值链环节(尤其劳动密集型加工环节)转移到国外生产的纵向投资行为，推动了对外直接投资理论的发展。垄断优势理论的主要贡献在于，他虽然与产品生命周期存在着一定程度的一致性，比如强调将部分价值环节转移到海外进行纵向分工，但是相对于产品生命周期而言有着重要突破，亦即将研究焦点从流通领域转入生产领域，摆脱了新古典贸易理论的思想束缚，为对外直接投资理论开辟了新的研究空间，也使得研究能够从产业层面转向企业层面。但是该理论也存在一定的局限性，亦即无法解释不具有技术等垄断优势的发展中国家为什么也日益增多地向发达国家进行直接投资。

(3)内部化理论。Buckley and Casson(1976)在《跨国企业的未来》一书中对于跨国企业所进行的内部化经济分析，成为国际商务领域的标志性研究文献，与后续的交易费用理论一脉相承。Buckley and Casson(1976)认为，企业国际化遵循通用理论，包括“内部化优势”和“整体成本最优”两个原则。内部化理论试图回答为什么和在怎样的情况下，对外直接投资比出口产品和转让许可证更为有利。该理论强调企业通过内部组织体系以较低成本在内部转移其优势的能力，并把这种能力当作企业对外直接投资的基础前提。在市场不完全的情况下，企业为了谋求整体利润最大化，倾向于将中间产品，特别是知识产品在企业内部转让，以内部市场来代替外部市场。Rugman and Verbeke(2003 JIBS)对 Buckley and Casson(1976)及其后来者的研究观点进行了评析，拓展了该理论的研究视野。Buckley and Casson(1976)研究认为，管理跨国界的内部市场存在交易费用，他们将这种交易费用称为沟通成本，并分析了三种不同类型的沟通成本，分别是与传统的外部市场相比而言更高的会计和控制信息需求成本、经常性费用，特别是当跨国公司体系内每一分部市场都需要配备其自身沟通系统时以及核对来自本土(子公司)管理者所提供讯息的准确性时所需的成本。他们还认为地区距离和环境差异(比如主流语言、社会和经济条件等)将会提高沟通成本，信息的编码者和解码者将会面临各种频繁出现的误解，这就要求持续不断地核对，从而导致沟通成本增加。Rugman and Verbeke(2003 JIBS)研究认为，Buckley and Casson(1976)对于沟通成本的研究观点能够被轻而易举地运用于战略管理当中，认为跨国企业对于其内部跨越国界的价值增值活动的资源配置依赖于企业独特优势和国家独特优势的利用。企业独特优势不仅仅局限于传统中间产品和产成品的知识产权属性，而且也包括交易优势，也就是有能力构建最优内部沟通和控制机制，将其收益和成本纳入考虑范畴。也就是说，企业独特优势是一种知识集合，包括无形资产、学习能力和与外在行为者之间的特有关系等。在此情况下，国际特定优势对于不同企业而言具有不同内涵，依赖于特定企业是否有能力将其与自身特定优势结合起来并有效利用该国家特定优势。企业特定优势和国家特定优势就其减少沟通成本从而提供内部化收益而言，具有极其重要的作用。Rugman and Verbeke(2003 JIBS)对于 Buckley and Casson(1976)的评析明确了交易费用理论与企业独特优势之间的相通性，从而为国际商务理论之间的融合架起桥梁。Buckley，Clegg，Cross，Liu，Voss and Zheng(2007 JIBS)进而认为，发展中经济体的跨国公司面临着母国资本市场无效性，需要特别关注外部市场无效性进而发挥内部化优势；而区位优势则需要考察三种投资动机，分别是市场拓展、效率提升和资源获取(包括战略性资产获取)。就中国企业境外投资而言，市场拓展和资源获取是较为可取的投资动机，而效率提升在当前中国经济背景下则难以解释中国企业境外投资。

(4)国际化进程理论。Johanson and Vahlne(1977 JIBS)从地区距离(geographic distance)和心理距离(psychic distance)出发，提出了企业国际化渐进过程模型(incremental or stages process)，也就是通常所称的乌普萨拉国际化模型(uppsala Internationalization model)。该模型将企业进入海外市场的过程视为一种学习过程。公司开始在外国市场进行最初的资源投入，并且通过这种投资来获取当地的市场知识，包括关于顾客、竞争者和政府管制情况等的知识。在这些市场知识的基础上，公司就有能力来评估它当前的经营活动、市场投资的范围以及增加投资可以带来的机会。然后，它会当地投资建立生产制造厂等，进行一系列的资源投资，从而形成更多的市场知识。通过这样几次的投资循环，公司就能够开发出进入当地市场所必需的知识和能力，从而成为进入该国外市场的有效竞争者。该模型能够用于解释香港、韩国、印度、阿根廷、巴西和马来西亚等国家或地区的企业国际化。国际化进程理论有助于解释企业绿地投资等渐进式发展，但是无法解释企业如何通过跨国并购等实现跨越式国际化发展。

(5)国际生产折中理论。Dunning(1977 JIBS)在《走向国际生产折中理论——实证检验》一文中,以分布在7个国家的14个制造业的美国海外企业为样本,系统阐述了国际生产折中理论的主要特征,并试图评价所有权优势和区位优势在解释产业模式和海外销售地区分布的重要性。研究认为,企业需要具有某种所有权优势以抵消服务于不熟悉或者偏远环境市场而产生的额外成本。企业存在的功能在于通过生产过程将有价值的资源投入转化为价值更大的产品产出,这种投入包括两种类型。一是区位资源投入,这种投入对于所有企业而言都是存在的,它不仅包括李嘉图的要素禀赋,而且还包括商业环境和法律环境等,例如市场结构、政府立法与管制政策等,从而构成区位特定优势。二是企业资源投入,这种投入具有企业异质性,不同企业在技术能力和组织能力等方面具有特定优势,包括受到法律保护的专利、产权、品牌和商标等,以及其他具有排他性的稀缺性资源,从而构成企业所有权优势。此外,企业将其所有权优势或者区位优势进行内部化,构成了企业国际化生产折中理论的第三个重要因素。

国际生产折中理论的核心是所有权特定优势、内部化特定优势和区位特定优势。所有权特定优势包括两个方面,分别是由于独占无形资产所产生的优势和企业规模经济所产生的优势。内部化特定优势是指跨国公司运用所有权特定优势以节约或消除交易成本的能力,其根源在于外部市场失效。区位特定优势是东道国拥有的区位优势,企业只能适应和利用这项优势,包括东道国不可移动的要素禀赋所产生的优势和东道国政治经济制度等形成的有利条件和良好的基础设施等。根据邓宁的国际生产折中理论,企业必须同时兼备所有权优势、内部化优势和区位优势才能从事海外直接投资活动。其中,所有权优势是企业进行国际投资的基本前提,如果企业具备了内部化优势和区位优势而无所有权优势,国际投资将无法成功。此外,如果企业只有所有权优势和内部化优势而不具备区位优势,企业将缺乏有利的海外投资场所,只能在国内利用其有关优势并通过出口等方式来满足当地市场。如果企业只有所有权优势和区位优势,则说明企业拥有的所有权优势在内部难以得到有效利用,只能通过许可等方式将其转让给外国企业。

邓宁的国际生产折中理论整合了国际商务研究的不同理论视角,能够较好地解释企业国际化的不同模式选择;克服了传统对外投资理论只注重资本流动的研究不足,将直接投资、国际贸易和区位选择等综合起来加以考虑,比较全面和综合地发展了国际投资理论。但是,我们也要看到,邓宁的研究理论是建立在发达国家生产性企业国际直接投资实践基础之上的,对服务型跨国公司国际投资实践特别是诸如中国等发展中国家企业国际投资实践的解释力，还有待于深入研究。

(6)I—R分析框架。I—R分析框架亦即全球一体化—国家响应性分析框架，是由普拉哈拉德和多茨(Prahalad and Doz)教授于1987年提出的，用于分析企业国际化战略的一种分析框架。其纵轴表示全球一体化行为的潜在利益，这种利益更多地被解释为规模经济和范围经济所带来的成本降低。其横轴表示国家响应性收益，这种收益来源于国与国之间在产品、战略以及经营活动方式等方面的不同，主要被解释为针对不同国家在市场需求、工业结构、分销系统和政府法规等方面的不同而设计的更为有效的差异化策略所带来的更大收入。I—R框架可以用来理解整个产业在一体化和响应性方面利益的不同，也可以用来识别和描述跨国公司在同一产业竞争中所采用的战略方法的不同。行业特征不能单独决定企业战略选择，处于同一行业的企业，可能基于I—R分析框架，采取不同的战略选择。例如，在汽车制造业，菲亚特长期奉行一种典型的多国战略，在西班牙、前南斯拉夫、波兰和其他一些国家，菲亚特公司借助于合资企业的合资伙伴和东道国政府的支持，帮助东道国建立起政府扶植的汽车制造工业。而丰田公司通过集中于日本的全球规模制造工厂，开发并制造产品来获得成功。

(7)企业间网络治理理论。企业间网络治理理论源于学术界对企业间网络组织的重视。van Alstyne(1997)对网络组织、科层组织和市场组织进行了详尽的比较分析，指出网络组织在同时追求效率和柔性的情境下绩效较好，并将网络组织定义为一种联合专用资产，强调了联合制裁和共同目标的重要性；Jarillo (1988 SMJ)将网络组织定义为在不同但相关的营利组织中进行有目的的长期安排，以使得企业能够在其中取得持续竞争优势；国内学者杨瑞龙、冯健(2003中国工业经济)将网络组织定义为，由两个或者两个以上独立的企业通过正式契约和隐含契约，所构成的互相依赖和共担风险的长期合作的组织模式。

网络组织研究表明，网络组织具有显著的协同效应。但是，网络组织并非天然具备产生协同效应的能力，要发挥网络组织的协同效应，就必须加强网络组织治理。Jones，Hesterly and Borgatti(1997 AMR)从交换条件(包括需求不确定性、任务复杂性、人力资产专用性和交易频率)和社会机制(包括限制性进入、宏文化、联合制裁和声誉)角度出发，研究了网络治理的一般理论，认为这些交换条件促使企业嵌入于交易之中，而这种结构性嵌入又使得企业能够通过社会机制来协调和监督其交换；当这些交换条件都存在时，网络组织在适应、协调和监督交换方面比科层组织和市场组织更加具有优势。

网络组织是个相对松散的组织形式,它不是简单的委托代理关系,不具有明确的契约关系。因此,网络组织必须通过有效治理来增进信任、防范道德风险和搭便车等机会主义行为,从而促进网络组织各个结点之间形成资源整合和能力互动。对网络组织内成员互动合作的关系进行治理,将是整个企业间网络组织健康生存与发展的基础。作为一种异质性企业间全球价值网络,跨国公司具备网络治理的特征,因此我们可以借鉴网络治理理论,以提高中国跨国公司的治理水平。

跨国公司不仅是一种经济学意义上的企业间网络,而且还是一种社会学意义上的网络,因此其研究就可以借鉴社会网络分析理论。社会网络分析在国外相当被重视,但是国内研究相对较少。社会网络分析具有如下几个特点:一是,行动者及其行动是相互依赖的,而不是独立的和自主的单位;二是,行动者之间的关系是资源传递或者流动的渠道;三是,网络结构环境可以为个体行动提供机会,也可能限制其行动;四是,网络模型把社会结构和经济结构等概念化为各个行动者之间的关系模型。作为一种异质性企业间全球价值网络,跨国公司治理与社会网络治理有着不谋而合的共性。跨国公司治理研究可以借鉴社会网络分析理论,研究跨国公司与其他社会组织之间的关系,以及跨国公司内部各异质性企业之间的关系,充分发挥各业务单位之间的能力协同效应,以提高全球价值网络的整体竞争优势。在网络范式下,企业追求的不再是企业间纯粹的竞争关系和交易关系以及企业内纯粹的科层关系,而是企业间的合作竞争和网络关系,强调通过在全球范围内进行资源的有机配置来提升企业竞争力。Martinez and Jarillo(1989 JIBS)对 MNC 合作机制进行了分析,发现合作是 MNC 协调子公司发展的重要机制。Jarillo and Martinez(1990 SMJ)提出了活跃型子公司概念,这种子公司具有全球整合和当地响应(global integration and local responsiveness)特征。Roth and Morrison(1992 JIBS)提出了分散化集权(decentralized centralization)概念,即全球化战略需要总部给予子公司在全球范围内管理某特定产品的权限,并对各子公司活动进行协调,以实现资源的全球整合与配置。Malnight(1996 JIBS)研究了 MNC 从分权模式向网络模式的演化,认为随着产业全球化的发展,在全球范围内配置资源是 MNC 的演变趋势。Tallman and Fladmore-Lindquist(2002 CMR)研究了基于能力的全球化战略,发现多数产业的企业都在搭建全球资源整合网络。

以上这些学者的研究表明,网络范式越发成为当前和未来企业竞争的重要模式。网络范式将跨国公司子公司视为跨国公司全球价值网络的节点,它不仅强调子公司资源能力的重要性，而且更加强调子公司与其他子公司之间以及子公司与总部之间的资源协同的重要性。它强调在全球范围内对跨国公司关系资源进行有机整合，通过联盟、合作与外包等方式与其他企业建立网络关系，充分发挥企业间的资源协同效应，以此提升企业的运作柔性和竞争优势。

(8)企业资源和能力理论。Wernerfelt(1984 SMJ)在《企业资源学说》一文中提出的观点，成为企业资源理论的里程碑。Peng(2001)指出，自从Wernerfelt(1984 SMJ)和Barney(1991 JM)提出资源基础论(RBV)以来，RBV日益成为战略管理和国际商务的重要理论基础。Peng(2001 JM)对运用RBV研究国际商务的文献进行梳理，指出RBV在国际商务研究中的现状和扩散原因，以及资源基础理论在国际商务研究中的重要地位。资源基础论针对战略结构学派的不足，从企业内部探讨竞争优势的来源。其中心论点是，企业竞争优势的源泉是企业所控制的战略性资源。Wernerfelt(1984 SMJ)认为，资源和产品是企业不可或缺的两个方面。早期的战略管理研究较多关注企业的产品属性和市场属性，而较少关注企业的资源属性。企业资源是指特定时期企业暂时拥有的有形资产和无形资产，包括品牌、内部知识和技术、技能员工、贸易联系、机器、有效率的程序和资本等。企业的最优成长有赖于企业在利用现有资源和开发新资源之间取得平衡。Wernerfelt(1984 SMJ)还在将企业视为资源集合的基础上，从资源角度解释了顾客忠诚、生产经营、技术领先和兼并与收购等企业特征和行为，并提出了资源位势壁垒概念。

资源基础论以资源异质性和不完全流动性作为前提假设。Rumelt(1984)强调了隔绝机制在企业获取竞争优势中的重要性，认为企业通过信息不对称、业绩差异原因模糊性、购买者转换成本、企业声誉资产和专有资产的规模经济等机制，来保护其优势不被模仿，从而维持其竞争优势。Barney(1986 JM)则认为，如果战略资源在所有相互竞争的企业中均匀分布而且高度流动的话，企业就不可能获得持续的竞争优势。某些企业之所以能在产品市场上获得竞争优势，就是因为它们能够利用不完全竞争的战略要素市场，获得低价高产出的战略资源。Dierickx and Cool(1989 MS)认为，真正带来竞争优势的资产(资源)是不可交易的资产，也就是不可能从公开市场上获得的资产，这类资产包括诸如质量、声誉、企业特定的人力资本、代理商忠诚和研究开发能力等。Barney(1991 JM)还研究了持续竞争优势的资源基础，认为企业资源如果要带来持续的竞争优势，就必须具备四个条件，分别是有价值的、稀缺的、不能完全模仿的和不可替代的。

资源基础论与战略结构学派有着很大差异，它强调的是要素市场而不是产品市场，分析对象是企业内部资源而不是产业结构，分析单元是资源基础而不是产业要素。以 Wernerfelt(1984 SMJ)和 Barney(1991JM)等为代表的资源基础论，对于企业竞争优势来源的研究有着重大的贡献。但是，它也存在不足之处，主要局限性在于将价值视为外生变量、分析方法具有静态性和存在同义重复现象等问题。

Selznick(1957)在描述企业领导能力时，首次提出了独特能力概念。Penrose(1959)将其精力集中于单个企业内生成长过程的研究，她认为在分析企业内生成长过程中，要特别重视知识积累和企业可能性边界扩张之间的内在联系。她还认为，企业是一个生产性资源的集合体，企业内部存在着通过知识积累以拓展生产领域的机制，而且这种知识积累是一种内部化的结果。Chandler(1962)通过大量案例研究，提出了“战略—结构—绩效”的分析框架，强调了组织协调和企业家能力的重要性。Richardson(1972)提出企业间协调的知识基础理论，认为企业的合作和关系成为一种非常重要的产业组织方式，而合作性协调的基本内涵是协调企业各方能力。Prahalad and Hamel(1990 HBR)在比较分析日本的 NEC 公司和美国的 GTE 公司之后发现，两个公司的业绩差异源于前者拥有了核心能力，即组织中积累性知识，特别是关于如何协调不同的生产技能和有机结合多种技术流的学识；并强调企业应该保护核心竞争能力，而不是依赖于上下游业务伙伴。一个企业的长期竞争力来自于这样一种能力，即以比竞争者更低的成本和更快的速度开发具有差异性的创新产品。企业是一个能力体系或能力集合，企业能力最终决定企业竞争优势与经营绩效；而在过度竞争环境中，企业持久竞争优势源泉是企业核心能力。

但是，核心能力存在能力刚性的问题。基于核心能力所具有的刚性局限性，动态能力理论集中探讨企业组织能力的演进与竞争优势之间的核心关系，并把组织能力看成是企业竞争优势的根本源泉。其具有里程碑意义的研究文献，是 Teece，Pisano and Shuen(1997 SMJ)发表的《动态能力与战略管理》一文。在此，所谓动态，是指技术和市场不断变化的情境；而动态能力是指企业组织长期形成的学习、适应、变化和变革的能力，包括组织惯例、技能和互补资产。根据动态能力理论，企业的竞争优势源于与众不同的组织过程(process，如组织对于资源的协调和捆绑过程)，并且受到企业独特资产位势(position，如难以交易的知识资产和互补性资产)和演化路径(evolution paths)的影响。由于以组织惯例、技能和互补性资产为基础的能力，包含了许多特定的隐性知识，所以特定企业的组织能力是难以复制并被模仿的。但是，组织过程管理及其发展竞争优势的潜在性，都是由企业独特资产位势和演化路径所决定的，因此动态能力是建立起来的用于开发能力的能力，它不仅使企业创造新产品和新流程，而且使之对市场变化作出反应。动态能力在一定程度上克服了核心能力的局限性，强调动态能力是开发能力的能力，解决了资源基础论中的静态分析等问题，但是仍然无法解决难以检验等不足。Eisenhardt and Martin (2000 SMJ)提出了“独特流程”动态能力概念，认为独特流程是由可鉴别且由特定惯例所组成的，管理者可以通过这一流程来组合其不同技能以形成产品和服务。

动态能力理论秉承了熊彼特的创造性毁灭的思想，强调在充满不确定性的动态环境中，嵌入于环境当中的动态能力是构建企业持续性竞争优势的保证，这对于企业如何应对环境挑战具有重要指导作用。动态能力理论试图解决的最为核心的问题是，当企业所处环境不断变化时，企业如何更新资源位势以保持与环境的一致性。根据动态能力理论观点，企业必须不断地以新的位势源泉，去替代前期所确定的竞争优势源泉，进而促进企业动态成长。然而，要做到这一点，企业就必须借助用以调整和整合企业内部活动和外部活动的各种资源和技巧。但是，资源的形成是在一个复杂的路径依赖过程中发展的，动态能力理论的支持者对此作出了探讨，但是没有完全解释和预测其演化路径。动态能力理论要取得进一步发展，就需要进行组织学习研究，这就推动了知识基础理论的发展。

资源依赖理论认为，没有任何一个组织是自给自足的，所有组织都必须为了生存而与其环境进行交换。获取资源的需求产生了组织对外部环境的依赖，资源的稀缺性和重要性则决定了组织依赖性的本质和范围。Pfeffer and Salancik(1978)认为，一个组织对另一个组织的依赖程度取决于三个决定性因素：资源对于组织生存的重要性；组织内部或外部一个特定群体获得或处理资源的程度；以及替代性资源的可获取程度。组织对外部环境所依赖的资源包括人员、资金、社会合法性、顾客、技术和物资投入等。资源依赖理论的一个重要特点是，它认为依赖可以是相互的。当一个组织的依赖性大于另外一个组织时，权力就变得不平等。组织能够采取许多策略来处理它们之间的相互依赖关系，这些策略包括合并、购并、合资和其他联盟形式，以及通过连锁董事会等机制来委派公司代表人员加入其他公司的决策部门。跨国公司的价值网络属性，决定了我们可以将资源依赖理论作为跨国公司治理研究的理论基础。将资源依赖理论运用于跨国公司治理机制之中，就是要求跨国公司设计一套基于资源依赖的治理机制，从而使公司治理从刻意监督转向自组织形式，使得治理各方能够主动在资源相互依赖的基础上，采取有利于各方利益的行为。因此，基于资源依赖理论所建立起来的治理机制，能够促进企业之间的互利合作与长远发展，从而真正发挥公司治理的长效性。

总而言之，在复杂的社会环境里，跨国公司选择战略时应该考虑平衡国际扩张和一系列经济因素之间的复杂关系。这些因素包括产业结构和竞争压力产生的经济需求，进入国际市场的社会和文化因素，以及母国和东道国政府的各种政策等。为了获得可持续发展的竞争优势，跨国公司必须发展梯级的竞争优势——全球规模效率、多国灵活性，以及在全球范围基础上进行创新和运用知识的能力。虽然各种竞争优势关注的战略目标不同，但是跨国公司面临的挑战是如何同时获得这些竞争优势。早期的跨国公司从科层范式出发将子公司定位为总部的附属企业，并通过资源、财务、人员和规则等方式实现对子公司的协调与控制。随着全球化浪潮和网络组织的发展，企业战略逻辑发生了根本性变革，企业追求的不再是企业间纯粹的交易关系或者企业内纯粹的科层关系，而是追求企业间合作竞争和网络关系，强调通过全球资源整合来提升持续竞争优势。在这种战略逻辑变革的推动下，跨国公司子公司定位逐渐从科层范式向网络范式发展。网络范式强调在全球范围内建立价值网络，提高子公司之间以及子公司与总部之间的协同效应。跨国公司成功进入东道国市场，需要具备三个条件：第一，东道国需要提供一定的特殊优惠政策条件以及区位优势，以便足够吸引跨国公司来进行投资；第二，跨国公司必须具备一定的战略能力亦即特定所有权优势以抵消其不熟悉东道国环境的外来者劣势；第三，公司还必须具备相应的组织能力以及内部化优势以便从内部战略组织中得到比通过诸如契约或者许可证等外在市场更好的投资回报。

2.制度理论与国际商务

在国际化背景下，企业战略的推动因素以及企业成败的决定因素，是国际商务研究面临的基础性问题。对于这些基础问题，以往文献主要是就要产业视角和资源视角来进行研究的。产业视角认为，企业在产业内的竞争地位决定了企业战略及其经营业绩。资源视角认为，企业异质性决定了企业战略及其经营业绩。然而，以往基于产业视角或者资源视角的战略研究，主要是基于美国情境；但是国际商务面临的是来自不同国家或地区的制度环境，这就决定了必须考虑到制度环境对于企业战略及其业绩的影响。发达国家之间尚且存在制度差异，新兴经济体与发达国家相比更是如此。越来越多的研究学者开始关注新兴经济体，认为正式制度和非正式制度深刻影响到新兴经济体企业的战略和绩效。特别的，中国作为发展中国家有其特殊性，其企业在国际化进程中面临着与发达国家企业所面临的不同的环境等制度问题。这就要求我们慎用传统企业国家投资理论,转而考虑从制度理论角度分析制度差异对其国际化的影响机理。

(1)制度内涵与变迁。到底什么是制度? North(1990)将制度定义为"用于规范人们行为的人为设计的约束",Scott(1995)将制度定义为"确保社会行为稳定且有意义的各种管制性的、规范性的和认知性的结构和活动"。制度可以被分为正式制度和非正式制度,从政治(腐败和透明度)、法律(经济自由化和政治体制)和社会(伦理准则和创业态度)等方面来影响社会交易。在《制度理论和制度变革:研究专刊导论》一文中,Dacin,Goodstein and Scott(2002 AMJ)对该期文献进行了整体性介绍,分析了制度变革的源泉、反响和过程,以及制度变革的新的发展导向。该期文献对于系统认识制度理论及其变革,特别是制度变革的未来发展导向,具有重要的理论意义。

新制度主义在社会科学领域的兴起始于20世纪70年代,而它运用于国际商务和战略研究则更为新近(Oliver,1997 SMJ;Peng and Heath,1996 AMR)。虽然所有经济体都或多或少都存在着转型特征,然而新兴经济体更加明显,原因在于新兴经济体"在游戏的正式规则和非正式规则方面有着更加基础性的和广泛性的变革",或者被称为"制度转型"(Peng,2003 AMR)。基于制度视角来研究国际商务,得到了学术界的重视。在2000年出版的《管理学术期刊》(AMJ)专刊中,有7篇文章谈到了新兴经济体的战略研究问题,制度视角被Hoskisson,Eden,Lau and Wright(2000 AMJ)认为是研究新兴经济的三大最有影响力的理论之一。在2005年出版的《管理研究杂志》(JMS)专刊中,有7篇文章关注制度研究。这两期专刊涉及的国际商务和战略管理的研究问题包括业务群组、私有化、海外投资战略、新兴经济体本土化战略和新兴经济体企业海外扩张国际化战略等。

(2)制度与OLI范式。Dunning and Lundan(2008 APJM)在《制度与跨国企业的OLI范式》一文中指出,制度有助于我们更好地理解当代跨国企业的不同形态,并考察了如何将制度因素整合进OLI范式的三个要素当中。Dunning and Lundan(2008 APJM)指出,以往国际商务研究都是资产导向的,这些资产由跨国企业所拥有和利用。跨国公司作为时代经济发展的载体,随着知识经济和网络关系在商业经济中的重要性日益凸显而发生改变,企业边界日益从重视物理边界转为重视制度边界和合约边界。在此背景下,只有具有独特技巧和能力的企业活动才被内部化到企业内部。Dunning and Lundan(2008 APJM)分析了正式制度和非正式制度对于OLI范式构成要素的影响作用。网络型跨国公司被视为是价值增值活动系统，其结构是由生产管理成本、市场交易成本和制度联系所共同决定的。制度分为两个层面，分别是宏观层面和微观层面。宏观层面制度包括一国的政治、经济、社会和文化制度，特别是针对FDI或者OFDI的各项政策激励与约束制度；微观层面制度包括企业合法性构建与维护、企业行贿等腐败行为以及跨国公司内部治理机制等。

(3)文化差异与国际商务。在国际商务学研究领域，文化差异是极其重要的研究问题；文化是制度安排的子分支，是强化正式制度的非正式制度的组成部分(Peng，Wang and Jiang，2008 JIBS)。在《东亚企业复兴——来自华裔社区的经验证据》一文中，Bruton，Ahlstrom and Wan(2003 SMJ)研究发现，华裔文化帮助东亚企业取得商业成功，而且对东亚企业的衰退和复兴有着重要影响；两权合一的治理结构和生意人之间的人际关系的重要性使得之前基于美国的研究经验在东亚企业中难以得到支持。基于Leung，Bhagat，Buchan，Erez and Gibson(2005 JIBS)的研究观点，Peng，Wang and Jiang(2008 JIBS)从“反倾销进入壁垒、印度实践、中国实践和新兴经济体中的公司治理”四个方面阐述了新兴经济体中的国际商务战略。本书将重点阐述其对中国实践的研究认识。在对中国经济强劲发展的研究进程中，学者们认为中国文化中的“关系网络”(人际网络)作为一种非正式制度，有效弥补了正式制度的缺陷和不足。虽然战略选择受到正式制度和非正式制度的共同影响，但是在正式制度比较薄弱的环境里，非正式制度成为推动企业战略制定和业绩提升的重要因素(Peng and Heath，1996 AMR)。虽然人们认为中国情境下关系网络强化趋势受到中国文化的影响，但是研究表明，阿根廷、智利、捷克、匈牙利、印度、波兰、俄罗斯和韩国等国家在其制度转型过程中，同样出现了关系网络不断强化的趋势。

Peng(2003 AMR)在《制度转型与战略选择》一文中指出，“有着不同的文化传统和转型轨迹的国家范围如此之广，表明基于网络的战略并非仅仅是由国别文化所推动，而是由共同的制度特征所推动，特别是缺乏正式的市场制度”。在新兴经济体中，不仅本土企业热衷于网络关系，海外企业也热衷于培育企业间关系网络，这从诸多国际战略联盟的跨国实践中可以知晓(Hitt，Dacin，Levitas and Borz，2000 AMJ)。Peng and Zhou(2005 APJM)在《亚洲地区网络战略和制度转型是如何演化的?》一文中指出，追踪考察宏观社会层面国际间的网络和关系的长期演化进程有助于理解制度因素在诸如中国等新兴经济体中是如何推动战略选择的。如果战略选择是由国别文化所推动的，由于国别文化变迁过程相对漫长，企业对人际关系网络的依赖性在市场化改革进程中倾向于保持稳定性；如果战略选择是由制度发展所推动的，由于市场偏好制度在不断加强，我们将会发现人际网络重要性将逐渐减弱（Peng，Wang and Jiang，2008 JIBS）。

Buckley，Clegg，Cross，Liu，Voss and Zheng（2007 JIBS）研究认为，有必要考察新兴经济体（特别是中国）的跨国公司是否遵循通用理论，抑或在通用理论基础上考虑以特殊理论作为补充解释；并从资本市场完善性（capital market imperfections）、所有权优势（ownership advantages）和制度因素（institutional factors）三个角度来考察中国企业境外投资的特殊理论解释。在资本市场完善性方面，资本市场不完善性意味着新兴经济体企业能够长期获得低于市场利率的金融资本，从而转化为企业所有权优势（Buckley，2004 APBR）。由政府资助的预算软约束使得中国企业倾向于采取并购方式进入东道国市场（Warner，Hong and Xu，2004 APBR）；由于缺乏私有产权，对相关的技术风险、商业风险和政治风险的乐观估计以及无畏失败，导致中国企业境外并购往往出价过高（Ma and Andrews-Speed，2006 Minerals and Energy）。资本市场的不完善性，推动了中国跨国公司采取自然资源获取型的境外投资（naturalresourceseeking FDI）和战略性资产获取型的境外投资（strategic assetseeking FDI）。在所有权优势方面，新兴经济体公司拥有所有权优势，这将有助于它们克服相对于东道国企业而言的外来劣势，从而更好地进行跨国投资。特别的，关系资产被认为是一种重要资源，它以网络技能形态显示出来；如果中国企业所在东道国或地区具有华裔文化背景，那么将有助于中国企业获得独特的竞争优势。在制度因素方面，由于企业的战略制定在很大程度上受到母国制度环境的影响，包括规制制度、认知制度和规范制度等形式。母国对跨国公司的激励政策（比如行业准入、融资成本和补贴政策）等将有助于企业抵御外来者劣势，从而更好地取得国际化成功。而制度政策是把双刃剑，企业在享有政府各项激励政策的同时也将受制于政府的各种约束。就中国情境而言，中国企业的国际化经营在很大程度上与政府政策密切相关。上个世纪末执行的国有企业改革，采取了抓大放小的改革政策，结果形成了一批掌控国家经济命脉的特大型国有企业。这些国有企业在国家“走出去”发展政策的指引下大举跨出国际化发展步伐，但也面临国有资产流失等诸多问题。中国政府借鉴韩国、新加坡和马来西亚的做法，通过行政干预和政策扶持来有意建立起一批跨国公司，而不是通过市场机制来培育起跨国公司。这些由政府建立起来的跨国公司，在国际化进程中身负多项任务，包括通过并购方式获取东道国的产权技术以及战略性资产和能力（包括品牌、分销渠道和海外资本市场运作等），以及开拓市场和分散化经营业务以改善其全球竞争优势。中国政策对中国 OFDI 的影响作用可以通过关键的政策变化和中国 OFDI 总额或其分布的变化情况来判定。

(4)具体制度类型与国际商务。在《制度与美国风投企业国际化》一文中,Guler and Guillen(2010 JIBS)以 1990—2002 年间投资在全球 95 个国家的 216 家美国风投企业为研究样本,考察了东道国制度环境对风投企业国际化的影响作用。研究发现,美国风投企业倾向于投资于在技术、法律、金融和政治制度方面鼓励创新、保护投资者权益、促进出口和确保管制稳定性的东道国。研究同时发现,企业获得越多的国际经验,就越加能够克服来自这些制度的限制约束。在《东道国政策与跨国公司管理控制——来自中国的经验证据》一文中,Chen,Paol and Park(2010 JIBS)从结果、过程和社会三个角度,分析了在华合资企业的管理控制问题。与之前文献关注合资企业内部条件而忽视外部制度环境不同,Chen,Paol and Park(2010 JIBS)基于中国情境和在华跨国公司的经验证据,从所有权限制、政府激励、国有参股规定等角度,分析东道国政策对在华跨国公司合资企业中合作伙伴选择的影响作用。

第一,所有权限制。所有权限制不仅影响到合作初期的资产结构,而且对合资企业后续战略制定产生重要影响。在合资企业中,东道国政府对跨国公司的持续不断的监督使得跨国公司缺乏自由裁量权,缺乏谈判自由度。由于本土合作伙伴得到东道国政府支持,跨国公司需要借助本土合作伙伴来减少潜在的政策风险。虽然跨国公司能够为东道国提供稀缺资源,比如技术和管理经验等,但是在政策解读和风险规避上需要本土合作伙伴的支持。在这种情况下,跨国公司难以采用结果控制和过程控制的管理控制方法,因为这两种控制手段主要是基于正式的组织制度从而较为适合于东道国政府和本土合作伙伴。所有权限制确保合资企业中本土合作伙伴参与正式控制,从而减少了跨国公司的战略侵蚀和业务干涉。相比较而言,社会控制更多倾向于无形化和内涵化,从而难以被东道国政府所监督。在正式控制机制有效运行的情况下,本土合作伙伴较少借助社会控制来进行管理,使得社会控制游离于东道国政府的监督。

第二,政府激励。世界各国政府都倾向于采取各种激励措施来吸引外资流向重点产业,如果跨国公司所投资产业与东道国政府所鼓励发展的重点产业相吻合,它们就容易获得来自东道国政府的政策支持。其对更关键资源的贡献不仅有助于合资企业产生盈余而且有助于其获得东道国政府担保。在这种情况下,跨国公司与东道国政府之间的谈判协商就将有助于跨国公司发展。为此,跨国公司倾向于向东道国提供诸如营销和研发等独特知识。这些独特知识嵌入于组织过程,这就要求跨国公司注重过程投入,从而能够对运作过程有更多的管理控制。与此同时，知识转移需要人员参与，从而提高了社会控制的重要性。因此，跨国公司在获得政府激励的情况下，对合资企业将更加倾向于采取过程控制和社会控制。

第三，国有参股要求。大多数国家特别是发展中国家，都重视采用国有参股的政策规定来对引进外资进行管理控制。国有参股使得东道国政府能够对合资企业实施直接控制，使得合资企业行为能够符合东道国政府的政策意图。国有参股削弱了跨国公司行为的自由度，削弱了其与东道国政府之间的谈判筹码，从而削弱了其结果控制能力，这是因为国有参与方对于政治和社会的关注使得其与跨国公司的经营目标存在分歧。与此同时，由于国有企业内在的组织惰性和变革抵制使得跨国公司难以采取社会控制。因此，合资企业中国有参股要求削弱了跨国公司采取产出控制和社会控制的倾向性。

Rodriguez，Siegel，Hillman and Eden（2006 JIBS）在《跨国公司三种视角——政治、腐败和社会责任》一文中指出，国际商务与社会之间存在着复杂的各种关系。但是，与国际商务其他主题相比，有关政治、腐败和社会责任的研究还处于萌芽状态，还没有形成相应的研究框架、测量方法和理论基础。基于此，四位作者分析了三种研究视角之间的潜在关系，并探索了理论研究和实证研究的议程。本书主要阐述其政治和腐败视角。

第一，政治和跨国公司。商业与政府之间的互动关系，一直以来都是国际商务的重要研究视角。跨国公司与东道国政府之间演绎着一场场爱恨情仇的商业故事。由于跨国公司受到来自主权的多方面影响，政治视角成为国际商务研究的必要领域（Sundaram and Black，1992 AMR）。然而，尽管人们认可政府对于跨国公司的重要性，但是这方面的研究文献还是非常有限（Rodriguez，Siegel，Hillman and Eden，2006 JIBS）。政治对于跨国公司的重要性在于，它通过政策激励或者政策约束来影响资源配置，从而左右跨国公司的发展。跨国公司有动机对母国和东道国之间的政府关系施加影响，其目的是保护其海外投资，特别是考虑到盈余返还、移民法、贸易法和投资法等方面所面临的各种威胁。如果理论无法将跨国公司的政治行为纳入其范畴，那么这样的理论仅仅是国别理论而非跨国理论。任何跨国公司理论如果没有理解和解释政府作用，其有效性将存在问题。以往研究侧重于关注跨国公司与东道国政府的进入谈判。Boddewyn and Brewer（1994 AMR）推动了学术界对于跨国公司政治战略的全面研究，而不再仅仅局限于进入谈判。

虽然大部分研究文献将政治环境划归为风险因素，但是Boddewyn and Brewer（1994 AMR）认为政治环境也能够成为经营机会，该观点促使当前诸多研究开始关注跨国公司采取什么战略来影响其在母国和东道国的经营机会。Shaffer(1995 JM)和 Hillman, Keim and Schuler(2004 JM)对该领域研究文献进行了系统评述。但是,有关跨国战略或者制度差异如何影响到商业—政府关系的研究,则是非常重要却关注不足的研究问题。例如,Hillman and Keim(1995)模型化研究了制度差异如何影响到公共政策效果和企业竞争地位;Blumentritt(2003)考察了跨国公司子公司讨价还价能力如何影响其政治战略选择;这些学者在关注制度差异是如何影响商业—政府之间的互动关系的。此外,政治战略的制度适应性则是一个重要研究话题。例如,虽然较多文献研究了美国和欧洲地区的跨国公司政治战略,但是这些政治战略是否具有制度背景依赖性,或者是否在全球不同国家具有同样的实用性,则是值得研究的。特别的,作为全球最大的发展中国家,中国经济持续保持强劲发展势头,并且在对外直接投资中起着越加重要的影响作用。如何从理论上正确解释中国企业境外直接投资的投资动机、区位选择和商业模式等,是学术界和实业界所共同勉励的研究课题。这方面研究需要超脱以后欧美国家企业国际化经营的理论解释,需要立足中国独特的市场环境和制度情境。

第二,腐败和跨国公司。随着跨国公司日益进入发展中国家和转型经济体,腐败成为国际商务研究的重要议题,虽然该议题在 20 世纪 80 年代和 90 年代的商业全球化之前并未凸显。当前,越来越多的社会学者开始对此问题加以关注,并回答或试图回答诸如"什么是腐败?"等基础性腐败问题。腐败通常被认为"滥用职权以谋取私利,亦即以权谋私"(misuse of public power for private gain),但是更普遍的定义则是用权威(authority)来替代公权(public power)以囊括秘密产生于私有团体间的腐败。基于腐败视角的国际商务学者们通常会采用多种理论框架,包括产业经济学、资源依赖理论和制度理论,有关腐败的研究文献也大多源于社会科学领域。学者们倾向于借鉴不同领域的腐败研究成果,将其用于国际商务研究,并侧重于研究政府腐败和与经济开放直接相关的各种话题。

学者们早期关注的是腐败如何抑制成长(Mauro,1995)和对外直接投资(Wei,2000;Habit and Zurawicki,2002 JIBS),并提出腐败什么时候产生影响以及什么时候影响投资流动(Henisz,2000)。有些文献侧重于研究腐败前因,例如人均 GDP、规制壁垒和文化特性等(Husted,1999 JIBS; Roberston and Watson,2004 SMJ)。研究认为,政府对新市场的进入管制,无论是国内政府还是东道国政府,都将导致更高程度的贿赂和腐败交易(Djankov, La Porter, Lopez-de-Silanes and Shleifer,2002)。有些文献则侧重于研究腐败后果,包括企业对待腐败的处理方案和管理层对于腐败行为的反应态度等。例如，Campos，Lien and Pradhan(1999)和 Wei(2000)研究发现，索贿易变性将会减缓整体投资水平。Rodriguez，Siegel，Hillman and Eden(2006 JIBS)认为，企业如何应对公权腐败是极其重要和难以逃避的研究问题。

虽然企业会积极采取措施来应对腐败问题，但是问题并不是那么简单。Smarzynska and Wei(2000)研究发现，东欧国家的高腐败水平使得跨国公司倾向于采取合资方式进入这些国家。Doh，Rodriguez，Uhlenbruck，Collins and Eden(2003 AME)分析了腐败影响企业的各种途径，并为置身于腐败环境当中的管理者们提出了各种解决方案。Rodriguez，Uhlenbruck and Eden (2005 AMR)引入二维度法来分析腐败环境差异及其解决方案。Uhlenbruck，Rodriguez，Doh and Eden(2006 OS)基于发展中经济体电信项目的实际数据，考察了腐败对于进入战略的影响，发现企业在面对高程度和高恣意性的腐败环境时，倾向于采取短期管理合约和合资方式。总之，对于企业该采取什么战略来应对腐败环境或者影响腐败环境，是未来研究的重要议题之一。

制度基础观不仅在学术界得到重视，而且也得到企业实践所证实。例如，在改革开放之初，跨国公司在中国市场进入模式选择方面倾向于采取合资方式；随着中国市场化经济体制改革的不断深入与发展，独资化倾向日益明显，甚至之前的合资企业也逐渐转为独资化(Child and Tse，2001 JIBS)。Puck，Holtbrugge and Mohr(2009 JIBS)基于交易费用经济学理论和制度理论两种视角，采用问卷调查的数据收集方法，考察了跨国公司在华子公司从合资企业(IJVs)转变为全资企业(WFOEs)的影响因素。该项研究对于中国企业国际化进程及其管理，具有极其重要的借鉴意义。此外，现有公司治理主要是基于美国和英国的实践经验而提出来的，委托代理理论是其主要的理论解释。但是，在诸如中国等新兴经济体当中，公司除了面临来自两权分离带来的委托代理问题以外，还面临着更为严重的大股东和小股东的关系问题，而这些是需要基于新兴经济体独特情境进行理论创新的。

3. 跨国公司独特性与制度理论应用

在制度视角方面，跨国公司与本土公司到底存在多大差异？制度主义在跨国公司中的运用如何？Kostova，Roth and Dacin(2008 AMR)在《跨国公司研究中的制度理论——批判与新方向》一文中，系统阐述了其对新制度主义(neo institutionalism)在跨国公司研究中的运用现状及其局限性，并在此基础上提出了其研究观点，认为当前有关跨国公司研究的制度视角没有充分考虑到跨国公司情境的独特性，认为把握住跨国公司独特性将有助于在该领域发展出更强有力的理论构建。新制度主义认为,组织存活依赖于其与环境的耦合程度,因此组织必须屈服于外在环境压力,以便获得组织合法性从而提高其生存几率。跨国公司在外在环境和内在环境方面皆具有独特性,跨国公司与本土企业的差异不仅是程度上的,而且是实质上的(Westney and Zaheer,2001)。在《管理多元化跨国公司——寻找新视角》一文中,Doz and Prahalad(1991 SMJ)指出,跨国公司的独特性质在于其多维度性和异质性(multidimensionality and heterogeneity)。跨国公司议论焦点在于其跨边界性质,这反映在其多样化的、非单一的、分散的和可能冲突的外部环境,以及其复杂的内部环境,该内部环境充斥着空间距离、文化距离、组织距离、语言障碍、成员间权力争夺以及潜在的利益争夺和价值冲突等。在《日益过时的谈判模型——跨国公司与发展中东道国国家的关系》一文中,Ramamuri(2001,JIBS)研究认为传统的跨国公司与发展中东道国之间的谈判模型日益过时,当前这种关系正在朝向双层(two-tier)和多参与方(multi-party)的方向发展。第一层关系发生在东道国政府与母国政府之间,其关系是通过双边或者多边制度而形成。该层次关系为 FDI 界定了宏观规则,从而影响到第二层次的微观谈判,源于第一层次谈判的 FDI 自由化程度因不同的东道国—母国关系以及产业差异而存在差异。该项研究对于深入认识东道国政府与母国政府之间的关系,以及跨国公司与东道国政府、母国政府和产业层面的竞争关系,具有重要的理论和实践的意义。

在《美国跨国公司海外子公司高绩效工作系统——基于制度角度的模型》一文中,Lawyer,Chen,Wu,Bae and Bai(2011 JIBS)基于制度视角考察了分布在亚欧非三洲的 14 个国家的美国跨国公司的 217 个子公司的高绩效工作系统(HPWSs)的实施情况,重点关注东道国制度因素以及母国公司影响力和控制力对子公司高绩效工作系统实施情况的影响。研究表明,该文提出的研究模型在高绩效工作系统对员工影响的解释力强于对经理影响的解释力,同时也发现东道国经济发展速度与子公司高绩效工作系统实施之间呈正相关关系。

Kostova,Roth and Dacin(2008 AMR)总结了以前关于制度理论在跨国公司情境中运用的研究文献,针对新制度经济学在组织领地(organizational field)、同构性(isomorphism)、去耦化和礼节性(decoupling and ceremoniality)和合法性(legitimacy)的研究观点,基于跨国公司独特性质,从组织领地、同构化、礼仪性和去耦化以及合法性等四个角度,提出了有待后续讨论的研究观点。有关前人关于制度理论在跨国公司情境中的运用的研究文献的总结,如表 2-2 所示。

表 2-2　制度理论在跨国公司情境下的运用总结

主题描述	堪称典范的参考文献	主要的制度理念
制度概要/制度距离 国家制度概要的概念包含规制性、认知性和规范性三维度。 国家制度维度依具体实践或者问题而异(例如,质量管理、创业活动)。 制度距离被定义为两个国家的制度概要(规制性、认知性和规范性)在一个特定的问题上的不同点或相似点。	Busenitz, Gomez, & Spencer(2000), Eden & Miller (2004), Kostova (1997, 1999), Kostova & Roth (2002), Kostova & Zaheer (1999), Xu & Shenkar (2002)	大多数国家的制度安排都是特定的,因为它们随着社会经济环境边界的发展而发展,并逐渐形成社会互动。 制度和制度环境由三个"支柱"组成:规制、认知和规范。 制度安排定义了组织的社会环境,并塑造了组织行为。
制度转变/转型经济 大范围制度改革定义了转型经济 转型制度环境具有以下特征: 制度剧变 制度包袱 制度缺陷 腐败和"政府俘获" 转型过程的不同阶段 转型制度环境要求特定类型的策略,并且会导致特定的企业行为(例如贿赂)	Hoskisson, Eden, Lau, &Wright(2000), Newman (2000), Peng(2000, 2002, 2003), Roth & Kostova (2003b), Whitley & Czaban(1998), Wright, Filatotchev, Hoskisson, & Peng(2005)	制度系统的改变和转型是一个过程,遵循新的制度安排所具有的阶段特征。 个体和组织的经济行为在制度上确定: 由于制度的持久性和惯性,制度模式从以前的系统开始持续被观察; 当新的制度尚未完全发展,组织模式的扩散是可能被观察的。
国家制度系统 比较资本主义和经济活动 业务系统的国家(制度)起源 不同形式的业务系统的制度特征和比较企业特征(例如,所有权模式、国家协调、对正式制度的信任、占主导地位的企业类型、成长模式) 解决 MNC 公司治理问题的比较资本主义方法 国家制度系统中 MNC 嵌入性/分离的程度	Casper & Whitley(2004), Hill (1995), Morgan, (2003), Morgan & Whitley (2003), Orru, Biggart, & Hamilton(1991), Quack, Morgan, &Whitley(2000), Quack, O'Reilly, & Hildebrandt (1995), Whitley (1999, 2000, 2003)	(国家)制度环境在塑造业务系统中的决定论。 业务系统和组织特征在制度环(国家)中的相似性(即,类质同象)。
对 MNCs 的制度约束 制度环境决定最有效的 MNC 战略和结构: 在国际扩张中的进入模式决策 在国际联盟中的合作伙伴选择 国家创业活动偏好 企业战略选择(例如,多样化)	Child & Tsai(2005), Dacin, Oliver, & Roy(in press), Davis, Desai, & Francis (2000), Flier, Van den-Bosch, & Volberda(2003), Henisz & Delios(2001), Hitt, Ahlstrom, Dacin, Levitas, & SvobOFDIna(2004), Kogut, Walker, &Anand (2002), Lu(2002), Yiu & Makino(2002)	(国家)制度环境通过同构的制度压力在塑造组织实践和结构方面的决定论。 (国家)制度环境可以在多大程度上支持特定形式的经济活动(e. g. 创业),取决于所建立的监管、认知和规范的制度安排。

续表

主题描述	堪称典范的参考文献	主要的制度理念
组织实践和结构在将MNC各单位间及国家边界间的扩散、采纳和制度化 MNC实践和结构在不同国家的差异的制度解释。 跨边界扩散、传播和组织实践的收敛/发散的制度解释。 组织实践在国家边界中转移的制度约束；边界"渗透"。 MNC子单元"勾画"他们的实践和结构而导致的多重和复杂的制度环境。 从MNCs和MNC子单元内部组织环境及其多个外部环境，处理他们之间冲突的制度压力；管理者的角色(有限的能动性)。 MNCs间的关系情境、制度转移过程的情境角色，以及在企业内部中组织实践的扩散。	Eden, Dacin, & Wan (2001), Gooderham, Nordhaug, &Ringdal (1999), Guler, Guillen, & Macpherson(2002), Kogut(1991), Kostova (1999), Kostova &Roth(2002)	国家制度环境在塑造组织实践和结构的过程中的决定性，这个过程是通过强制性的、拟实施的、规范的机制而强行实施同构的。 国家制度环境可能或多或少地支持某些组织实践的特定形式。 当一个特定的实践变得完全制度化时，这就假定了一个"理所当然"的地位；发达制度环境(包括外部和内部)具有明确的企业行动的预期。 由外来者或"外围/边际"组织带来的新兴实践是成功的；其他企业开始模仿它们，由它们的逐渐增长的合法性所激励；因此，组织行动的新模式开始共享，并逐渐制度化。
MNCs、MNCs子单元和东道国制度环境 MNCs在东道国的外来者劣势： 外来者劣势的来源和决定因素； 外来者劣势随着时间变化的动态性； 克服外来者劣势的策略； 外来者劣势的结果； 外来者劣势的测量。 MNC的合法性： MNC合法性的本质和特殊性； MNCs和MNC子单元合法性的因素； MNCs制度环境/行动者合法性的多重性和复杂性； MNC子单元的外部/内部合法性； 东道国和MNCs之间的依赖性和动态性。	Kostova & Zaheer(1999), Lawrence, Hardy, &Phillips (2002), Levy &Egan (2003), Mezias (2002), Miller & Richards (2002), Zaheer(1995), Zaheer &Mosakowski(1997)	(国家)制度环境授予组织的合法性是基于组织遵守制度的需求。 制度需求是在一个组织域(种类)的边界内建立的；组织可能是多个组织域的一部分。 合法性是必要的，对组织生存十分重要。 合法性的取得是通过在一个特定环境(域)中采纳制度化的实践和结构而成为同构的结果。

资料来源：Kostova T., Roth K. and Dacin M. T. Institutional theory in the study of multinational corporations: a critique and new directions[J]. Academy of Management Review, 2008, Vol. 33. No. 4. 994－1006.

第一，组织领地。新制度主义认为，组织在其领地中发挥作用，不同形式的组织行为产生并制度化，组织生存与发展存在制度压力，组织合法性是被动给予的。而Kostova, Roth and Dacin(2008 AMR)则认为，传统组织领地概念不适用于跨国公司。跨国公司子公司面临着多元的、分散的、嵌入性的甚至冲突的制度环境，这些制度环境伴随着空间距离、文化距离、语言距离和组织壁垒等，阻碍了组织间的有效互动，而组织间互动是形成组织领地的最为基本的前提条件。

第二，同构化。新制度主义认为，组织存在同构化现象，这是由于在特定组织领域采纳和扩散被视为标准的商业模式、商业实践和商业结构的后果。而 Kostova，Roth and Dacin(2008 AMR)认为，由于同构化仅发生在组织领地内部，而跨国公司不存在传统意义上的组织领地，因此跨国公司当中的同构化现象有限。特别的，跨国公司由于通常会受到来自投资目的地社区的欢迎，因此将较少面临来自投资目的地的同构化压力。如果确实存在某种同构化压力，那这种同构化压力更多是表现在规制层面和法律层面，而非认知层面和社会规范层面。此外，投资目的地的制度环境在同构化跨国公司方面可能存在能力不足的现象。投资目的地难以明确跨国公司属于哪个组织领域范畴，因而难以对其施加同构化压力。投资目的地也可能缺乏跨国公司所拥有的稀缺资源，这将使得跨国公司在讨价还价过程中占上风。这就使得跨国公司只要在法律许可的范围内从事经营活动，就能够避免来自东道国的同构化压力。本书认为，Kostova，Roth and Dacin(2008 AMR)的研究观点适合用于解释发达国家具有强势全球竞争力的跨国公司，而对于来自发展中经济体的跨国公司而言，其有效性尚待验证，其原因在于发展中经济体跨国公司的议价能力较为弱小，不同于发达国家跨国公司，难以逃避来自东道国政府和投资目的地的同构化压力。

第三，礼节性和去耦化。新制度主义认为，组织存在礼节性和去耦化的行为，也就是说，组织在面临同构化压力时，表面上表现出遵从制度化结构和实践(institutionalized structures and practices)的姿态，但实际上通过采用不同的结构和实践(different structures and practices)将自己与外在环境区分开来，这些不同的结构和实践在他们看来能够带来更好的经济绩效。支持礼节性和去耦化的组织行为的学者观点强调，礼节性和去耦化的组织行为是跨国公司协调所面临的来自不同合法化参与者的相互冲突的模式时的唯一选择。因此，跨国公司子公司所采用的唯一的运作模式需要得到诸多参与者的支持和接受，这些不同参与者认为跨国公司子公司从属于不同的组织领地并期望它能够采纳不同的制度标准。在这种情况下，跨国公司无法超脱去耦性和礼节性的组织行为。这种支持跨国公司采纳去耦化和礼节性的组织行为的观点，其隐含的前提假设是跨国公司必须顺应多元、不同的制度环境的同构化压力。但 Kostova，Roth and Dacin(2008 AMR)认为，跨国公司由于面临较低层次的同构化压力，因此没有必要采取这种礼节性和去耦化的组织行为。去耦化意味着组织采取礼节性行为来证明自己遵从制度化规则，而实际上却采取自己认为的更为有效的经济行为。去耦化行为在同构化压力缺失的情况下是不必要的，跨国公司将会根据具体情境采纳不同的结构和实践，这些结构和实践与跨国公司海外业务所处的东道国环境存在差异。由于跨国公司的特殊性，其结构和实践的多样性得以存在，而不必屈服于东道国环境对其的同构化要求。而就跨国公司内部体系而言，由于跨国公司内部制度化实践是透明的，跨国公司或其构成实体如果从事去耦化行为，将会引起跨国公司内部成员的激烈反对，从而使得去耦化行为失去合法性。

第四，合法性。合法性意味着组织行为被外界环境所接收和同意，是组织得以生存的重要特质。新制度主义认为，组织合法性主要是通过其同构化实践来取得、维持和重构的；组织在取得合法性的同构化过程中，将会逐渐与其组织领地的其他组织相似化。然而，跨国公司在取得合法化的过程中将变得更加差异化而非同质化。跨国公司由于其所处环境的多元性和复杂性、其组织内部的复杂性和多样性以及合法化过程的模糊性，它们在取得和保持合法性的过程中将会面临诸多困难（Kostova and Zaheer，1999 AMR）。跨国公司的独特情境不仅没有否认合法性的重要性，而且由于其内在的外来者劣势，更加应该重视合法性的构建、维持和重构，以期为不同的合法性参与者所接纳和认同。但是，跨国公司面临的独特情境使得其在诉求合法化的过程中，与传统新制度主义观点存在机制差异。跨国公司由于其特殊性，在中观层面（meso level）很难通过同构化来取得合法性（Kostova，Roth and Dacin，2008 AMR）。跨国公司很难在规制性、规范性和认知性方面与外在环境保持同构性，需要探索其独特的合法化机制。由于跨国公司需要面对来自多个参与方的合法化诉求，因此其合法化过程应该是与每一参与方进行协商以取得其支持。借助于协商这种互动、沟通和交换的政治过程，跨国公司能够实现其社会结构化的合法性诉求，在这一过程中象征性映像构建极其重要。

综上所述，跨国公司由于其独特性质，不仅需要考察制度环境对其的影响，而且应该考察制度对其影响的特殊机理。由于跨国公司嵌入于多维度的制度环境，与多方参与者存在互动，因此需要考察多维度制度环境对其行为的影响机制。此外，跨国公司与外在环境之间的互动关系是动态的、自由裁量的、象征性的和前摄性的，跨国公司不仅需要适应外在环境，而且可以通过其特殊地位来对外在环境施加影响，从而选择甚至改变已有环境使之更加适合于自身发展。然而，我们也应该看到，跨国公司与母国政府和东道国政府之间存在着多角度的博弈关系，特别是跨国公司与东道国政府之间经常演绎“爱恨情仇”的商业故事。对于像中国这样的发展中经济体，基于制度角度来认识和把握跨国公司发展极其重要。

三、国际商务定性研究方法

1. 定性研究方法在国际商务研究中的运用

定性研究方法在国际商务研究中的运用由来已久，Johanson and Vahlne(1977)等经典文献都采用定性研究方法来建构理论观点。根据 JIBS 编辑部的政策声明，国际商务在所涉及范围上具有多学科性，在内容和方法论上具有跨学科性。这就使得定性研究方法在国际商务研究中特别重要。Brikinshaw，Brannen and Tung(2011 JIBS)在定性研究方法专刊的序言中写道，为了理解正在出现的和正在演化的现象复杂性，以及国际商务调查中诸多问题的独特情境，在缺乏有效理论的情况下采用大样本实证研究方法并不可取，采用注重探索性研究、比较案例研究和详细描述的演绎理论构建的定性研究方法将更加有效。

在《国际商务的定性研究》一文中，Doz(2011 JIBS)阐述了定性研究在国际商务中采用不足的原因，然后阐述了定性研究在诸如理论构建等领域的重要作用，在此基础上阐述了高水平定性研究及其评价标准，并在文章最后阐述了能够采用定性研究的诸多领域。定性研究能够弥补定量研究的内在不足，有助于管理理论构建。国际商务早期理论的提出得益于定性研究方法的采用，定性研究有助于打开组织过程这一黑箱。虽然纯粹扎根理论难以实现，但是定性研究所掌握的原始数据越丰富，就越能够摆脱已有理论的束缚，从而更加有可能构建新的理论。

科学解释和特殊情境是任何研究都必须权衡的两个问题，而这在国际商务领域显得尤为重要。情境化倡导者认为要改变已有学术共识存在难度(Tsui，2004 APJM)，已有占优理论迫使我们过分重视普适性研究(generalizability)而对情境化研究(contextual sensitivity)关注不足。对于情境化研究的建议包括中等程度的情境化研究(例如 Whetten 强调的增加情境因素作为调节变量)和更加彻底的情境化研究(例如 Tsui 强调的探索非西方的方法论工具)。学术界正在出现共识，即情境导向的定性研究能够为情境化研究提供解决方案。

作为发展中国家，中国与西方发达国家存在诸多差异，这就决定了其在实施“走出去”和“走进去”发展战略时，需要充分考察其独特情境。中国企业境外投资的特殊性，决定了学者们在研究中国企业境外投资问题时，不能照搬西方的理论基础和研究假说来验证中国企业的跨国实践，而是需要基于定性方法进行原始数据采集，在此基础上建构出适合于解释中国情境的理论假说。由于定性研究方法与定量研究方法相比具有更好的理论建构功能，因此定性研究方法对于研究中国企业境外投资问题至关重要。《国际商务研究杂志》(JIBS 2011)在其第42卷第5期刊发了国际商务定性研究方法专刊，发表了国际商务研究领域采用定性研究方法的经典文献和有关定性研究方法在国际商务研究中的运用的评论性文章。该期文献对于我们深入认识国际商务定性研究方法有着重要作用。

2.卓越的定性研究的评价标准

在《国际商务的定性研究》一文中，Doz(2011 JIBS)指出卓越的管理类定性研究需要研究者具备三种能力。第一，多学科背景和对集体行动富有深度和洞察力的解释能力。这就要求国际商务领域定性研究者不仅掌握丰足的一手数据，而且还需要具备组织领域的多学科分析能力，这些学科涉及组织理论、组织行为、社会学和战略管理等。第二，在高水平田野研究中受过深度培训和富有经验。第三，具有严谨的、深度的方法论基础，定性研究及其所要揭示的理论内涵应该是扣人心弦的、富有吸引力的和具有说服力的。基于案例的理论构建存在如下发展阶梯，从最为基础性的“有关管理者行为的丰足数据”，历经“好的故事”“严谨的分类和定义”“概念图”“框架和模型”直到“理论构建”。

Doz(2011 JIBS)从研究对象、田野关系、研究方法和结果展示等四个方面，归纳出好的定性研究的评价标准。

第一，研究对象。定性研究要求在阅读文献时不能局限于管理领域，并且在与管理者的沟通、讨论和寻求田野洞察力时保持不厌其烦的好奇心；应该关注由经理人提出来的实践问题，对其问题和话题进行抽象化以提炼出适合于学术研究和理论构建的研究问题，应该关注管理者谜题难局；挑战克服实证研究的局限性，超过传统已知的解决方案；解开矛盾谜题，关注理论矛盾问题和缺乏理论化的实践领域。

第二，田野调查。好的定性研究应该取得所研究领地的领导的支持，但同时应该保持其自主性，在争取研究支持时应该将研究局限于与经理人所面临问题相关的问题上来；尊重经理人并保持高度的耐心，避免学术傲慢主义；拥有健康的批判精神，强调真理追求和理论不可知态度；对人的本性特征有着清晰明确的假定认识。

第三，研究方法。好的定性研究应该借助于厚实的描述性案例研究，该案例研究应该给予访谈、人种志研究和历史研究；在案例研究内部采用比较法以及采用跨案例研究方法；与自己和在理论之间进行多理论对话；将研究聚焦于最扣人心弦的研究层次；在构建理论时保持经过专业训练的想象力；谨慎对待无知论思想，谨慎面对理论主导自己而非自己主导理论的研究风险。

第四，结果展示。展示案例研究发现过程而非讲授案例研究发现，提供案例研究过程及其证据使得读者能够重复其学习历程；将理论发现建构于其自身而非事实本身，研究数据仅仅是理论构建的奠基石而非理论建构的承重墙；谨记好的理论应该是能够说服专家读者，因而应该具有审美吸引力和直觉取悦感。

3. 基于案例研究的理论构建类型

国际商务研究领域和社会科学研究领域的案例研究大多聚焦于数据采集和数据分析的方法论上，Welch，Piekkari，Plakoyiannaki and Paavilainen-Mantymaki(2011 JIBS)另辟蹊径，考察了国际商务领域如何从案例研究中构建理论，其目的在于考察案例研究者是如何建构理论和未来国际商务研究该如何利用案例研究来建构理论。通过对发表在 JIBS、AMJ 和 JMS 期刊上的案例研究文献进行定性内容分析，Welch，Piekkari，Plakoyiannaki and Paavilainen-Mantymaki(2011 JIBS)基于因果解释力度(emphasis on causal explanation)和情境化力度(emphasis on contextualisation)两个维度，将以案例为基础的理论构建方法划分为四种类型，分别是归纳型理论构建(inductive theory-building，低因果解释—低情境化)、自然实验(natural experiment，高因果解释—低情境化)、解释性意义建构(interpretive sensemaking，低因果解释—高情境化)和情境化解释(contextualised explanation，高因果解释—低情境化)；并认为归纳型理论建构存在诸多局限性，提倡采用另外三种理论建构方法。有关四种不同理论建构方法的比较分析如表 2-3 所示。

表 2-3 以案例研究为基础的理论建构方法的比较分析

分析维度	归纳型理论建构	自然实验	解释性意义建构	情境化解释
哲学导向	实证主义	实证主义(证伪)	解释性/建构主义	关键性现实主义
研究过程	为了取得普适性理论的客观性研究	为了寻找缘由的客观性研究	为了取得某种解释意义的主观性研究	为了寻找缘由的主观性研究
案例研究结果	以可验证假设方式进行理论解释	以因果关系链的方式进行解释	理解参与者的主管体验	以因果关系的方式进行解释
案例研究侧重点	介绍性	内在效度	详细描述	因果关系解释

续表

分析维度	归纳型理论建构	自然实验	解释性意义建构	情境化解释
对普适性的态度	普适性到样本群体	普适性到理论构建	特殊性/非普适性	情境化/有限普适性
因果关系本质	规则性模型：在事件之间架起联系纽带（弱因果关系）	明确因果关系（强因果关系）	过于简单化和决定性的概念	明确因果关系及其情境条件（强因果关系）
情境所扮演的角色	情境描述	从案例情境中分离出因果关系	情境描述以帮助理解理论构建	将情境整合于理论构建当中
主要倡导者	Eisenhardt	Yin	Stake	Ragin/Bhaskar

资料来源：Welch C.，Piekkarr R.，Plakoyiannaki E. and Paavilainen-Mantymaki，E.. Theorising from case studies：towards a pluralist future for international business research [J]. Journal of International Business Studies，2011，Vol. 42：p. 740－762.

第三章　中国企业境外投资动机研究

传统上，发达国家企业跨国投资动因包括市场开拓、资源获取和效率提升等。作为发展中国家，中国企业境外投资动机是否与发达国家企业存在相同之处？如果不尽相同，中国企业境外投资的动机又具有什么特征呢？中国企业境外投资是否是为了获取战略性资产和能力？本章在简要阐述企业国际化传统动机的基础上，基于中国企业所处环境的特殊性，分析了中国企业在境外投资过程中所诉求的战略性资产和能力获取动机，以及国内制度空缺规避动机，从而为中国企业境外投资实践提供决策借鉴。

一、企业国际化传统动机分析

投资动机体现了跨国公司的本质特征，决定了跨国公司的各项战略行为，因此明确跨国公司投资动机意义非常重要。Deng(2004 Business Horizons)在《中国企业对外投资：动机与意义》一文中，分析了中国企业境外投资的五种动机，指出中国企业境外投资是为了获取自然资源、获取先进技术、开拓国际市场、实施多元化战略和获取战略性资产等。Cai(1999 China Quarterly)研究指出，中国企业境外投资存在四大动机，分别是开拓市场、寻求资源、获取技术和管理技能，以及获取金融资本。Deng(2004，2007 Business Horizons，2009 JWB)研究认为，中国 OFDI 除了上述四种动机之外，还有获取战略性资产的投资动机。在《霸权主义下的能源外交——21 世纪中美竞争》一文中，Zweig(2006 Working Paper)提出了能源外交(resource diplomacy)的概念，亦即采取外交行动来提高一个国家的资源准入和能源安全。Kostova and Wiig(2012 JWB)基于 2003—2006 年间中国企业境外投资数据，采用计量经济学分析方法分析了东道国因素对中国企业境外投资的影响情况。研究发现，中国企业境外投资倾向于市场潜力巨大、自然资源丰富和制度保护薄弱的东道国或地区。由于中国(大陆)自身是制造基地，成本最小化并非中国企业境外投资的主要动机(Cheng and Ma,2010 NBER)。Child and Rodrigues(2005 MOR)在《中国企业国际化:理论延伸案例》一文中,考察了中国市场拓展型企业的国际化模式和国际化动机,对这些企业所进行的案例研究表明,中国企业国际化动机包括通过寻求技术和品牌资产来在国际市场上创造竞争优势。虽然主流理论认为企业国际化经营是为了充分利用已有经营优势,中国企业境外投资主要是为了克服经营劣势。这些企业借助于原始设备制造商(OEM)模式和合资企业模式实现内向国际化,以及借助于在海外进行收购和组织扩张来实现外向国际化。

1. 市场开拓动机

东道国市场特征(比如市场规模)将会影响到跨国公司的投资额度。市场规模的扩大将会有利于企业通过海外投资来获得规模经济和范围经济。近来针对中国企业境外投资的研究表明,东道国市场规模将会影响到中国企业境外投资水平(Buckley,Clegg,Cross,Liu,Voss and Zheng,2007 JIBS)。作为全球最大的发展中国家,中国经济在保持快速发展的同时,也在逐步提高技术能力水平。20 世纪 80 年代以来,中国通过鼓励外商投资不仅积累了经济发展所需外汇资金,而且提高了本国企业的生产能力、营销能力和管理能力等。随着中国经济产业结构升级,中国企业产品在国际市场上越加具有国际竞争力,这就为中国企业进入全球市场奠定了重要基础。改革开放 30 多年以来,特别是 2001 年中国加入 WTO 和实施“走出去”发展战略以来,一方面中国经济越加融入全球经济,中国对外贸易发展进入了新的发展阶段;另一方面中国企业越加重视境外投资,成为全球对外直接投资的重要资金来源国。借助于境外投资,中国企业能够积极开拓国际市场,提高中国企业在国际市场的竞争能力。本书认为,可以从动态角度研究市场潜力对中国企业境外投资的影响程度,亦即市场容量和市场成长性对中国企业境外投资的影响作用。

2. 资源获取动机

为了支撑中国经济持续强劲的高速发展,资源保障和能源安全是中国经济未来发展的重要议题,中国政府也越加重视通过企业境外投资来确保中国经济发展所需的稀缺资源,这从中国企业近年来不间断地对国外能源类公司进行资产收购的案例实践可以看出。产权控制是开发和利用稀缺资源的重要方式,中国经济持续发展对自然资源产生强劲需求,中国政府鼓励中国企业投资于自然资源丰富的国家或地区以确保能源安全,从而维持其持续的经济增长。因此有理由相信,中国企业境外投资与东道国自然资源禀赋之间存在正相关关系。Taylor(2009)在《中国在非洲的新角色》一书中指出,中国除了在原油资源上有重大需求外，在诸如铜矿、铝矿、铁矿的资源上也有强劲需求；中国企业境外投资战略诉求在于通过长期合约或购买关键能源基地来掌控海外资源。Cheung and Qian(2007)研究指出，中国企业境外投资同时具有市场开拓和能源获取的动机。中国经济持续发展使其对资源有着强劲需求，这些资源包括技术能力和管理知识等无形资源，并以此来提高企业全球市场竞争能力，资源获取和能力提升成为中国企业境外投资的重要动机。

二、战略性资产获取动机

Deng(2009 JWB)基于制度理论，构建了资源推动型的跨国并购模型，指出通过跨国并购来获取战略性资产以克服其竞争劣势是中国企业基于其特殊情境所作出的国际化发展战略选择。根据 Amit and Schoemaker(1993 SMJ)的研究观点，战略性资产是指企业所拥有的有助于其获得竞争优势的有价值的资源和能力。战略性资产应该是指那些能够促使企业实现可持续发展的专业化的资源和能力。企业建立和发展战略性资产的途径很多，但是通过跨国并购来取得和发展战略性资产是重要途径之一，这对于诸如中国等发展中国家企业而言特别重要。这些来自发展中国家的企业在国际化进程中具有后来者劣势，因此需要借助跨国并购来迅速获取全球竞争所需资源和能力，以便赶上发达国家跨国公司。

Rui and Yip(2008 JWB)基于战略意图视角(SIP，strategic intent perspective)考察了中国企业跨国并购行为动机，研究认为中国企业通过跨国并购来取得战略性资产和能力以克服其竞争劣势和发挥其特定所有权优势，并充分利用了制度激励和最小化制度约束。中国企业境外投资根据所有权可以划分为四种类型。第一，寻求自然资源的大型国有企业，这类企业为了迎合国家任务需要而不顾其境外投资成本如何，这类企业包括中石油、中石化、中海油和中国五矿等大型国有企业。第二，非寻求自然资源的大型国有企业，这类企业为国家“走出去”发展战略而强制采取国际化战略，同时面临企业改革压力，例如南京汽车。第三，大型或者中小型公众持股公司，这类公司国际化的目的是满足公司战略和股东利益需要，比如联想公司。第四，大型或者中小型的民营企业，比如华为公司，体现了家族商业蓝图。

战略意图视角的核心在于决策之前的理性分析(Rui and Yip，2008 JWB)。战略意图视角认为，企业的战略制定过程是企业家审时度势对公司内外环境进行分析从而把握机会和规避威胁的决策过程。资源基础理论发展了这一视角，认为企业内在的资源优势和劣势将会影响到企业战略制定的理性与否。为此，企业需要掌握战略性资产和能力以从被并购公司中取得并购价值，这对于后来者跨国公司而言特别重要。由于国别经济发展水平的差异性和不平衡性，通过跨国并购来获取战略性资产和能力成为企业实施战略的重要途径。特别的，如果母国制度环境制约了企业发展，这些企业就可以通过跨国并购在海外寻求战略性资产和能力。因此，可以认为，中国企业在国际化进程中，将会通过跨国并购来获取战略性资产和能力从而弥补其国内竞争劣势。从学术理论角度来看，这是由于中国企业在全球经济发展平台中属于后来者，有着后来者劣势，因此更加迫切需要通过关键资源获取来克服其竞争劣势从而改善其竞争地位。中国企业战略性资产获取动机，源于其试图借此发展全球竞争所需战略资源。这与传统跨国公司通过国际化来充分利用(exploit)其战略性资源的国际化动机不同，中国企业试图通过国际化来开拓(explore)战略性资源。

Deng(2007 Business Horizons)重点考察了中国企业跨国投资当中的战略性资产获取动机及其背后的理由所在，声称中国企业在进行海外投资时，特别是当投资到工业化国家时，主要是为了诉求战略性资源，这种投资逻辑可以归结为跨国公司的战略需求。该研究从战略视角出发，考察中国企业境外投资的战略性资产诉求，对于中国企业境外投资实践者而言具有重要指导作用。就中国企业境外投资整体发展情况而言，自从2001年中国政府实施“走出去”发展战略以来，中国企业境外投资发展迅猛，但是投资目的地相对比较集中，主要投资于香港地区和美国等。与其他发展中国家企业的跨国投资区位选择偏好不同，中国企业境外投资倾向于选择工业化或者高收入的国家或者地区，这些工业化或者高收入国家或者地区拥有更加优越的投资环境、技术水平和管理水平等。实践表明，除了香港地区和澳门地区，中国企业境外投资目的地集中在发达国家和地区。而且，中国企业在境外投资过程中青睐于在发达国家或地区建立研发中心和设立研究院。来自美国经济分析署(BEA,2005)的统计数据显示，截至2002年，中国企业已在美国投资设立了646个研究中心或分支机构，其中609个属于制造专业，33个属于化学专业。

中国政府在中国企业境外投资过程中扮演着重要角色，中国企业在境外投资过程中倾向于采取并购方式，这两个特征对于中国企业追求战略性资产的境外投资动机具有重要作用。中国政府对中国企业境外投资的结构和规模具有重要影响，自从2001年实施“走出去”发展战略以来，更加注重给予关键中国企业(特别是中央企业)诸多优惠政策以鼓励和支持其国际化,这种投资鼓励政策在外汇管制方面特别显著。中国政府已认识到,中国企业境外投资是中国企业发展的必要举措,是提高中国企业全球竞争力的必要前提。中国政府在实施国家创新发展战略的过程中,鼓励中国企业投资于科技水平高的发达国家或者地区,以学习和借鉴其先进的科学技术、管理技能和专业知识。

中国企业境外投资倾向于获取国际运作的经验知识,国资委掌管的诸多大型国有企业和一些卓越的民营企业开始探索如何通过跨国并购来获取海外高端技术、不可转移的战略性资产和其他组织能力,其进入方式包括跨国并购和绿地投资等。有理由相信,中国企业境外投资在东道国和地区的区位选择问题上,将会考虑到其海外扩张动机,将会把以获取战略性资产为主要目的的投资项目投资到战略性资产丰足的发达国家。Buckley,Clegg,Cross,Liu,Voss and Zheng(2007 JIBS)基于1984—2001年间的国家外汇管理局的统计数据进行实证研究,研究结果显示中国企业境外投资与战略性资产获取动机之间不存在显著的相关关系,表明中国企业当前对外直接投资还不是以获取战略性资产为主要目的,这与Deng(2004,2007 Business Horizons;2009 JWB)的研究发现存在相左现象。通过对比分析Buckley,Clegg,Cross,Liu,Voss and Zheng(2007 JIBS)与Deng(2004,2007,2009 JWB)的研究过程,可以发现前者结论是基于大样本实证研究得出的结果,而后者结论是基于典型案例分析得出的结果。这表明,中国典型企业开始借助国际化来获取战略性资产和能力,但是整体而言中国企业在国际化进程中还处于较为前期状态,还无法通过国际化来取得战略性资产。这种差异体现了中国企业境外投资现实与理想的脱节状态。

中国政府通过国有产权和管制政策对中国企业境外投资施加政策影响。依据产权构成属性,中国企业可以分为两种类型,一类是由中央政府或者省市级政府所管辖的国有企业,一类是由乡镇企业、农村集体企业和私营企业所组成的民营企业(非国有企业)。随着中国国有企业改革的不断深入,国有企业在国民经济稳定与发展中扮演着更为清晰的角色,仍然在事关国计民生的重大产业中发挥着支柱作用,这从中国企业500强大部分属于国有企业可以看出。与民营企业相比,国有企业得到更多的政府优惠,同时也受到政府更加密切的监督管理。它们在境外投资进程中不仅要考虑到经济效益,而且还要承担政治任务,必须响应国家政府对其提出的政治诉求。中国政府采取各种选择性的优惠政策,鼓励部分中国企业进行国际化投资,其目的是打造世界级的中国跨国公司,以跻身全球500强公司。

以海尔集团进军美国市场为例。海尔集团作为中国乃至全球领先的家电制造商，是采取绿地投资方式进入国际市场以寻求战略性资产的企业典范。1999 年，海尔集团在南加州卡姆登海尔大道 50 号成立了海尔美国工业园区。2000 年，第一台美国制造的海尔冰箱从南卡州的美国海尔工业园下线，全面启动的工业园区实现了 50 万件的年产能，海尔工业园区的成功建立吸引了众多关注目光。2001 年，南加州政府把园区附近的一条马路命名为“海尔大道”，以感谢海尔对当地经济发展的贡献。南加州科夏市也因园区的出色表现授予海尔“2001 社区最佳贡献奖”。海尔工业园区积极雇佣当地居民，在该社区制造了积极反响。毗邻城镇和加州政府，海尔在诸多方面受到各界肯定。2002 年，南加州政府授予了海尔“岗位创造奖”。海尔积极融入社区文化有助于海尔取得社区肯定，从而提高社区对海尔进入美国市场的合法性认定。海尔还在纽约设立营销中心，在洛杉矶和波士顿设立研发中心，这些研究中心有助于海尔发展、掌握和转移其技术，从而帮助海尔总部研发出适合于美国市场本土消费者的家用电器。那么，海尔为什么想要而且能够成功进入劳动力成本远远高于中国的美国市场呢？究其原因，在于海尔想通过在美国设立营销中心、制造中心和研发中心来更加接近美国本土市场从而更好地设计和生产家电产品，从而实现其品牌战略。海尔美国是海尔集团全球化战略的重要组成部分，通过在美国取得市场地位和获得品牌发展，海尔能够更好地融入全球市场，实现其“走出去、走进去和走上去”的国际化发展蓝图。效仿海尔集团借助绿地投资来发展战略性资产与能力，其他企业也在探索通过国际化来发展战略性资产与能力。例如，格兰仕集团在美国华盛顿州西雅图市设立研发中心，这有助于格兰仕成为世界顶级微波炉品牌商与制造商。华为公司也在积极探索在印度、德国、日本和美国等设立海外研发中心，以克服中国本土研发能力薄弱的现状。

跨国公司不仅可以基于绿地投资设立全资公司，而且还可以借此成立合资公司，华为 3Com 公司就是一个典型例子。华为 3Com 公司成立于 2003 年，是华为公司和 3Com 公司的合资公司，总部设在杭州，在香港设立分公司，在英国、德国、日本和美国设立代表处。华为 3Com 公司致力于数据通信产品的研发、生产、销售和服务，为用户提供从核心骨干网到桌面终端的全系列 IP 产品及其解决方案。华为 3Com 公司“根植中国，面向世界”，整合华为和 3Com 在数据通信领域资源优势，获得了政府、教育、金融等各行业用户的广泛认可。同时，华为 3Com 加大对未来网络技术的投资力度，在 NGI 和 IPv6 方面参与国家重大网络项目试验，并积累丰富经验，为华为 3Com 在未来市场上取得战略制高点，以新技术服务客户，奠定了坚固基础。

企业不仅通过绿地投资来取得战略性资产，而且还可以通过跨国并购方式来获取战略性资产。中国企业之所以青睐于跨国并购，原因在于跨国并购能够使中国企业快速取得战略性资产。Dunning(1998)研究认为，跨国并购的迅速崛起体现了跨国公司对战略性资产的重视程度日益凸显。联想并购IBM PC业务便是这一领域的关键案例。通过并购，联想获得了Think系列产品，取得了ThinkPad、ThinkCenter和ThinkVision等系列业绩领先产品及其技术。该并购也使得联想取得了IBM PC产品全球分销渠道和北美研发中心，在一定期限内使用IBM品牌和保留IBM高层人员。通过并购，联想不仅获得了IBM的领先技术，而且还获得了营销渠道、顶级品牌和管理能力等战略性资产和能力。

由于企业行为深深植根于其所处制度环境，中国企业境外投资理论与实践需要考察中国独特情境。由于制度因素深刻影响中国企业的国际化进程(Buckley，Clegg，Cross，Liu，Voss and Zheng，2007 JIBS)，因此我们需要基于制度视角来考察中国企业境外投资实践。根据资源基础理论(RBT，resource-based theory)，战略性资产决定了企业的竞争优势和经营绩效，战略性资产包括企业声誉、供应链关系、隐形技术、研发能力、品牌资产和知识产权等(Teece，Pisano and Shuen，1997)。战略性资产可以通过"干中学"而累积形成，也可以通过并购方式快速取得。跨国并购是企业取得战略性资产的有效渠道，有助于并购公司快速取得全球竞争所需稀缺能力和提升组织学习能力。

内化于公司文化的公司价值观念和行为准则等，也将是影响企业国际化的重要因素。与规制性制度体现在正式的法律法规制度和激励政策等不同，规范性制度和认知性制度内化于公司使命和公司愿景。当前，中国企业战略选择还是经理人导向而非制度导向，中国企业经理人的认知结构对于中国企业的战略选择具有重要甚至根本性的影响。由于中国第一代企业家产生于计划经济向市场经济转型初期，当时中国企业境外投资薄弱，国家也没有很多经验值得企业借鉴，在这种情况下，中国企业发展焦点局限于国内市场。但是，随着国外跨国公司进入中国市场和对中国市场造成的平稳性冲击，中国企业面临提高创新能力以与国外跨国公司相抗衡。特别的，在国家政策的鼓励和支持下，一批中国企业已经成长成为全球具有影响力的大型企业。为了能够名副其实地成为具有国际影响力和竞争力的跨国公司，中国企业必须发展其战略性资源和能力，而这正成为中国企业国际化发展的资源瓶颈。因此，中国企业如果具有强烈的创业创新精神和国际化发展战略蓝图，它们将更加重视通过国际扩张来取得战略性资产,以满足其对于创新发展的战略诉求。

中国企业受益于外资引进政策,在中国本土市场上与国外跨国公司联合成立合资企业有助于中国企业积累和发展战略性资产和能力。从管理过程角度来看,合资企业是隐性知识最为有效的转移途径。中国政府的外资引进政策吸引了大量跨国公司来华投资,这从客观上为中国企业发展带来了学习机会,有助于中国企业了解和掌握国际市场竞争规则,积累国际投资与管理经验,并因此获得了大量的外汇资产和战略性资产与能力。通过与在华跨国公司相互合作,中国企业建立起了特定能力和学习经验,为其后续对外直接投资奠定了能力基础。基于制度理论视角,中国企业在国内市场上的合资经验,将会有助于其识别跨国并购机会,从而促进其追求境外投资以进一步提高其竞争能力。当然,合资企业所固有的内在劣势也会促使中国企业寻求海外扩张以构建战略性资产和能力。由于担心中外合资企业中方机构学习外方机构的技术和管理经验,许多中国合资企业的外方机构密切关注中方的潜在的机会主义行为,拒绝向中外合资企业转移其先进技术,使得中方企业难以从合资企业中学习所需的先进技术。面对这种情况,中国企业寻求跨国并购来取得诸如研发能力、设计能力和品牌资产等战略性资产。由于合资企业固有的缺陷,企业倾向于采取跨国并购方式来取得所需的战略性资产和能力。跨国并购有助于企业取得发达经济体企业的战略性资产和能力,从而实现跳跃式发展。因此,如果中国企业在中国本土市场上积累了合资经验,将更加重视通过国际扩张来取得战略性资产和能力。

虽然制度环境对企业跨国并购的影响是多方面的,政府干预始终是最为重要的因素之一。政府干预在转型经济体中尤为明显,中国也不例外,政府干预对中国企业境外投资产生显著影响。中国政府在鼓励外资引进的同时,也积极鼓励中国企业境外投资,以促进中国企业全面融入全球经济。与其他转型经济体相比,中国政府通过其对国有企业的控股权而确定了中国企业境外投资的主导方向,并且通过产权关系来要求企业行为符合政策导向(Deng,2004 Business Horizons)。中国企业的战略选择需要同时考虑经济目的和政治目的(Tsui,Schoonhoven,Meyer,Lau and Milkovich,2004 OS)。中国政府通过各项政策来激励有影响力的中国企业进军国际市场,提高全球竞争能力。在此政策背景下,一批中国企业开始探索并尝试进入国际市场。与此同时,中国政府不仅鼓励中国企业走出去,而且还支持和鼓励建立国家创新体系,鼓励中国企业投资于创新领域以提高创新能力。中国加入世贸组织(2001 年)有力促进了中国企业走向全球化,中国与瑞士之间的投资贸易自由化(2013 年)

有力促进了中国企业与世界企业之间的沟通交流，从而促进中国企业的国际化进程。因此，中国企业如果积极顺应国家政府的发展战略和充分利用国家政府的各项政治与金融激励政策，将会更加重视通过国际扩张来取得战略性资产。

三、国内制度空缺规避动机

与资源基础理论不同，制度理论试图回答组织形式和组织实践为什么如此相似。其基本理论观点是，组织通过服从其所处的外在环境的规则和信仰将有助于其取得组织发展所需的合法性。合法性是指组织外界环境对于组织行为所持有的普遍认可，认为其行为在一定的社会环境中是受欢迎的、合适的和恰当的。这样，处于同一外界环境中的组织将倾向于采取相同的组织行为，从而形成同构化现象。由于企业的战略行为和经济活动嵌入于其所在的社会环境当中，企业所处环境迫使企业为其行为寻求合法性认定，合法性深刻影响到企业的战略选择。诸多学者研究认为，中国企业受制于中国独特的制度环境，包括制度保护薄弱、持续经济改革和渐进制度变革等，中国政府也通过各种政策制定来对此施加影响。North(1990)认为，考察企业战略选择需要理解其所处的制度环境。这对于中国企业而言特别重要，因为中国企业嵌入于各种制度安排。例如，中国正在进行的经济体制改革和国家创新体系的建设，使得企业必须直面市场竞争，必须发展战略性资产以适应国家政府的发展战略。

制度视角研究由来已久，但是将其运用于中国企业境外投资实践研究则还处于萌芽阶段，而研究表明中国企业境外投资受到制度因素的深刻影响(Buckley, Clegg, Cross, Liu, Voss and Zheng, 2007 JIBS)。Deng(2009 JWB)基于制度理论构建了中国企业如何借助跨国并购来获取战略性资产的制度模型，并采用多案例比较分析法对该模型加以分析，成为中国企业借助境外投资来获取战略性资产的研究典范。该模型基于国家层面和企业层面的制度环境，分析了政府干预、制度空缺、公司文化和外资引进等对于中国企业借助跨国并购获取战略性资产的投资行为的影响机理。

制度空缺意味着法律保护薄弱、法律执行不佳、要素市场失灵和市场中介不发达，这些都将制约中国企业国际化进程。在这种情况下，企业将倾向于境外投资，以逃避或减轻母国制度空缺所导致的负面影响。根据 Witt and Lewin(2007 JIBS)的研究观点，当母国制度环境不能满足企业发展需要时，企业将通过国际化扩张来逃避这种制度空缺。通过投资于制度更加完善、更加透明和更加友好的东道国环境，企业能够集中精力于发展其知识和能力并发展和升级其竞争优势。在中国等发展中国家中，弱市场效率和弱产权保护制约了企业对创新的战略诉求，企业缺乏动力来投资于研究与发展，从而制约了其全球品牌的建立。在这种制度背景下，中国企业缺乏创新动力，将精力主要集中在产量提高和成本降低上，而不是放在创新能力的培育上。但是，随着国外跨国公司日益进入中国市场，中国企业日益面临来自国外跨国公司的创新挑战，中国企业日益发现自身处于技术劣势地位，为此中国企业探索境外投资以规模国内的技术劣势。中国经济的持续发展使得中国企业对资源有着强劲需求，但是难以取得技术能力和无形资产等。此外，由于通过内部自身发展战略性能力需要相对漫长的时间，中国企业难以在短期内通过自身积累来发展所需能力。Luo and Tung(2007 JIBS)研究指出，发展经济体中的企业在面临制度约束和市场约束时，可以考虑采用对外直接投资作为跳板来购买和获取战略性资产和能力，以弥补其自身的竞争劣势。因此，中国企业如果在国内发展受制于制度空缺的约束或者在国内发展其独特竞争力存在困难时，将更加重视通过国际扩张来取得战略性资产。

当母国的制度环境难以满足企业发展时，企业是否会采取国际投资来逃避母国的制度约束？Witt and Lewin(2007 JIBS)研究认为，当企业发展与母国的制度环境之间存在不协调时，企业将寻求海外市场以逃避母国制度缺陷；在发达工业化国家，跨国公司逃避母国制度缺陷的跨国投资行为与社会和谐度存在相关关系。具体而言，社会和谐度高的国家或地区倾向于能够容忍相对缓慢的制度变革，亦即拥有更高的制度刚性。当外在环境发生快速变革时，这种相对缓慢的制度变革加剧了企业发展和社会环境之间的不协调性。在其他因素一定的情况下，这种不协调性将会激发企业采用对外直接投资来逃避母国的制度缺陷，寻求制度环境与企业发展相对吻合的东道国或者地区。

Morck，Yeung and Zhao(2008 JIBS)考察了中国企业境外投资的理性程度受到投资者和投资环境的影响。中国企业境外投资主体主要是国有企业，其独有的治理结构影响了企业境外投资决策的经济自主性。与此同时，被扭曲的资本市场进一步使得企业境外投资偏离市场理性轨道。Morck，Yeung and Zhao(2008 JIBS)的研究观点表明，企业境外投资受到母国制度的影响。He and Lyle(2008 Business Horizons)考察了美国对于中国企业境外投资的民众态度，认为“中国热”(China fever)和“中国威胁”(China fear)作为两种极端的民众态度都不理性，都没有正确理解中国持续的经济发展趋势。他们认为，中国企业在美投资更多是经济驱动型而非政治驱动型，应该从商业角度而非政治角度来认识中国企业在美投资；认为中国企业在美投资由于其在政治、文化、市场和技术等方面缺乏经验，使得中国在美投资存在外来者劣势，提出了应对这种外来者劣势的各种战略对策。

在东道国制度保护方面，基于西方企业实践的研究表明，好的东道国制度环境将有助于降低投资风险和经营成本从而提高生产效率。那么，中国企业境外投资是否有着不同考量？首先，中国跨国公司绝大多数是国有企业，因此其投资决策需要综合考量政府的政策目的而非纯粹利润最大化。在此背景下，中国企业境外投资需要考量国内产业发展、需要支持中国对外政策和支援特定东道国或者地区。其次，中国国内制度保护薄弱性严重影响到中国企业境外投资。Habit and Zurawicki（2002 JIBS）研究发现，母国和东道国之间腐败程度的绝对差异将会对双边对外直接投资产生负面影响，中国制度环境将会对中国企业境外投资产生重要影响。中国企业在制度薄弱的国别环境里具有竞争优势，与来自发达国家的跨国公司相比，中国企业更加能够应对制度薄弱所具有的经营风险，因而相对而言面临着较少的外来者劣势，从而使得中国企业境外投资倾向于制度保护薄弱的国家或者地区。

第四章 中国企业境外投资经营业绩研究

提高经营业绩是企业国际化经营的基本目的，然而现有研究对于经营业绩缺乏统一的评估指标体系，在经营业绩的影响因素方面也存在多种不同解释。本章将主要探讨企业境外投资所面临的经营业绩问题。具体而言，本章首先阐述了企业境外投资业绩评估指标体系的建立，涉及业绩评估复杂性、业绩评估系统性和业绩评估科学性。在企业国际化经营业绩的影响因素方面，分别阐述了国际化程度对国际化经营业绩的直接影响，以及地区因素和区域范围对于国际化程度与经营业绩之间关系的调节作用。本章最后还分析了企业能力、家族领导和社会网络对于国际化程度与经营业绩之间关系的调节作用。

一、中国企业境外投资业绩评估指标体系

1. 业绩评估复杂性

企业经营的终极目标是取得可持续的显著业绩，企业跨国投资也不例外。如何科学有效地衡量业绩是学术界和实践界共同关注的管理问题，也是一直以来没有得到有效解决的管理问题。跨国公司边界存在多维性，公司业务活动跨越不同国家或地区、法律规范和社会文化，在适用会计准则等方面存在地区差异，从而决定了其业绩评价存在复杂性，要客观科学有效地评估其经营业绩存在相当难度（Arino，2003 JIBS）。在《信息处理、知识发展和战略性供应链业绩》一文中，Hult，Ketchen and Slater（2004 AMJ）考察了跨国企业供应链，研究发现供应链聚焦于知识获取的程度与主观评定的周期时间业绩呈正相关，但是与客观存在的周期时间业绩不相关。也就是说，供应链参与方认为掌握更多知识能够减少周期时间，但是公司记录显示两者之间不存在关系。同一项研究存在如此不同的业绩表现，表明学术研究应该重视业绩多维性和从多方获取业绩数据。Assaf，Josiassen，Ratchford，and Barros（2012 Journal of Retailing）采用贝叶斯动态模型（Bayesian Dynamic Model）研究了零售企

业的国际化水平与经营业绩之间的关系，并基于组织学习理论分析了四个变量的调节效应。研究发现，国际化与经营业绩之间的关系呈现倒 U 型特征，并且受到并购、企业进入国际市场时的年龄和来源国的影响。

2. 业绩评估系统性

Verkatraman and Ramanujam(1996 AMR)在《战略研究中经营业绩评估》一文中，指出应该从多指标(multiple indicators)和多来源(multiple data sources)两个维度来研究业绩评估体系(performance-measurement framework)。Hult et al. (2008 JIBS)遵从了 Hitt, Boyd and Li(2004 AMJ)的研究主张，拓展了 Verkatraman and Ramanujam(1996 AMR)两维度业绩分析框架，提出应该增加分析层次(level of analysis)作为业绩评估的第三个维度。在经过专业筛选后，Hult et al. (2008 JIBS)以发表在《管理研究期刊》、《管理科学季刊》、《营销期刊》、《营销研究期刊》、《管理科学》、《组织科学》和《战略管理》等期刊上的 96 篇关于国际商务业绩评价的学术论文。在 Hult et al. (2008 JIBS)的研究中，业绩指标多维度涉及财务业绩、运作业绩和整体业绩三个方面，研究层次涉及企业、策略经营单位和组织间单位，数据来源包括一手数据和二手数据。Geringer and Hebert(1991 JIBS)考察了国际合资企业中的业绩测量问题，特别是客观指标和主观指标的可靠性及其可比较性；认为纯粹的财务指标和客观性指标无法准确衡量合资企业的经营业绩，原因在于财务指标和客观指标无法充分反映出合资企业实现其长期目标和短期目标。合资企业或许是为了技术转移和联合研发以获取新材料和进入新市场。一些研发导向的合资企业在短期内是无法通过财务指标来衡量其经营业绩的。Beamish(1984)等使用母公司对合资企业经营情况的单一直觉评价来度量业绩，例如“国际合资企业在多大程度上实现了母公司对它的业绩预期”，该定义能够度量出国际合资企业实现整体目标的程度，但它是主观性指标因而可能会导致偏见和不客观性。Geringer and Hebert(1991 JIBS)研究认为，国别文化对业绩评价存在影响作用，来自不同文化背景的人员对业绩存在不同看法，这在国际商务活动的业绩评价问题上更加值得重视。

3. 业绩评估科学性

通过对筛选的 96 篇文献进行深入分析，Hult et al. (2008 JIBS)提出了国际商务研究领域业绩评估的行动计划，指出好的业绩评价体系应该满足如下五个方面要求。第一，一手数据和二手数据的整体可靠性问题。Hult et al. (2008 JIBS)强调在出现如下情况时采用一手数据：一是，财务指标不可获取或者不可靠；二是，研究对象为私营企业而且二手数据无法获得；三是，由于企业间存在差异性导致不同类型企业的业绩比较存在难度时；四是，特定研究问题难以从公开渠道获得二手数据；五是，管理者出于竞争考虑而不愿意提供二手数据等。第二，通过测量多类型业绩来改善国际商务研究。Hult et al.(2008 JIBS)强调，为了考察业绩的多维度和多层次属性，需要采用能够综合评价财务业绩、运作业绩和整体业绩的业绩指标体系，并且从不同分析层次考察业绩情况。第三，采用合适的纵向业绩指标来有效推断因果关系。Hult et al.(2008 JIBS)认为如果无法获取面板数据，则应该通过滞后项来收集一手业绩数据。第四，根据分析层次提高研究推论针对性。Hult et al.(2008 JIBS)认为如果所研究对象与已有文献属于同一分析层次，则应该借鉴已有研究文献中的业绩评估指标体系。第五，解决选择性偏差和内生性问题。Hult et al.(2008 JIBS)认为如果回归方程中的因变量与残差之间存在相关则应该采用两阶段最小二乘法(2SLS)，如果因变量和解释变量是非随机的则应该采用Heckit模型。Hult et al.(2008 JIBS)的研究对我们提高业绩评估科学性具有重要的借鉴意义。由于业绩评估科学性直接决定了研究的客观性和实用价值，因此我们需要基于Hult et al.(2008 JIBS)的研究建议提高业绩评估科学性，从而提高研究价值。

二、国际化程度、区域因素与企业国际化经营业绩

1.国际化程度与经营业绩

国际化与经营业绩之间的关系，一直是国际商务研究的重要议题。之所以需要进行国际商务研究，是因为我们认为国际化能够提高经营业绩。Vernon(1971)断言，诸如投资回报率或销售回报率等经营业绩与多国化程度之间存在正相关关系。国际扩张有助于企业获得规模经济，获取廉价要素，改善生产效率和提高技术水平等，从而有助于提升企业业绩。Dunning(1993)声称，跨国公司通过在海外市场充分利用其现有所有权优势而提高经营业绩，拥有交易所有权优势的企业能够通过国际化规避无效市场、贸易壁垒、道德风险和合约破产，从而取得国际化收益等。虽然学者们尝试建立起两者之间关系的综合模型(Contractor，Kundu，and Hsu，2003 JIBS；Lu and Beamish，2004 AMJ)，但这些研究发现存在矛盾之处，并且受制于跨国公司母国来源的影响。国际化与经营业绩之间的关系错综复杂，早期研究发现两者之间的关系是正相关的，后来发现两者之间的关系是负相关的；一些学者认为两者之间存

在曲线关系，包括倒 U 型关系、U 型关系以及三阶段模型关系(Contractor，Kundu and Hsu，2003 JIBS；Lu and Beamish，2004 AMJ)。这就表明，不应脱离情境仅仅考察国际化与经营业绩之间的关系，而是应该将情境因素纳入国际化程度与经营业绩之间关系的考察。也就是说，需要考察国际化程度与经营业绩之间关系的调节变量。特别的，对于中国企业而言，中国独特的制度背景决定了中国企业在国际化进程中更加需要考察制度环境因素对国际化程度与经营业绩之间关系的调节效应。

2. 地区因素对于国际化程度与经营业绩之间关系的调节作用

国际化程度与经营业绩之间之所以存在不稳定的相关关系，是因为东道国差异会影响经营业绩。Rugman 及其同事(Collinson and Rugman，2008 JIBS；Oh and Rugman，2006 EMJ；Rugman and Collinson，2004 ERJ；Rugman and Verbeke，2004 JIBS)研究认为，全球领先跨国公司在境外投资区位选择上存在不同偏好；其他一些学者则研究地区战略是如何影响经营业绩(Li，2005 MIR；Qian，Li，Li，and Qian，2008 JIBS)的。中国企业处于非同寻常的经济环境、政治环境和社会环境之中，这种独特的经营环境将会影响到中国企业的国际化战略(Child and Rodriguez，2005 MOR)。已有研究开始关注新兴经济体或者新工业化经济体的国际化问题，比如印度(Contractor，Kumar and Kundu，2007 JWB)和中国大陆(Chen and Tan，2012 JWB)。Chen and Tan (2012 JWB)则对中国大陆企业国际化区位选择对经营业绩影响加以研究。

在地理范围与经营业绩之间的关系方面，学术界存在两种观点。一方面，国际化有助于提高企业优势，包括规模经济、范围经济和学习效应。Yip (2001)研究认为，低 HRF(home-region focus，低母国地区关注)使得企业拥有足够的弹性来建立和配置国际能力，同时能够接触到来自全球市场的巨大知识池，这些知识池有助于企业提高学习机会从而提高竞争优势。全球战略还有助于提高企业效率、降低风险，从而有助于企业在动荡的全球市场环境里取得生存与发展。Elango(2004 EMJ)研究发现，低 HRF 与业绩之间存在正相关关系。另一方面，近来研究对于增加地区范围能够带来无限收益的看法提出质疑(Goerzen and Beamish，2003 SMJ；Rugman and Verbeke，2004 JIBS)。Goerzen and Beamish(2003 SMJ)研究认为，过分多样性具有危害性，企业在国际化过程中保持一定的市场相似性是有利的。Li(2005 MIR)认为，由于对当地文化和商业规则缺乏了解，地区间协调成本高昂，企业要成功进入全球市场存在一定难度。低 HRF 将会引致更高的合法性问题、顾客期待和契约难度，从而对企业跨国经营不利。相反，高 HRF 将有助于企业减少面临的外来者劣势从而减少交易费用。例如，Rugman and Verbeke(2004 JIBS)研究发现，财富全球500强公司的销售收入大部分来自母国地区，而不是全球市场。Dunning，Fujita and Yakova(2007 JIBS)采用宏观层面数据，同样发现对外直接投资具有地区集中现象。

跨国公司所在母国或者母国所在地区是影响国际化程度与经营业绩关系的重要因素。Contractor，Kumar and Kundu(2007 JWB)研究发现，印度企业国际化与经营业绩之间的关系，不同于对发达国家企业国际化与经营业绩之间的关系。发达国家与欠发达国家的企业存在差异，这些差异表现在要素成本、生产效率、行业竞争力、制度完善性以及经济稳定性和政治稳定性等。早期对于东亚地区(台湾地区、韩国和新加坡)企业国际化动机的研究认为，这些国家或地区企业国际化是为了获取战略性资产而非利用优势能力(Mathew，2002 APJM)。这些国家或地区的企业需要借此来赶上发达国家的技术水平。Luo and Tung(2007 JIBS)研究认为，新兴经济体公司借助国际扩张作为跳板(springboard)来取得关键资源，以提高其在母国和海外的竞争优势以及抵消来自国内的制度劣势和市场局限。中国企业似乎遵循着这种跳板战略，Boisot and Meyer(2008 MOR)研究认为，不同于传统国际商务理论解释，中国企业通过国际化来避免来自完全在国内市场经营所面临的竞争劣势。以上研究表明，中国企业通过国际化能够取得关键资源或者克服国内劣势，从而提高经营绩效。

一些研究表明东道国及其所在地区对于企业跨国经营业绩具有影响作用。有理由相信，企业国际化程度与经营业绩之间的关系将会受到跨国公司所进入东道国市场环境的影响。即使那些最为国际化的跨国公司仍然倾向于在母公司所在地区进行经营，这是由于在母公司所在地区经营拥有地理优势。制度理论学家同样指出，经营环境的巨大差异将会影响企业在特定市场的竞争优势(Griffiths and Zammuto，2005 AMR)。Fortanier and van Tulder(2009 ICC)研究认为，中国领先企业也倾向于这种区位选择偏好，倾向于投资在自己所熟悉的区域。基于此，Chen and Tan(2012 JWB)研究认为，中国企业在亚洲地区的投资将会比在其他区域的投资拥有更好的经营业绩。除了经济因素和制度因素以外，心理距离也是影响跨国业绩的重要因素。Johanson and Vahlne(1977 JIBS)所提出的乌普萨拉模型(Uppsala model)认为，企业将遵循渐进国际化进程模式，开始在心理距离比较接近的国别进行投资，然后在心理距离比较疏远的国别进行投资。基于心理距离的理论视角，Chen and Tan(2012 JWB)以中国887家上市公司历时9年的面板数据为研究样本，探索其国际化程度与经营绩效之间的关系，以及东道国区位因素如何对经营绩效产生影响，发现投资到大中华区、亚洲地区、亚洲以外地区的中国企业在经营业绩方面存在差异；在控制了反向因果影响之后，仍然发现投资到“大中华区”（包括台湾、香港和澳门）的中国跨国公司的经营业绩显著高于投资到其他地区的中国跨国公司的经营业绩。这一研究对于中国企业而言具有重要意义。作为对外直接投资的新生力量，中国企业境外投资成为全球对外直接投资的重要组成部分。但是，由于后来者劣势和新生者劣势，中国企业在国际化进程中将面临诸多外来者劣势，这必将影响到其经营业绩。因此，如果正确看待和选择某一特定投资区域，是中国企业国际化进程中必须考虑的重要问题。

3.区域范围对于国际化程度与经营业绩之间关系的调节作用

跨国公司是全球化的主要推动力量，它们创造了国别市场之间的经济相互依赖性。一项针对500强最大跨国公司的实证研究表明，这些企业当中很少取得了经营成果。在北美自由贸易区、欧盟和亚洲等全球三大区域市场里，在所能够获得数据的380家企业中，有320家企业仅仅投资于所在的区域市场。这表明就市场覆盖的广度和深度而言，全球500强跨国公司当中大部分企业是地区导向而非全球导向（Rugman and Verbeke，2004 JIBS）。500强跨国公司之所以专注于三大区域市场之一而非全球市场，原因在于如果将战略范围扩展到全球市场而非三大主流区域市场，那么企业将难以取得国际化成功。因此，可以认为企业战略范围将会影响到国际化与经营业绩之间的关系。实际上，这种关系也可以从制度情境加以解释。由于三大区域市场之间存在较大的制度差异，而三大区域市场内部的制度差异相对较为薄弱，这就使得跨国公司为了规避制度差异引致的外来者劣势，将倾向于将投资局限于所在区域市场，以取得更高投资绩效。

先前研究强调了产业、母公司和国别等对海外企业经营业绩的影响作用，但是缺乏从东道国下属地区角度来理解其对海外企业经营业绩的影响作用。Ma，Tong and Fitza（2013 JIBS）和 Chan，Makino and Isobe（2010 SMJ）考察了国家内下属地区（subnational region）对海外企业经营业绩的影响作用，对于我们深入认识地区因素如何影响跨国公司海外企业经营业绩提供了新的视角。Peng（2004 JIBS）研究认为，国际商务的核心问题是“什么因素决定了企业国际化的成功与失败”。已有研究从产业视角、资源视角和制度视角等角度，考察了产业、母公司和国别环境对跨国公司及其海外企业经营业绩的影响机制。例如，Christmann，Day and Yip（1999 JIM）研究了两家美国企业和两家欧洲企业在37个东道国投资的99家海外企业，发现东道国情境是影响海外企业经营业绩的最为重要的影响因素。Makino, Isobe and Chan(2004 SMJ)研究发现,在解释海外企业经营业绩方面,东道国与产业有着同等重要性,其次是海外企业自身和跨国公司母公司。但是,东道国对海外企业经营业绩的影响机制是否会受到"国别内下属地区"的影响,则研究甚少。Chan, Makino and Isobe(2010 SMJ)考察了1996—2005年间投资于美国34个州和中国21个省份的1 842家日本企业的45 000个海外企业年份观测值,发现东道国国家内下属地区(美国各州和中国各省)对海外企业经营业绩影响显著。这种现象在中国特别显著,这是由于中国国内省份间的差异大于美国国内州与州之间的差异。Chan, Makino and Isobe(2010 SMJ)的研究不足在于,仅仅考察了东道国下属地区差异对海外企业经营业绩的影响作用,而忽视了其与母国因素、产业因素和母公司因素之间的交叉互动关系;其次,该研究仅仅研究日本企业在美国市场和中国市场的经营业绩,忽视了母国因素对海外企业经营业绩的影响情况。Ma, Tong and Fitza(2013 JIBS)的研究考虑到了Chan, Makino and Isobe(2010 SMJ)的研究不足,具体研究了东道国国别内下属地区因素对跨国公司海外企业经营业绩的直接影响和互动影响。Ma, Tong and Fitza(2013 JIBS)研究认为,国别内下属地区情境对海外企业经营业绩的影响作用,源于其嵌入于东道国情境;在给定海外企业嵌入多维性以及东道国市场内部不同地区存在情境差异的情况下,产业、母公司和国别环境对海外企业经营业绩的影响作用将会受到海外企业所在国别内下属地区情境的调节影响。Ma, Tong and Fitza(2013 JIBS)的研究具有诸多学术贡献。一是,将权变理论与具体理论相结合,能够更好地解释企业国际化经营业绩的影响因素,有助于我们更加深入地认识和把握地区因素对海外企业经营业绩的影响机制。二是,拓展了我们对区域空间的战略意义,为我们更加深入认识东道国地区投资环境,选择东道国内部区域市场提供了决策支持。就中国企业境外投资借鉴意义而言,中国企业在国际化进程中应该分析特定国别范围内投资目的地而不是投资目标国的特征,从而才能更好地发挥区位优势作用,提高国际化经营业绩水平。

三、企业能力、制度因素与企业国际化经营业绩

1. 企业能力对于国际化程度与经营业绩之间关系的调节作用

根据资源基础观,企业是资源和能力的集合(Barney,1991 JM)。如果企

业所拥有的资源和能力是有价值的、稀缺的、不可模仿的和不可替代的，那么企业对其拥有的这类资源的利用将有助于其取得可持续竞争优势。Hitt, Hoskisson and Kim(1997 AMJ)和 Tallman and Li(1996 AMJ)采用资源基础理论来解释企业国际化扩张收益。他们认为，企业国际化扩张动机将可能源于其资源基础。也就是说，具有独特能力的企业将在国际市场上运用这些能力来增加利润率，包括取得规模经济和范围经济、优化生产和投资以及取得更好的组织学习。Kotable, Srinivasan and Aulakh(2002 JIBS)研究了研发能力和营销能力对于企业多国化和经营业绩之间关系的调节作用。基于对 12 个不同行业为期 7 年的面板数据进行分析，他们发现企业的研发能力和营销能力将会对多国化和经营业绩之间的关系产生调节作用。已有研究表明，新企业在进入前的知识和经验将会影响到企业的生存几率。演化经济学认为，企业进入前的资源和能力将会影响到其适应能力，能够更好地适应、更新和建立知识资源的企业将拥有更高的成功概率。种群生态学理论认为，企业适应能力存在惰性，因此具有更加适合于环境的知识的企业将更加可能取得成功。Dencker, Gruber and Shah(2009 OS)考察了进入前知识和学习对新创企业生存能力的影响。该项研究认为，新创企业基于其创立者人力资本而富有知识和经验。具体而言，他们研究了创办者进入前的业务知识和管理经验对后续学习活动(包括早期阶段的商业计划和产品线变革等)效果的影响情况。研究发现，进入前的业务知识和管理经验通过调节后续学习活动效应来提高生存几率；学习活动并非总是能够带来正面收益，早期阶段的商业计划将会降低生存几率，而产品线变化将会增加企业生存几率。

2. 家族领导对于国际化程度与经营业绩之间关系的调节作用

一些研究表明，相对于非家族企业而言，家族企业国际化意愿较弱。在《家族企业多元化战略》一文中，Gomez-Mejia, Makri and Larraza-Kintana (2010 JMS)研究认为，由于担心国际化将会带来更强的信息需求要求和信息不对称从而威胁家族对企业的控制权，家族企业倾向于逃避国际化。家族企业一旦进行了国际化，那么将倾向于停留在与母国文化相似性高的国家或者地区以最小化投资风险，这表明家族企业青睐于 Rugman and Verbeke(2008 JIBS)所提出的高母国—地区关注(HRF, home-region focus)。Gomez-Mejia, Makri and Larraza-Kintana(2010 JMS)对此现象进行进一步分析，考察家族企业领导者是否因为经验有限和抵制变革而逃避国际化，并从委托代理理论角度对此加以分析，认为企业对于控制权的青睐和对于风险的规避使得它们倾向于逃避国际化，这是因为国际化将会削弱家族成员对于家族企业的控制权。但是，也存在知名家族企业（例如韩国三星等）从国际化经营中取得巨大成功。Zahra（2003 JBV）在《美国家族制造企业的国际扩张》一文中运用管家理论对此进行分析，研究认为家族领导者将会加强国外销售，理由是他们在家族企业国际化进程中扮演着好管家角色。与代理理论不同，管家理论将家族成员视为值得信赖的家庭代表，他们将寻求与利益相关者建立起持久关系并为下一代而发展家族企业。

基于代理理论和管家理论，Banalieva and Eddleston（2011 JIBS）考察了在什么情况下家族领导和非家族领导将促进（或者阻碍）家族企业地区战略业绩和全球战略业绩。Banalieva and Eddleston（2011 JIBS）认为采取地区战略的家族企业追求高母国—地区关注（high HRF），而采取全球战略的家族企业追求低母国—地区关注（low HRF）。在此，家族企业是指那些家族占有最大股份的企业，家族至少掌握了20%以上的股权，而无论其掌门人是家族经理人或者非家族经理人（La Porta，Lopes-De-Silanes and Vishny，1999 JF；Villalonga and Amit，2006 JFE）。管家理论高度重视家族经理人所拥有的社会资本、信任和声誉资产等（Le Breton-Miller and Miller，2009 ETP；Zahra，2003 JBV）；与管家理论不同，代理理论强调非家族经理人对于家族企业成功的重要性，因为家族领导将会诱发特有的代理成本，比如裙带关系和逆向选择（Chrisman，Chua，Chang and Kellermanns，2007 JBR；Schulze，Lubatkin，Dino and Buchholtz，2001 OS）以及由于对于家族控制和家族财富的偏见而对企业成长造成威胁（Lim，Lubatkin and Wiseman，2010 SEJ）。Verbeke and Kano（2010 ETP）针对这种看似矛盾的研究观点，认为家族拥有稳定的人力资源池从而有助于形成社会资本和持久声誉，但是这种稳定的人力资源池在特定的复杂环境下将会是次优的。他们采用有限理性的行为概念和有限可靠性的行为概念来解释何种情况下家族领导将会有助于提升竞争优势或者引致竞争劣势。

针对代理理论和管家理论在“家族领导如何影响国际化”问题上看似相左的研究解释，Banalieva and Eddleston（2011 JIBS）考察了有限理性和有限可靠性，深入考察了家族领导和非家族领导对家族企业成功的影响作用，从而试图调和代理理论和管家理论之间存在的认识分歧。代理理论与管家理论的根本性区别在于，管家理论认为家族领导值得信赖，他们将利用其特有影响力来造福利益相关者，并支持和帮助企业实施国际化战略。家族领导拥有共同价值观念，注重长期任期，从而有助于企业保持稳定性，并进而有助于该家族企业与外界利益相关者建立持久关系。基于这种人际间社会资本，家族领导在资源投资问题上倾向于采取握手原则，以维系人际间的商业网络。外界行动者也将视家族领导为稳定的和有影响力的组织代表并且有权利进行资源配置决策。

与此同时，国际环境下社会资本和商业网络具有地区集聚现象。来自相同地区的跨国企业面对更为相似的地区文化和商业规则，有助于它们之间建立起更为长久的理解和信赖，它们之间搭建起的商业网络将更加牢固。在此情况下，投资于母国所在地区将有助于家族企业充分发挥其家族领导的商业网络所具有的关系优势，这有助于其减少外来者劣势，降低合法性缺失威胁，从而提高经营业绩。另外，从有限理性角度来看，家族领导相对于职业经理人而言在面对外界挑战方面较为欠缺专业知识，对于信息不对称导致的经营风险承受力较低。因此，他们倾向于投资于在文化上和制度上较为相似的邻近地区，以减少外来者劣势威胁。基于以上缘由，Banalieva and Eddleston(2011 JIBS)提出了如下研究观点，在低 HRF 地区，非家族领导的家族企业比家族领导的家族企业具有更好的经营业绩；在高 HRF 地区，家族领导的家族企业比非家族领导的家族企业具有更好的经营业绩。

3. 社会网络对于国际化程度与经营业绩之间关系的调节作用

社会网络被认为是影响组织经营业绩的重要因素之一，Zhou，Wu and Luo(2007 JIBS)基于社会网络视角考察了天生中小企业的国际化与经营业绩之间的关系。研究认为，基于母国的社会网络中介了内向国际化和外向国际化与经营业绩之间的相关关系。对于天生全球化企业而言，国际化给这些企业带来了成功机会，有关快速国际化业绩内涵的理论研究成为新兴国际创业领域的核心研究主题(Zahra，2005 JIBS)。在过去的三十多年里，学者们对于国际商务所带来的业绩效应进行了诸多研究，也出现了诸多用于解释业绩效应的理论视角和分析框架，但是其研究发现往往存在相左现象。这些研究发现包括认为国际化程度与经营业绩之间存在正向相关关系、U 型关系、倒 U 型关系和 S 型关系等。虽然这些研究大多以大型跨国公司为研究样本，但国际化程度与经营业绩之间关系的复杂性对于中小企业而言一样存在，特别是处于早期阶段的国际化中小企业(Lu and Beamish，2001 SMJ；Moen and Servais，2002 JIM)。对于这种业绩效应复杂性现象，Zhou，Wu and Luo(2007 JIBS)认为主要的问题在于以往研究文献主要考察国际化程度与经营业绩之间的直接关系，而忽视了其潜在的中介变量对其关系的中介作用。Welch and Luostrinen(1993 JIM)和 Ellis(2000 JIBS)研究认为，国际化过程具有动态性，企业通过国际化嵌入于不同范围的跨界关系和交换网络。基于 Welch and

Luostrinen(1993 JIM)和 Ellis(2000 JIBS)的研究观点，Zhou，Wu and Luo (2007 JIBS)研究认为，基于母国的社会网络将会中介国际化程度对经营业绩的影响作用。本书认为，与其说社会网络会中介国际化程度与经营业绩之间的相关关系，不如认为社会网络会调节国际化程度与经营业绩之间的相关关系。也就是，社会网络对于国际化程度与经营业绩之间的相关关系具有正的调节效应。社会网络之所以具有调节作用，原因在于天生全球化中小企业一般既是新创办企业，同时又将战略视角定位于全球市场，因此将同时面临外来者劣势和新生者劣势两种威胁。如果这类天生国际化中小企业具有较好的基于母国的社会网络，那么他们将会利用该社会网络来克服外来者劣势和新生者劣势，从而更好地融入全球市场。当然，这种网络关系是一把双刃剑。如果天生全球化中小企业所嵌入的社会网络对国际化发展而言具有正面影响作用，那么这种社会网络将给天生全球化中小企业带来经营优势，从而提高其国际化的经营业绩；相反，如果天生全球化中小企业所嵌入的社会网络对国际化而言具有负面作用，或者开始之初具有正面作用而在后期因为各种原因而变成负面作用，那么与之相关联的这些天生全球化中小企业也将一损俱损，受其牵连而对国际化的经营业绩产生负面影响。此外，Luo(1998 JIBS)考察了企业海外市场进入时机选择对其海外扩张业绩的影响情况，研究发现，就市场扩张和资金周转而言，首动者业绩高于后动者；就海外扩张早期的风险规避和会计收益而言，后动者业绩高于先动者；进入时机选择与内部化优势、所有权优势和区位优势同等重要。

第五章　中国企业境外投资扩张模式研究

本章阐述了如下几个研究问题：一是，企业国际化的渐进扩张模式；二是，企业国际化的迅速扩张模式；三是，企业国际化的国际创业模式；四是，企业国际化的跳板战略模式；五是，对华为和海尔的国际化路径选择进行比较分析。

一、企业国际化的渐进扩张模式

1. 渐进扩张模式的提出背景

Johanson and Vahlne(1977 JIBS)在《企业国际化进程：知识发展与海外市场承诺提升模型》一文中，提出和阐述了企业渐进式国际化的过程模型，成为西方企业国际化扩张的经典范式。该过程模型聚焦于个体企业对于海外市场知识和海外业务知识进行渐进式的收购、整合和使用的过程，以及对于海外市场的连续不断的、逐渐提升的承诺水平；其基本假设是，缺乏本土市场知识是企业发展国际业务的主要障碍，而国际化运作则有助于掌握本土市场知识。基于该基本假设，企业国际化被认为是一种渐进式学习过程，是企业市场知识和市场承诺之间不断发展的渐进过程。公司首先在外国市场中进行初始投入，并通过这种初始投入获得当地市场知识，包括当地市场环境、政府政策、竞争态势和顾客需求等。基于这些知识，跨国公司开始评估其现有的经营活动、市场投资范围以及增加投资所能够带来的机会提升，在此基础上进行对外投资。Johanson and Vahlne(1977 JIBS)的渐进过程模型也称为乌普萨拉(Uppsala)模型，能够解释诸多西方跨国公司的国际化进程，特别是在全球化程度不高和存在诸多对外投资障碍的情况下。然而，也有一些企业为了能够快速进入东道国市场而采取兼并收购等方式。这种兼并和收购的进入方式固然有助于加快国际化进程，但是也存在并购风险，特别是并购后的资源整合问题。无论是绿地投资的渐进扩张模式还是兼并收购的跳跃扩张模式，企业都需要吸收和消化本土知识。这也是渐进过程模型(乌普萨拉模型)能够得到推崇的重要原因。

2.渐进扩张模式的理论延伸

基于 Johanson and Vahlne(1977 JIBS)提出的渐进过程模型,诸多学者开始深入探索跨国公司国外市场进入步伐和模式及其影响因素。在《学会国际化:海外并购的步伐和成功》一文中,Nadolska and Barkema(2007 JIBS)研究认为国际收购将受益于海外收购经验、国内收购经验和国际合资企业经验,但其学习过程易存在偏差。跨国公司只有从已有并购经验中学会其关于国别文化和进入模式的知识中哪部分能够被成功运用于新的并购情境,才能够在后续的跨国并购中获得经营成功。基于渐进式国际化过程模型,Nadolska and Barkema(2007 JIBS)指出,跨国公司每年国际收购数量将会随着国际并购经验的增加而增加;跨国公司海外收购经验和海外收购成功之间存在 U 型关系;跨国公司每年收购数量将会随着国内并购经验的增加而增加;跨国公司国内收购经验与海外收购成功之间存在 U 型关系;跨国公司每年海外收购数量将会随着国际合资企业经验的增加而增加;国际合资企业经验与海外收购成功之间存在 U 型关系。

在《跨国公司序列进入步伐:累积进入经验和动态过程》一文中,Gao and Pan(2010 JIBS)考察了跨国公司在进入海外市场时所采取的序列进入步伐。他们聚焦于在东道国市场上不同模式的累积进入经验所具有的学习效应,研究了进入模式转换的动态过程,以及累积进入经验是如何降低扩张约束。基于 1979—2002 年间美国企业序列进入中国市场的数据库,他们研究发现累积进入经验对于序列进入步伐的影响作用随着进入模式的不同而不同,以及拥有更多累积进入经验的企业能够减弱进入模式转换的约束效应。企业国际化进程是国际商务的重要研究议题,因此有必要考察企业海外市场进入的动态过程以及不同的进入经验对国际扩张步伐的影响作用。虽然已有研究采用过程视角考察了企业对海外市场的渐进进入行为,但是很少有研究涉及企业序列进入的动态性和步伐。基于组织学习理论,不同进入模式表征着不同的海外市场嵌入性知识,不同累积性进入经验能够引致不同的学习水平。累积性经验不仅有助于企业获得所需知识以便从事快速的市场扩张,而且也有助于它们克服扩张约束。基于以上认识,Gao and Pan(2010 JIBS)提出如下研究假设:一是,累积性进入经验加速了跨国公司在海外市场的序列进入步伐;二是,与合约式企业相比,合资企业和全资企业的海外企业经验对于加速跨国公司序列进入步伐有着更为强烈的影响作用;三是,从低资源承诺转向高资源承诺减慢了跨国公司进入海外市场的步伐;四是,模式转换对于序列进入步伐的阻碍性随着跨国公司掌握更多累积性进入经验而降低。

3.渐进扩张模式的影响因素

在《母国网络和海外扩张：来自风险资本行业的证据》一文中，Guler and Guillen(2010 AMJ)研究认为，跨国公司母国网络优势有助于其进行海外扩张，社会身份优势(social status advantage)容易从一国市场转移至另一国市场，但是经纪人优势(brokerage advantage)具有情境性从而难以转移到其他地方。他们对美国1 010家风投资本企业所进行的实证研究证实了社会身份优势影响效应稳健性。

与渐进过程模式思想相一致，企业国际化过程将会面临外来者劣势威胁，他们与本土企业相比将会面临更加高昂的运作成本。外来者劣势源于对当地情境的知识匮乏以及缺乏在当地进行投资运作的合法性。由于企业面临的外来者劣势会给企业的海外经营带来额外成本，这些企业只有在拥有某种企业特定优势的前提下才会进行国际化经营。尽管国际商务已经有了几十年的研究历史，但是国际商务研究文献较少关注网络地位对国际化扩张模式的影响情况。当企业进入某一特定市场时，该企业实际上也进入了某一特定的关系系统，这些关系对于在新市场里进行生产和取得成功具有关键作用。企业在海外市场能否获得成功取决于它能否获得海外市场、能否建立起供应关系以及能否吸引到所需人力资源。长期以来国际管理研究文献一直强调企业母国对其国际化扩张模式具有决定性的影响作用。Guler and Guillen(2010 AMJ)考察了如下两个问题：一是，在给定特定网络结构情况下，社会身份和经纪人对海外市场进入具有影响作用；二是，考察社会身份和经纪人在动态环境下对海外市场进入的不同影响作用，也就是所研究焦点企业的母国伙伴进入海外市场以后的情境。Guler and Guillen(2010 AMJ)研究假定：风投企业在其母国网络中的社会身份越高，其海外市场进入比率越大；风投企业在其母国网络中的经纪人优势越高，其海外市场进入比率越小；风投企业母国伙伴出现在特定海外市场将削弱社会身份对核心企业海外市场进入比例的正面影响作用；风投企业母国伙伴出现在特定海外市场将会减少甚至逆转经纪人对核心企业海外市场进入比率的负向影响。

二、企业国际化的快速扩张模式

1.快速扩张模式的提出背景

自从Hymer(1960)提出垄断优势理论以来，学者们开始探索哪些因素将会引导企业进行国际扩张。Kogut and Chang(1991 RES)研究认为,无形资产与对外直接投资之间存在正相关关系。对外直接投资也被认为是一种渐进发展过程,这种观点认为前期投资将会影响到后续投资的性质和择机。Johanson and Wiedersheim-Paul(1975 JMS)和 Davidson(1980 JIBS)等研究认为,企业国际化应该遵循渐进发展进程,从心理距离(psychic distance)较小的国家开始逐步进入心理距离较大的国家。这类研究的关注焦点在于国际化后果而非国际化速度,Chang and Rhee(2011 JIBS)认为企业国际化进程需要同时考察国际化后果和国际化速度。高速国际化也可能是序列性质的,只要企业在短期内采取了多个国际化步骤并按照一定序列展开。快速国际化将会引来诸多挑战,在快速国际化模式下,企业难以充分理解和利用先前国际化步骤所带来的学习收益,因为企业吸收能力在很大程度上依赖于先前相关知识(Cohen and Levinthal,1990 ASQ)。并且由于时间紧缩不经济(time-compression diseconomies)(Dierick and Cool,1989 MS),企业难以在短期以内掌握高质量的经营知识。研究发现,速度负向调节了国际化与经营业绩(Vermeulen and Barkema,2002 SMJ),渐进扩张有助于提高海外学习和经营成功(Barkema and Drogendijk,2007 JIBS)。企业对外直接投资将会面临外来者劣势威胁(Hymer,1960;Zaheer,1995 AMJ),渐进扩张模式认为企业国际扩张将遵循渐进发展历程,这将有助于企业从先前经验中取得学习效益最大化,并同时降低失败风险(Barkema,Bell and Pennings,1996 SMJ;Johanson and Wiedersheim-Paul,1975 JMS)。这些研究文献认为企业在快速国际化进程中将会面临时间紧缩不经济(time-compression diseconomies)(Dierick and Cool,1989 MS)。

2. 快速扩张模式提出的现实意义

在高速变化的商业环境里,时间成为企业赢得竞争优势的重要因素(Cohen,Eliashberg and Ho,1996 ASQ)。Salomom and Martin(2008 MS)研究表明,企业若能快速建立起制造能力,将在快速变革的竞争产业中享有更加持久的竞争优势。在《快速 FDI 扩张与企业业绩》一文中,Chang and Rhee(2011 JIBS)研究了国际商务情境下时间对于竞争优势的重要性,特别考察了快速 FDI 扩张对企业业绩的影响作用,并从企业内部的资源和能力以及企业外部的竞争压力两个角度阐述了其对 FDI 扩张速度与企业业绩之间关系的调节作用。基于韩国企业的扩张实践,Chang and Rhee(2011 JIBS)研究发现,在全球化压力较大的行业中和内部资源和能力较好的企业中,快速 FDI 扩张能够有效提高企业业绩。随着经济全球化的不断深入与发展,特别是信息技术的快速发展，天生全球化(born global)企业开始出现，这类企业具有国际创业特征，亦即在成立之初就具有国际化特征(Shrader，Oviatt and McDougall，2000 AMJ)。其他非天生全球化企业也加速其国际化进程，以期迅速赶上已有跨国公司，这类企业更加强调后动劣势的经营风险而非快速扩张所具有的经营风险。竞争的时间基础观(time-based competition)认为，快速扩张有助于提高企业经营业绩。例如，Cohen，Eliashberg and Ho(1996 MS)强调公司迅速引入新产品的重要性，特别是当企业面临较为狭窄的机会窗口并且拥有快速发展的经营能力时。

3. 快速扩张模式的情境因素

在快速扩张模式对企业经营业绩的影响作用方面，学术界研究发现存在相左现象。为此，Chang and Rhee(2011 JIBS)试图综合两种不同研究发现，阐述在什么情况下快速扩张将有助于提高经营业绩。Chang and Rhee(2011 JIBS)的实证研究有助于解释这种相左的研究发现，从而弥补这一研究空白；他们从企业内在的资源和能力以及外在的环境竞争性两个方面，诠释了在何种情况下快速扩张将会提高经营业绩。在企业内在的资源和能力方面，Chang and Rhee(2011 JIBS)基于资源和能力理论，认为企业的有形资产和无形资产等能够正向调节 FDI 扩张速度与企业经营业绩之间的关系；在竞争压力方面，Chang and Rhee(2011 JIBS)基于产业竞争理论，认为产业国际化将会正向调节 FDI 扩张速度与企业经营业绩之间的关系。这一研究发现再次表明，在讨论企业国际化战略及其经营业绩时，有必要考察特定情境从而提出有实际意义的研究借鉴。

三、企业国际化的国际创业模式

1. 国际创业模式的提出

自 1934 年 Schumpeter 提出企业家概念以来，企业家研究日益受到人们重视。企业家的本质特征，在于具有创业创新精神。Oviatt and McDougall(1994 JIBS)发表的《国际新创企业理论》一文，在国际创业理论史上具有里程碑意义。所谓国际创业，是指跨越国界的机会识别、机会设定、机会评价和机会利用，其目的是创造未来的产品和服务(Oviatt and McDougall，2005 JIBS)。国际创业的核心要义，在于探索如何发挥创业精神、把握成长机会、突破资源瓶颈和保持快速发展。当前，世界各国企业国际化进程日趋加快，国际化模式日趋复杂;中国企业不能遵循西方渐进式国际化进程,必须探索符合国情的国际创业模式,以嵌入全球价值网络体系,并逐渐提高在该体系中的核心地位。因此,研究如何更好地进行国际创业,对中国企业国际化发展而言至关重要。

2. 国际创业模式研究进展

自从 Oviatt and McDougall(1994 JIBS)发表《国际新创企业理论》之后,国际创业日益受到重视,国外已成立了研究国际创业的专业学术期刊《JIE》(《国际创业期刊》)。国外学者对国际创业的研究,主要涉及企业家、企业特征、创业环境和公司绩效等方面。其中,企业家研究涉及哲学观(Preece, Miles and Baetz, 1998)、社会资本(Yli-Renko, Autio and Tontti, 2002)和人力资本(Kuemmerle, 2002)等;企业特征研究涉及结构(Oviatt and McDougall, 1997)、资源(Kuemmerle, 2002)和产品(Knight and Cavusgil, 2004)等;创业环境研究涉及市场特征(Ekeledo and Sivakumar, 1998)和产业特征(Bell, McNaughton, Young and Crick, 2003)等;公司绩效研究涉及财务绩效研究(Zahra, Ireland and Hitt, 2000)和非财务绩效研究(Autio, Sapienza and Almeida, 2000)等。此外,Shaneand Venkataraman(2000 AMR)提出的 DEE(discovery, evaluation 和 exploitation)框架,促进了不同创业学派观点的融合。Baker, Gedajlovic and Lubatkin(2005 JIBS)在 Shane and Venkataraman(2000 AMR)提出的 DEE 框架的基础上,构建了不同国别企业"创业过程差异性"比较分析框架(CDEE, Comparative DEE)。这些研究从不同角度推动了国际创业研究的发展,但在经理人如何影响国际创业问题上,现有研究还存在许多不足。

3. 经理人领导行为对国际创业的影响分析

领导行为是影响国际创业的重要因素,战略决策和组织创新潜在地受到高管人员和外部环境因素的影响(Papadakis, Lioukas and Chambers, 1998 SMJ)。Elenkov, Judge and Wright(2005 SMJ)研究发现,战略性领导行为对产品—市场创新和管理创新具有显著的正向影响。国际创业是个艰辛的历程,需要组织全体员工的支持;经理人的领导行为,将会影响到组织文化的塑造,从而影响到组织员工对于国际创业的态度和支持。不同领导行为体现着经理人对于国际创业的不同态度和支持力度,将会严重影响到国际创业进程。经理人的战略性领导作为一种独特的领导类型,是一种在兼顾机会导向和优势导向行为基础上,影响其他人战略管理资源的能力。经理人战略性领导的根本任务,是规划企业未来发展蓝图以及制订实现该蓝图的详细方案。其中,塑造企业愿景和创建强有力的战略执行队伍,对于公司的发展极其重要。如果大型复杂企业的经理人不能事先明确公司创业活动的内容，那么将会对创业活动产生极大的负面影响。经理人还需要明确创业活动的整体发展方向，保证各个层面的创业活动能够得到充分实现，并通过各种考评机制来保证创业得以实施。战略性领导和创新战略对于获取和维持战略竞争力是极其重要的，战略领导者在识别创新机会和制定创新决策中扮演重要角色，战略领导者机会识别和机会利用能够有效增加公司价值。

四、企业国际化的跳板战略模式

1. 制度转型与国际扩张模式

Child and Tse(2001 JIBS)在《中国转型及其对于国际商务的影响》一文中，阐述了制度变革这一中国转型过程中最为核心和重要的情境因素，及其对国际商务的影响作用。研究认为，中国转型提出了理论发展系列问题，包括转型道路、研究视角和情境方法。作为全球最大的发展中国家，中国经济在国际商务（包括国际贸易和国际投资等）中扮演着重要的角色。中国经济转型的特殊性还表现在，中国政府在经济转型过程中所坚守的"改革、发展和稳定"的方针政策，有力地保持了政府对于经济体制改革的调控性。然而，中国经济转型的特殊性在于其制度特征，它强调了应该将独特的社会经济等制度情境纳入研究范畴。根据诺斯和斯科特等人的观点（North，1990；Scott，1995），制度是一种社会、经济和政治实体，主张和维持广泛存在的准则和规则。在研究中国情境下国际商务时，有必要采用制度视角来进行分析。原因如下：其一，制度视角有助于学者明晰中国经济转型过程中存在的基本性制度变革，比如私有化（Zahra，Ireland，Gutierrez and Hitt，2000 AMR），以及这些变革如何影响企业行为（Hoskisson，Eden，Lau and Wright，2000 AMJ）；同时也有助于检验西方经济理论（诸如交易费用经济学和资源基础理论）在转型经济情境下的运用情况。例如，Walder(1995 AJS)在对中国转型经济进行研究时表示，地方政府增加了交易成本。世界银行（WB，1996）和欧洲复兴与开发银行（EBRD，1999）认为国家制度将会影响经济发展，这些机构支持通过制度建设来保障私有产权不受侵犯、促进市场公平竞争和尊重合约承诺等。Child and Rodrigues(2005 MOR)在《中国企业国际化：理论延伸案例》一文中研究认为，中国企业案例提供了研究素材用于拓展已有国际化理论，涉及后来者劣势、追赶战略、创业投资、政府角色与制度分析等几个方面。

Child and Tse(2001 JIBS)认为,中国制度环境可以从三个方面来把握,分别是政府、企业和行业结构以及与业务相关的中间机构。他们研究认为,中国制度转型对国际商务的影响,具体体现在如下10个方面。一是,从计划经济到市场经济的转型增加了中国作为国际商务投资环境的吸引力。二是,中国日益走向市场经济和全球经济使得跨国公司在市场进入和运作模式等方面更加有柔性。三是,随着中国政府日渐退出直接参与企业事务,比较薄弱的国内企业将会寻求外国公司的股权参与。四是,所有权和治理形式的丰富化促使形成了多种形式的中外合作企业。五是,中国加入WTO将会促使外国企业从长远出发考察在华业务,并考察将中国纳入其全球供应链。六是,国内竞争性市场的发展促进中国企业国际化。七是,中国商业支持政策将进一步向民营企业和对外投资企业倾斜。八是,中国法律体系不断完善将会有助于商业交易从依靠个人执行转向依靠制度执行。九是,中国商业支持政策将会成为全球商业服务网络的组成部分。十是,通过更有效的中间商来强化商业支持体系,将会有助于中国商业与全球商业的互动发展。虽然中国政府执行的系列制度改革有助于促进中国企业国际化经营,但是中国现有的经济政策和企业制度仍然会对中国企业国际化运营产生重要影响。

2. 国际扩张的跳板战略模式

在《新兴市场企业的国际化扩张:跳板视角》一文中,Luo and Tung(2007 JIBS)提出了跳板模式(springboard),用于认识和分析新兴市场企业的国际化扩张路径选择。新兴市场企业之所以采用跳板模式,是为了克服其后来者劣势以并购战略性资源以及减少母国的制度约束和市场约束。它们通过从成熟企业那里进攻性地收购和购买关键资产等一系列富有进攻性的风险担当措施来补偿其竞争劣势。跳板行为在进入模式选择和项目区位选择问题上并未遵从路径依赖或者演化模式,而是基于多重压力(包括后来者地位、后院全球竞争者优势、技术和产品开发以及国内制度约束等)而采取的跨越式发展模式。与此同时,这些企业的跳板战略得到来自母国政府的政策支持,得益于全球参与者愿意在发达国家售卖和分享战略性资源,以及得益于日渐增强的全球经济和全球生产的融合态势。跳板战略虽然能够给新兴市场企业带来诸多优点,但是也存在一定局限性,包括面临更多风险和挑战,要求新兴市场的跨国公司克服其关键瓶颈(比如薄弱的公司治理和会计问责制,缺乏全球经验、管理能力和专家知识,以及薄弱的技术能力和创新能力)等。

在认识跳板理论之前,需要明确跳板式扩张模式(springboard)与蛙跳式(leapfrog)扩张模式之间所存在的本质区别。在跳板模式下,新兴市场跨国公司富有系统性(systematically)和递归性地(recursively)采用国际扩张来获取关键资源,这些资源将有助于新兴市场企业更加有效地在母国和东道国与竞争对手相互竞争并同时降低母国制度约束和市场约束的脆弱性。在系统性方面上,新兴市场企业的跳板行为是经过精心设计的,是企业用于促进自身发展的整套计划和长期战略,其目的是在全球市场上建立起更加巩固的竞争地位。在递归性方面,新兴市场企业所采取的各项跳板行为具有周期性,例如新兴市场跨国公司借助海外收购来克服其自身在品牌意识和国际声誉方面所处的劣势地位,而后续对于国外物流公司或者分销公司的收购将有助于其克服在服务海外顾客方面的低效率;与此同时,新兴市场企业所采取的各项跳板行为还具有循环性,例如新兴市场企业的海外扩张行为高度整合于其在母国的业务活动当中。

递归式特征将跳板模式与蛙跳模式区分开来。蛙跳式扩张模式经常为后来者企业所采用,是后来者为了赶上早期进入者竞争地位、避免技术过时风险和产权技术扩展到竞争对手而采取的一种国际化扩张策略。蛙跳式扩张模式下的国际活动不具有递归或者反复的特征,仅仅是复杂性和可重复性国际化扩张过程中的一个例子。与蛙跳式扩张模式注重追求后来者优势不同,跳跃式发展寻求更多外在战略性收益而非后来者优势。跳板战略将企业的国际化扩张与其国内基础相联系,例如中国的TCL、联想、春兰、中兴和海尔等,以重组其国内物流和生产部设施来迎合其日渐增长的对于高端产品的关注,或者利用海外被收购方的技术和商标以重塑其母国产品品牌。这类企业的跨国成功主要还是基于其母国市场业务的经营业绩(包括销售业绩、市场份额和声誉等),以及其母国作为全球业务的制造中心(包括零件、半成品和成品等)。也就是说,如果这些企业在其母国市场经营不善或者难以继续保留其基地重要性,那么这些企业将会面临诸多困难,甚至面临倒闭危机。进而言之,这些新兴市场跨国公司不能够忽视其母国市场的重要性,特别是当来自发达国家和新兴工业化国家的跨国公司为这些新兴市场的投资机会所吸引而对其进行投资时。这些全球跨国公司在这些新兴市场进行投资时将会面临外来者劣势威胁,这就为这些新兴市场企业提供了战略性发展机遇。如果这些新兴市场企业忽视其母国市场重要性而忽视对其加以投资,那么将会对其全球竞争地位的形成产生重要负面影响。因此,Luo and Tung(2007 JIBS)认为,新兴市场企业国际化模式是出于跳板需要而非终极目标。对外扩张将会产生诸多经营机会,这些机会在母国可能是难以获得或者难以替代的。基于Kogut and Zander(1992 OS)和Teece,Piano and Shuen(1997 SMJ)所提出的动态能力理论(dynamic capability theory),新兴市场跨国公司需要能够同时充分发挥其在母国市场的竞争优势和在新投入国外市场的经营机会。

3.跳板模式的实践特征

Luo and Tung(2007 JIBS)将“跳板模式”特征归纳为如下几个方面。

一是,新兴市场跨国公司采用国际扩张作为跳板以弥补其竞争劣势。新兴市场跨国公司在投资于发达国家时,将通过并购国外公司或者其子公司来寻求获得复杂的技术知识或者高级的制造知识。来自发达国家的跨国公司在海外市场上拥有特定所有权优势,因此其国际化扩张动机是充分利用其特定所有权优势。来自新兴工业化国家的跨国公司在其国际化初期也采取知识并购方式,但是其国际化进程是更为渐进式的演化过程(例如采用合资企业而非兼并收购)。与来自发达国家或者新兴工业化国家的跨国公司相比,新兴市场跨国公司更加注重于通过国际化来掌握技术和品牌,从而填充其资源空白。外国公司基于财务需求或者重组需要而售卖或者分享其技术、知识和品牌,这将促使来自新兴市场的跨国公司有机会获得其跳跃式发展所需技术、知识和品牌等(Child and Rodrigues,2005 MOR)。

二是,新兴市场跨国公司采用国际扩张作为跳板来克服其后来者劣势。通过并购和战略性资产获取等非路径依赖和积极主动的国际化发展步伐,跳板模式有助于新兴市场跨国公司减轻其后来者劣势和新进入者劣势。新兴工业化国家跨国公司强调渐进演化和路径依赖,其对外直接投资主要由各种推力(push factors)所决定,比如货币升值、经常账户盈余增加、劳工成本提高、运输成本提高和国内市场萎缩等(Deng,2004 Business Horizons)。新兴市场企业国际化由各种“拉力”(pull factors)所决定,比如获取关键资源、尖端技术、管理技能和消费市场等。

三是,新兴市场跨国公司采用国际扩张作为跳板来反击全球竞争者在其母国市场的主要立足点。对于大多数新兴市场跨国公司而言,其母国市场重要性尤为凸显。但是,这些市场在经济全球化进程中逐渐为发达国家和新兴工业化国家的跨国公司所渗透。为了成为真正意义上的跨国公司,一些新兴市场跨国公司认为它们必须直接服务于诸如西欧、北美和日本等发达国家或者地区;它们冒险进入全球竞争者的母国或者后院,以开拓市场和奠定竞争立足点。一些企业采取兼并收购或者绿地投资等方式进入这些市场,以实现其投资目的。

四是,新兴市场跨国公司采用国际扩张作为跳板来规避贸易壁垒。规避贸易壁垒是所有企业国际化的动因之一,这种动因对于新兴市场跨国公司而言特别明显。新兴市场跨国公司更加依赖于全球出口市场以及借助于出口中间商和分销商来进入全球市场。为了规避出口壁垒，新兴市场跨国公司可以在目标市场直接投资(例如中国诸多公司在海外直接设立工业园区进行生产和装配以避免配额限制和潜在的反倾销政策影响)，或者投资于第三方国家(特别是其他发展中国家)并借助于该发展中国家来进入发达国家市场。例如，中国企业热衷于投资到中美洲市场、加勒比和墨西哥，将这些国家或者地区作为战略性平台来中转中国制造能力和产品，并将其输入美国市场。

五是，新兴市场跨国公司采用国际扩张作为跳板来规避国内制度约束。母国的制度空白(例如知识产权法律保护薄弱、商业法实施欠佳、不透明的司法和诉讼、欠发达的要素市场以及效率不佳的市场中介等)和政治风险(例如政治不稳定、不可预期的规则变化、公共服务和政府部门的腐败现象以及法律法规执行过程中的极端的随意解释等)侵蚀了企业竞争力，从而迫使这些企业进行国际化。除非企业拥有技能和网络来处理这些国内约束，一般而言企业在处理这类制度空白和政治风险问题上将会耗费大量的财务资金和时间、精力。通过在国际市场上选择制度透明完善的投资目的地，新兴市场跨国公司能够避免前述局限性，集中资源在全球市场上建立、利用和升级竞争优势。

六是，新兴市场跨国公司利用国际扩张作为跳板来确保享受新兴市场政府的优惠待遇。一些新兴市场跨国公司先在海外市场上注册成立一家子公司，然后借助于该子公司反向投资于其母国市场，从而享受其母国政府推出的外商投资优惠政策。这些优惠政策包括金融方面的优惠政策(例如税收减免和廉价土地使用费等)和非金融方面的优惠政策(例如获取稀缺资源和管制支持等)。反向投资或许不是这类跨国公司的主要投资目的，却是外向投资时企业获得这些优惠政策的最为便利的投资方式。吸引外资在很长一段时间内将仍然是发展中国家主要的国际商务政策导向，这些金融或者非金融方面的融资优惠政策将会持续存在。新兴市场跨国公司可能利用国际扩张作为跳板来反向投资于母国市场，从而享受母国政策的优惠待遇。与此同时，新兴市场跨国公司还可能借助国际扩张来实现资产差异化以应对国内市场不稳定性。许多新兴市场国家(比如中国、印度、墨西哥、泰国和波兰等)通过提供金融支持来鼓励其本国企业走向国际(Cai，1999 The China Quarterly)。新兴市场企业借助投资国际化来同时获得母国政府的金融支持并反向投资于母国市场以获得投资引进优惠政策，这种机会主义行为在新兴市场里尤为明显。当然，随着新兴市场监管制度的不断完善与发展，这种机会主义行为的生存空间也日益狭小。

七是，新兴市场跨国公司利用国际扩张作为跳板来充分发挥其在其他新兴市场和发展中市场的竞争优势。新兴市场中的诸多企业都是该国的领军企业，他们在该国的经济和社会中扮演着重要角色。这些企业通过 OEM 等发展了成熟的专业技能，并且在其母国通过与国外跨国公司合作而掌握了国际化知识。虽然这些企业就技术原创性而言仍然存在诸多劣势，但是通过利用已经建立起来的运用技术、尖端机器和设备、最新工具和复杂性材料及其构成等方面的全球开放市场，这些新兴市场跨国公司能够通过市场交易方式购买到所需的技术知识和专业技能，并结合其在在生产制造领域的卓越表现，能够促使这些新兴市场企业在其他新兴市场制造出技术标准化产品，从而获取全球竞争优势。其在母国市场的制造能力和成本控制水平，使得它们能够在全球市场上以极低价格制造出产品，从而能够更好地提高其全球市场份额。

综上所述，新兴市场跨国公司采用国际扩张作为跳板的真实动机在于获取资产和寻求机会。虽然资产获取和机会寻求是大多数跨国公司的投资目的，新兴市场跨国公司在这两种动机上更具明显性。在资产获取方面，新兴市场跨国公司主要以国际扩张作为跳板来获取技术知识、专有技能、研发设施、人力资本、品牌、顾客基础、分销渠道、管理技能和自然资源等。新兴市场企业需要借助这些战略性资产来支撑母国在经济和社会方面的发展需要，以及弥补企业内在的竞争劣势。由于新兴市场政府直接参与其国内领先企业的国际化战略，国有企业对于原料市场的收购可以满足自身及国内市场发展需求，是其海外发展的主要动因。有些企业甚至直接并购国外公司来快速获得被并购者的产品创新和过程创新的整体包，从而快速取得先进技术以升级其国内制造能力并同时发展新产品，以满足国际市场需要（Deng，2004）。在机会寻求方面，新兴市场跨国公司采取如下行为来实现其机会寻求目的，包括在发达国家寻求利基市场、获取来自母国或者东道国的金融方面或者非金融方面的优惠政策、增加公司规模和声誉、逃离母国制度约束或者市场约束、绕过贸易壁垒进入发达市场，以及在其他发展中国家或者地区捕捉机会以充分利用其成本领先的制造能力等。新兴工业化国家跨国公司通过对外直接投资来构建起出口生产平台，但是新兴市场跨国公司难以通过国际化扩张来寻求成本最小化机会，原因在于其在母国的供应基地和制造基地能够为其提供持续的低成本优势。新兴市场跨国公司在核心投资动机上存在差异，例如在资产获取方面，世界级跨国公司倾向于并购技术、品牌和分销网络以补偿其能力空白以及满足区域分散的经营需要，而处于早期阶段的跨国公司则可能主要寻求自然资源以满足政府需求从而支持国内的经济发展。此外，市场利基者国际扩张并非为了寻求国际品牌、研究设施或者分销网络，而是为了寻求目标市场所独有的管理技能、管理经验或者产品发展等。

第六章　中国企业境外投资区位选择研究

由于不同国家或者地区在要素禀赋方面存在差异，跨国公司会根据自身发展战略蓝图，结合东道国要素禀赋特性，对不同投资区位进行选择，以实现其投资目的。区位选择是跨国公司国际投资的重大战略决策，对于企业国际化成功与否产生重要影响。传统西方发达国家企业在国际化进程中，凭借其自身能力优势在全球范围内布局其公司业务，从而充分挖掘其经营优势，实现其投资动机。而对于中国等发展中国家而言，这些国家企业在竞争能力方面与西方发达国家企业相比存在差距，其所面临的母国环境和东道国环境也存在诸多差异，国际化动机也存在不同，这就决定了发展中国家企业在国际化进程中不能完全照搬西方企业国际化进程中的区位选择策略，而是要基于其自身所处环境、发展现状和未来发展蓝图来进行投资区位战略选择，以实现其国际化发展蓝图。本章首先阐述企业跨国投资区位选择理论演化历程，然后分析中国企业在国际化进程中如何根据自身特点和东道国环境特征进行区位选择，以提高国际化成效。

一、区位选择理论演化历程

1. 区位选择理论的提出

在《区位选择与跨国企业》(JIBS2008 年度获奖文章)一文中，约翰·邓宁回顾了其关于跨国企业区位选择的理论发展历程，回答了 Rajneesh Narula 在雷丁大学(University of Reading)对其采访时提出的诸多问题。约翰·邓宁对于区位经济的研究兴趣源于其 1952 年的研究项目，约翰·邓宁在该研究项目中着重比较英国收音机和电视机生产商在繁荣地区(英国东南部和中部地区)与在欠繁荣地区(威尔士、苏格兰和北部地区)的生产成本和交易成本的差异。研究发现，当时在欠繁荣地区开展经营活动所面临的各种较低的劳动力成本、物料成本、设施成本和其他价值创造成本超过了其相应的额外的交易成本和管理成本(Hague and Dunning,1954)。1958 年,约翰·邓宁在《美国对英国制造业的投资分析》(*American Investment in British Manufacturing Industry*)一书中,首次对比分析了美国海外企业与其母公司和东道国竞争企业之间的生产力差异。约翰·邓宁在该书中分析了美国和英国的生产力差异来源,提出了国别所有权优势效应(ownership of nationality effect,"O effect")和生产区位效应(location of production effect,"L effect")两种假说。研究发现,在英的美资公司相比英国竞争对手,其生产力是后者的 2.5 倍;特别的,在英国市场上,美资企业生产力是英资企业生产力的 1.6 倍。

1972 年,约翰·邓宁考察了英国加入欧洲经济共同体(European Economic Community,以下简称为 EEC)(1973 年 1 月 1 日)事件对英资企业区位选择偏好的影响(Dunning,1972)。在这之前,英资企业在进入欧洲大陆市场时,需要面临各种关税和非关税壁垒。① 研究发现,该影响表现在两个方面:一是,市场规模扩大使得规模经济成为可能,从而降低英资企业的平均出口成本;二是,欧洲市场进入便利使得英资企业能够更好地发挥其所有权优势,无论是通过出口方式还是通过对外直接投资(FDI)方式。英国加入欧洲经济共同体(EEC)促进英国与欧洲经济共同体其他成员国之间的贸易自由化,从而进一步影响到英资企业在 EEC 中生产区位和投资区位的选择,以及 EEC 企业在英国市场中生产区位和投资区位的选择。约翰·邓宁指出,贸易自由化对于区位选择的影响效应依赖于其对产品集中度(product concentration)和工厂专业化(plant specialization)的影响方式以及两个市场间的海外所有权协同程度(coefficient of foreign ownership)。20 世纪 70 年代中期,国际商务经济学倾向于将跨国企业视为组织整体并关注其独特性质,而较少关注跨国企业海外机构的地区分布。约翰·邓宁指出,给定企业的所有权优势(O)和区位优势(L),为什么这些企业要自己利用这些优势,而不是借助于中间市场将这些优势许可给东道国本土企业?虽然学者们并未完全忽视区位选择的重要意义,但是鲜有文献对国际商务区位选择如何影响其组织模式加以深入研究。约翰·邓宁认为,这种对于区位优势的忽视带来了研究契机。各个国家和地区在经济、政治和社会等方面所表现出来的差异,使得国际商务有别于国内商务,因此有必要从区位差异角度来分析国际商务。特别的,约翰·邓宁认为跨国公司的所有权优势将会受到区位优势的影响,表明应该重视区

① 在 20 世纪 70 年代到 80 年代之间,欧共体内大部分关税壁垒已经获得免除;但是,直到 1992 年欧洲内部市场成立之后,非关税壁垒才显著降低。

位选择研究，以更好地理解企业国际投资行为。

1976年举办的诺贝尔讨论会以“经济活动的国际分布”为主题，讨论了不断演化与发展的经济活动的国际化现象，希望来自经济领域和地理领域的专家学者能够互相倾听来自不同专业领域的学者观点。约翰·邓宁在该讨论会上阐述了其OLI折中范式，不仅提出了分析框架用于解释经济活动的内部分布，而且架起了经济领域和地理领域之间的研究桥梁。根据OLI折中范式理论主张，企业跨国投资需要具备三个条件，分别是所有权优势、区位优势和内部化优势。可见，区位优势是构成企业国际化扩张前提条件的三大支柱之一。进而言之，企业在国际化进程中，需要在区位选择上慎重考虑，以进入那些符合公司发展蓝图的投资区域，从而助推企业国际化发展战略。

国际生产折中模型（OLI模型）得到学术界和实业界的热切关注，成为企业国际化研究和实践所参照的重要模型。Ito and Rose(2002 JIBS)基于寡头反应理论和国际直接投资理论，分析了全球轮胎行业中跨国企业竞争行为的特点，构建了包含寡头行为在内的海外企业投资策略模型。寡头反应理论早期主要用于解释单一国家中的企业行为，Ito and Rose(2002 JIBS)将其与国际投资理论相结合，用于分析来自不同国家的企业如何在全球范围内在同一行业中进行全球竞争，并维持相对于其竞争对手而言相对稳定的竞争地位。实证研究显示，全球轮胎行业存在大规模的国际垄断反应行为，并且企业的战略行为还与其竞争者的特性有关。

2.对区位边界的拓展研究

传统OLI范式认为，企业国际化需要具备三个条件，其中之一是区位优势。要充分认识区位优势，就必须对区位本身进行范围界定。已有研究大多是以联合各贸易与发展会议（UNCTAD）中对于各个国家或地区的划分方法作为区位划分标准，并明确说明这种划分是基于经济统计和分析目的，本身并无任何主权归属主张。这种区位划分方法有助于我们认识同一国家或范围内所涉及制度环境，从而使得我们在考察母国或者东道国环境时，能够更好地把握国家或地区层面的政治制度和法律制度等制度环境。但是，我们必须认识到，这种区位划分方法忽视了属于同一区位范围内的地理差异，也就是母国或者东道国内部的地区性差异。这种差异在国别内区域经济特别明显的国家里特别明显，比如在中国，东部与西部发展不平衡，决定了东部和西部作为投资目的地存在不同的吸引力。此外，由于历史渊源，民族文化将会渗透到不同国家或地区，这就使得有着相同民族文化背景的不同国家或地区在双边贸易与投资之间将会有着更大的便利性和融合性。在这种情况下，从经济发展角度来讲，跨国公司在进行区位选择时，应该综合考量经济区域、人文区域和政治区域，而不仅仅是传统意义上的国别区域。

在第四章中，我们系统阐述了企业经营业绩的各种主要影响因素，其中一个主要影响因素就是所研究对象所涉及地区范围。我们考察了在国别内地区（小于传统区位边界）和大中华区（大于传统区位边界）等区域经济概念下，企业国际化程度与经营业绩影响情况，发现所选择区位范围将会对研究结论产生重要影响。

一方面，所考察对象区位范围扩大将会影响到区位选择对经营业绩的影响效应的显著性水平。Chen and Tan（2012 JWB）以中国 887 家上市公司历时 9 年的面板数据（来自 Wind 数据库）为研究样本，探索其国际化程度与经营绩效之间的关系，以及东道国区位因素如何对经营绩效产生影响，发现投资到大中华区、亚洲地区、亚洲以外地区的中国企业在经营业绩方面存在差异；在控制了反向因果影响之后，仍然发现投资到“大中华区”的中国跨国公司的经营业绩显著高于投资到其他地区的中国跨国公司的经营业绩。Chen and Tan（2012 JWB）研究认为，总体而言，中国企业经营业绩随着国际化程度不同而不同，并且所考察对象区位范围对于研究结果显著性有着重要影响。

另一方面，国别内地区因素也将对此产生重要影响。Ma，Tong and Fitza（2013 JIBS）考察了国别内地区因素对于跨国公司海外子公司经营业绩的影响情况，基于 1998—2006 年间《财富全球 500 强》在华跨国公司的经营数据，研究发现国别内地区因素不仅直接影响到跨国公司海外企业的经营业绩，而且与产业因素、母公司因素和母国因素之间存在互动关系，调节了这些因素对跨国公司海外企业经营业绩的影响作用。Ma，Tong and Fitza（2013 JIBS）研究还发现，国别内地区因素在中国加入 WTO 之前对跨国公司在华企业经营业绩的影响程度更为明显，对于投资在欠发达地区的跨国公司在华企业经营业绩的影响程度更为明显。Ma，Tong and Fitza（2013 JIBS）的研究成功深化了传统 OLI 模型中对区位优势的研究认识，对于我们深入考察企业国际化过程中区位选择战略具有重要意义。

提高经营业绩是企业国际化的重要目的，解释跨国公司海外子公司经营业绩异质性是国际化研究的重要议题。传统的产业组织理论、资源基础理论、动态能力理论和制度基础理论尝试从不同角度来对企业国际化及其经营业绩差异进行解释，其分析层次涉及母国、东道国、母公司和海外子公司等。约翰·邓宁提出的折中理论包含三个要素，分别是企业特定优势、东道国区位优势和企业内部化优势，表明东道国区位优势是企业国际化得以成功的重要前提条件。然而,不同国家其国内发展平衡性存在差异,因此考察东道国国别内因素差异就成为跨国公司研究的重要议题。然而,这一研究议题直到 Qu and Green(1997)出版了《中国外商直接投资:对于区位选择的国别内地区视角》一书之后,才得到重视。Chan,Makino and Isobe(2010 SMJ)和 Ma,Tong and Fitza(2013 JIBS)等学者开始关注该领域研究进展。Chan,Makino and Isobe(2010 SMJ)研究显示,国别内地区因素是导致海外企业经营业绩差异的重要影响因素。Ma,Tong and Fitza(2013 JIBS)的研究也证实这一现象,并且进一步发现,国别内地区因素对海外企业经营业绩的影响作用不仅仅是直接的,而且还通过调节效应影响诸如产业和母公司等因素对海外企业经营业绩的影响。国别内地区因素对跨国公司海外子公司经营业绩的影响作用,源于其对东道国地区环境的嵌入性。在给定海外企业对东道国地区环境的多维嵌入性,以及东道国地区之间存在巨大差异的情况下,传统研究所认为的产业性质、母公司特征和国别差异对海外企业经营业绩的影响作用将会受到东道国国别内地区差异的调节影响。Ma,Tong and Fitza(2013 JIBS)对国际商务研究有着重要贡献。一是,他们将权变方法应用到国际商务研究领域,将调节效应与具体理论相结合,阐述了产业理论、资源理论和制度理论在何种情况下更为有效地解释企业经营业绩差异,从而使得我们能够更好地认识和运用这些理论。研究发现,产业因素对跨国公司海外企业经营业绩的影响作用,受到东道国国别内地区因素的调节影响;并且这种调节效应的程度在不同国别内地区有所不同。二是,该文献有助于促进地区的战略角色及其意义的研究发展。可以看到,Ma,Tong and Fitza(2013 JIBS)虽然在理论上没有突破 OLF 范式中关于区位选择的研究理论,但是在实践上有助于我们更好地识别投资目的地。特别的,当东道国国别内不同地区存在巨大差异时,比如在经济发展水平、法律保护水平、生产要素禀赋等方面存在巨大差异时,Ma,Tong and Fitza(2013 JIBS)有助于启发我们深入分析东道国不同地区在经济、社会、政治和文化等方面存在的差异性,从而更好地选择投资目的地。

二、企业层面因素与境外投资区位选择

1. 企业特征与区位选择

传统关于企业特定优势对海外企业所有权偏好影响情况的研究,主要是针对诸如美国等发达国家的跨国公司而言的。这类研究认为,企业所有权优

势源于其规模大小、国际化经验、技术领先性和市场领先性等。由于这类企业源于发达国家，他们在选址投资区位时，其特定优势一般而言都高于所在东道国地区企业。但是，对于诸如中国和印度等发展中国家而言，他们的企业在进行海外投资时，将面临与美国等发达国家企业不一样的区位选择问题。这些发展中国家跨国公司所拥有的企业特定优势不仅与母国特征相关，而且与东道国特征相关。也即是说，他们所拥有的企业特定优势同时依赖于母国特征和东道国特征，这就表明发展中国家跨国公司的企业特定优势具有地区特定性。

传统区位研究倾向于关注对外直接投资整体水平，而忽视企业层面个体投资情况。但是必须看到，企业境外投资区位选择不仅受东道国环境的影响，而且也受到其自身特点特别是战略性目的的影响。研究表明，虽然基础性的宏观经济因素和制度影响会影响到企业进入决策选择，但是企业层异质性将会改变这种选择甚至最终完全逆反去进入决策选择。例如，虽然经济风险和政治风险等风险因素被认为不利于企业境外投资，从而将会阻碍或削弱企业对该国家或地区的境外直接投资。但是，对于国有企业而言，它们具有更大的风险承受能力；而且累积性的国际化经验也将使得跨国公司对东道国政治风险更为警觉。在技术能力禀赋问题上，虽然东道国技术能力禀赋越丰富，越能够吸引企业对其进行投资；但是，与低技术行业相比，研发密集型产业中的跨国公司对于东道国技术能力禀赋更为关注。

Errimilli，Agarwal and Kim（1997 JIBS）研究了韩国跨国公司海外企业所有权偏好，发现其技术密集度、产品差异化和资本密集度等企业特定优势对海外企业所有权的影响，受到其海外企业所在地区发达程度的调节影响。基于这一研究思路，Errimilli，Agarwal and Kim（1997 JIBS）针对韩国跨国公司特点，提出如下研究假设。一是，在相对欠发达地区，技术密集度与所有权程度正相关，但这种关系在相对发达地区则不存在。二是，在相对发达地区，产品多样化与所有权程度正相关；在相对欠发达地区，产品多样化与所有权程度负相关。三是，在相对发达地区，资本密集度与所有权程度正相关；在相对欠发达地区，资本密集度与所有权负相关。实证结果基本上支持了以上研究假设。特别的，韩国跨国公司技术密集度与所有权水平之间的关系，在相对发达地区也同样存在，这可能源于韩国企业的战略性考量。为了能够接触并取得相对发达地区的技术能力，韩国跨国公司倾向于采取合资方式进入这些地区。这种情况对于拥有较高技术水平的韩国跨国公司而言尤为明显，因为这些拥有较高技术水平的韩国跨国公司能够更好地与相对发达地区企业进行合作。这些韩国企业采取激进策略来取得许可，以便能够掌握尖端技术。

这一研究发现对于中国企业而言具有重要意义，中国企业在国际化进程中，一方面会投资于发展中国家以充分挖掘和利用已有技术能力，另一方面也会投资于发达国家以接近甚至掌握发达国家的先进技术和管理经验。例如，以格力电器为例①，1991年成立的格力电器是目前国内乃至全球最大的集研发、生产、销售、服务于一体的专业化空调企业。格力旗下的“格力”品牌空调，业务遍及全球多个国家和地区。格力电器是国内企业开展境外直接投资比较早且成效显著的代表性企业。格力电器董事长董明珠认为，国际化是靠品牌和技术赢得全世界消费者的过程，而不是简单地依靠低价策略无限扩张，“格力在海外的发展，是想输出好的产品和品牌，让全世界的人都使用格力空调”。格力电器坚持走出去战略，其国际化发展战略早已启动。从2001年格力电器在巴西生产基地正式投产，到2012年格力形象片在美国纽约时代广场播出，格力电器稳步进军海外市场。目前，格力已在巴西、巴基斯坦等地建立了生产基地，开发和生产包括家用空调和商用空调在内的400个系列、7 000多个规格的产品。2006年3月，格力电器巴基斯坦生产基地正式投产；2008年4月，格力空调越南生产基地正式投产②。与巴西基地不同的是，巴基斯坦和越南生产基地由当地经销商投资，格力电器只提供技术支持，但其生产销售的全是格力牌空调。相比中国，巴西属于相对发达国家，巴基斯坦及越南属于相对欠发达国家。格力电器在巴西的投资采取独资建厂方式，即选择高股权模式；在巴基斯坦和越南的投资采取“当地经销商投资，格力提供技术支持”的方式，即选择低股权模式。

Errimilli, Agarwal and Kim(1997 JIBS)的研究对于中国企业而言，具有

---

① 资料来源：董明珠：让全世界的人都使用格力空调，详见人民网 http://homea.people.com.cn/n/2013/0312/c41390-20759948.html。

② 格力越南生产基地于2008年竣工并投产，是格力电器在东盟的第一家、海外第三家空调生产基地。格力空调自1999年以出口方式进入越南市场后，迅速取得当地市场份额，越南市场对空调硬性需求高，而新兴市场国家人工成本大大低于发达国家水平，这正是催生格力将空调生产本地化的主要驱动力。然而，格力电器正在调整其国际化策略，“以前格力电器国际化倾向选择人工成本较低的地区，未来主要考虑选择有硬性市场需求并且法制健全的国家”，日前董明珠在股东大会上承认格力电器已经从越南合资公司撤股，“当初的投资已经收回，没有造成重大损失”。格力电器称在未来二到三年中坚持出口自主品牌的道路，美国销售公司主要销售自主品牌，2012年销售额上亿美元。格力确认由于越南资方的不诚信，公司已经完全退出越南合资公司，但越南市场的出货量未受到影响。资料来源：http://news.hea.cn/2013/0524/198195.shtml。

指导意义。以格力电器为例，在技术方面，空调是技术密集型行业，格力电器近年来每年科研投入超过 20 亿，拥有 3 000 多项技术专利，核心技术指标国际领先，与欧美发达国家相比毫不逊色。在成本控制方面，格力电器推行成本领先战略，注重研发新技术，通过先进设备和工装，不断提高工艺水平；格力凭借不断创新的营销模式，连续多年产销量位居全国同行第一，形成强大的规模经济优势。在差异化方面，格力电器推行差异化战略，在技术含量、产品性能、质量上同国际著名品牌相差无几，但在价格、品种、款式上占有先机和优势，可提供质优价廉、精美多样的产品。格力电器还具有强大的市场推广能力，通过其独创的区域性销售公司模式，亦即格力电器集团—格力区域销售公司—格力电器经销商—格力专卖店，既提升产品服务能力，又能有效推广品牌。此外，从行业特性来看，空调属于劳动密集型、资本密集型行业。

Errimilli，Agarwal and Kim（1997 JIBS）研究指出，在更具吸引力地区，选择高股权模式的倾向性更大。结合格力对外直接投资案例，对比巴西、巴基斯坦、越南三国的区位特点，可以发现，巴西地处相对发达地区，具有高市场潜力、低政府限制、低政治风险等区位优势。Errimilli，Agarwal and Kim（1997 JIBS）从技术密集度、产品差异化和资本密集度三个方面阐述了企业性质对投资所有权的影响情况。在技术密集度方面，Errimilli，Agarwal and Kim（1997 JIBS）研究认为，跨国公司技术密集度与它在相对欠发达地区的所有权水平正相关，与它在相对发达地区的所有权水平无关。对于中国格力电器而言，巴基斯坦和越南相对于中国而言属于相对欠发达地区，空调属于高技术密集度行业，格力在该两个相对欠发达地区选择低股权模式；而巴西是相对发达国家，格力在巴西市场上选择高股权模式。格力电器的国际化实践与该假设存在一定分离，究其原因，一是格力电器对巴基斯坦和越南两个相对欠发达国家采取低股权模式，具有战略性考量；格力电器秉持"先有市场，后有工厂"的发展战略，格力电器认为自身对巴基斯坦和越南市场的了解不够，因而需要通过与当地经销商合作来借道进入该东道国市场。在产品差异化方面，Errimilli，Agarwal and Kim（1997 JIBS）研究认为，跨国公司产品差异化与其在相对较发达国家的所有权水平正相关，与其在相对欠发达国家所有权水平负相关。就中国企业格力电器而言，格力电器坚持成本领先战略，在巴基斯坦和越南两个相对欠发达国家选择低股权；而在巴西这一相对较发达国家则采取高股权进入模式。在资本密集度方面，Errimilli，Agarwal and Kim（1997 JIBS）研究认为，跨国公司资本密集度与它在相对较发达国家所有权水平正相关，与其在相对欠发达国家所有权负相关。就中国企业格力电器而言，格力空调属于资本密集型行业，格力电器在相对较发达国家选择高股权模式，与 Errimilli, Agarwal and Kim(1997 JIBS)的研究假设和研究发现相一致。

2. 企业所有权性质与区位选择

所有权结构问题是中国企业面临的主要问题之一。基于风险承担视角，企业境外投资将会面临诸多风险，必须克服来自制度、商业和文化等方面的外来者劣势。外来者劣势有诸多表现形式，但是集中体现在增加经营风险上。企业风险承担态度体现了企业对风险的知觉、预期和承担意愿，因此将会反映在企业国际化决策上。实证研究表明，企业在对待风险态度上存在差异。国有企业相对于民营企业而言，对于境外经济和政治不稳定性具有更大的容忍度；但是，当企业累积起更多的国际化经验和在后续境外投资决策中更加规避风险时，这种倾向将会降低。对于处于国际化初期阶段的中国企业而言，其国际化经验不足，因此其国有产权性质将会影响到其在国家化进程中对待风险的态度，亦即对于中国企业境外投资区位选择策略产生影响。由于中国政府对中国银行业的政策性干预，中国国有企业在银行贷款等财税方面享有优惠待遇。此外，中国国有企业负责人是由政府任命的，他们对于企业经营的长期绩效关注不足，而更多关注如何通过企业投资来更快提升个人职位，从而导致这些企业盲目投资而不顾风险大小。相比较而言，民营企业则在境外投资区位选择时更为谨慎，在投资收益和投资风险之间取得平衡。基于此，Dunamu (2012 JWB)认为，与非国有企业相比，国有企业较为不关注东道国的政治风险。Dunamu(2012 JWB)的研究重点考察了中国跨国企业异质性对其境外投资区位选择的影响情况。基于 32 个国家近 10 年的 194 个区位选择数据，研究发现，相较非国有控股企业，国有企业较为不关注东道国的政治风险，但更加关注人民币与东道国货币之间的汇率水平；中国企业战略性导向影响到其区位选择，与贸易公司相比，制造公司更倾向于投资到市场规模巨大的国家或地区，更易受到东道国高成本结构的影响。该研究表明，所有权差异将会影响企业境外投资的区位选择偏好。

Ramasamy, Yeung and Laforet(2012 JWB)在《中国 OFDI：区位选择和企业所有权》一文中，以 2006—2008 年间中国上市公司为研究样本，考察了其国际化区位选择决策，并将企业样本分为国有企业和民营企业两类对其加以考察。研究发现，国际化决定因素受到所有权性质的影响。国有企业倾向于投资到自然资源丰富和政治风险高的东道国或地区；而民营企业倾向于投资到市场机制完善和市场潜力好的东道国或地区。在战略性动机方面，虽然所有企业都具有战略性动机，但是其战略性动机倾向于获取商业上切实可行的技术而非核心研发。研究表明，现有理论能够有效解释民营企业的国际化行为，但是无法有效解释国有企业的国际化行为。Ramasamy，Yeung and Laforet(2012 JWB)研究认为，中国OFDI倾向于投资到自然资源丰富的国家或地区，投资到政治风险高的国家或地区，投资到技术禀赋和创新禀赋较高的国家或地区；在政治风险高的国家或地区，中国OFDI倾向于投资到其中自然资源丰富的国家或地区；在政治风向低的国家或地区，中国OFDI倾向于投资到其中技术禀赋和战略性资产禀赋高的国家或地区；在政治风险高的国家或地区，国有企业更倾向于投资到自然资源丰富的国家或地区；在政治风险低的国家或地区，国有企业倾向于投资到技术禀赋或战略性资产禀赋高的国家或地区；民营企业整体而言倾向于投资到市场制度完善和市场潜力巨大的国家或地区，并且在投资区位选择上具有风险规避倾向，也就是其在境外投资区位选择问题上将遵循谨慎原则。

Ramasamy，Yeung and Laforet(2012 JWB)的研究为我们认识中国企业境外投资区位选择提供了崭新的研究视角，有助于我们深入认识中国企业特殊情境对其国际化战略的影响作用。所有权性质不同影响到企业对待风险的敏感性和承受力，也会影响到其决策制定的目标考量，从而影响到决策制定结果。就境外投资而言，所有权不同，企业经营动机也会存在差异，从而影响到其在区位选择问题上的战略性考量。整体而言，中央政府或地方政府控股企业在境外投资区位选择方面倾向于冒险主义，将会倾向于投资到自然资源丰富的国家而无视其投资风险，其境外投资具有明显的政策性目的。而民营企业相对而言，会基于企业自身经营情况采取较为谨慎的投资原则，综合权衡投资目的地的各种投资风险，而不会盲目扩张，投资到风险系数高的国家或地区。

3.战略性联系与区位选择

传统对外直接投资(FDI)理论认为，企业对外投资的直接目的是在海外市场充分利用其特定优势。当通过市场安排来利用其特定优势所花费的市场交易费用高昂时，企业倾向于通过对外直接投资将市场交易内部化。跨国公司区位选择是建立在地区优势基础之上的，这种地区优势应该能够最大化企业特定优势。企业特定优势、区位优势和内部化优势三个因素共同构成了约翰·邓宁所总结出来的OLI折中理论。根据传统对外直接投资理论，企业如果要进行对外直接投资，就必须在技术能力或者无形资产等方面拥有足够的竞争优势。实证研究表明，跨国公司一般而言规模较大、技术较为领先或者生产线较为独特。竞争能力薄弱的企业难以进入全球市场，对外直接投资被喻为是远道而来进入不熟悉和不可相信的区域的远征军，只有那些最为强悍的铁血战士(最具有竞争力企业)方可生存与发展。因此,企业在区位选择问题上具有较大自主性,能够根据企业自身发展战略和各潜在投资目的地环境特点对其进行综合平衡,以选择能够符合其发展战略蓝图的投资目的地。

然而,随着经济全球化的不断发展,诸多中小企业和新创企业也加入了国际化阵营。例如,发展中国家或地区的企业也在尝试并加快国际化步伐,中小企业在国际化行军中也显露其踪迹。对于这些类型的企业,其国际化行为是否可以用传统的国际化理论来加以解释?或者是需要全新的理论解释?一种理论认为,这些发展中国家或地区的企业以及中小企业拥有某种独特能力,因而能够在东道国细分市场上找到自己的立身之地,从而逐步开展其国际化战略。这些企业规模虽小但技术强,在一定的细分市场里有着某种竞争优势。为了维持其在细分市场上的领导地位,他们需要寻求国际扩张来开拓新市场、开发新产品和提高专业能力水平。对于这类中小企业而言,他们追求"深度细分"战略,其国际化行为能够为传统国际化战略所解释。

但是,与全球大型跨国公司相比,中小企业存在规模小和技术创新平台薄弱等弱点,这就使得这类企业在国际化进程中处于劣势地位,难以单独与大型跨国公司相抗衡。传统的资源和能力理论,难以有效解释这类企业的可持续性国际化扩张步伐行为。针对这类竞争能力较为薄弱的企业如何成功进行国际化的问题,与传统资源和能力理论强调自身能力基础的研究视角不尽相同,战略联系理论和网络联系理论试图从能力获取动机的研究角度,对企业国际化行为加以解释。战略联系理论认为,企业国际化是为了获取东道国资源和能力优势从而弥补自身在该资源或能力方面存在的劣势与不足。也就是说,企业进行国际化不是为了发挥自身已有的战略能力,而是为了借此机会取得和发展战略能力。网络联系理论认为,企业国际化是为了将国内网络和国际网络联系起来,从而更好、更广和更快地拓展全球业务网络。也就是说,企业进行国际化是为了拓展其全球网络和战略空间。基于以上分析,战略联系理论和网络联系理论都将企业国际化视为一种战略选择,其目的是提高、维持和恢复投资者在全球范围内的竞争能力,而不是通过在全球市场上挖掘和利用已有能力来获得利润最大化。Gomes-Casseres(1997 SBE)研究发现,当企业相对于竞争对手而言较为弱小时,它们将倾向于采取网络联系来取得规模经济和范围经济,而相对较为强大的企业则倾向于采取独资而非联盟的方式进行国际化。

战略联系理论认为,战略性联系能够创造出整合效应,企业能够通过与具有互补性能力的海外企业建立联系而取得所需战略能力。网络联系理论认为,所有企业都嵌入于一定的市场环境当中,市场之间相互交织共同形成了市场网络。在这种情况下,市场协调并非完全依赖于价格机制或者中央指令性计划,而是部分通过网络内企业间联系。在此观点下,经营国际化是企业为了嵌入于国际网络从而取得国际网络所拥有战略性能力而采取的战略性扩张行为。根据网络联系理论,企业在市场网络内的结构地位决定了其国际化地位,该结构地位决定了其在网络内的资源转移能力,企业战略性结构升级很大一部分是其在所处市场网络内结构地位的升级。企业国际化过程亦即企业网络化过程,是企业适应国际环境的适应性过程。在东道国制度保护比较薄弱的情况下,网络联系对于企业国际化而言尤为重要;因为企业无法通过完善法律来保护自身免受侵犯,必须借助网络关系来取得、发展和保持在东道国的合法性。当然,当企业进入市场机制较为成熟的东道国环境时,网络资源的重要性得以下降,企业可以通过完善市场机制,采用法律保护,降低对网络关系的依赖程度。基于战略联系理论和网络联系理论,中国企业在国际化进程中需要重视进入那些与中国关系友好、心理距离较小和拥有战略能力的投资目的地,从而实现通过国际化提升战略性能力的国际化目标。Chen and Chen(1998 JIBS)在针对台湾企业国际化区位选择的研究中,发现网络联系是跨国公司区位选择的重要决定因素。网络联系分为企业内部网络和企业外部网络,其中外部网络又分为战略联系和网络联系。研究发现,台湾企业热衷于搭建外部网络,但在内部网络搭建方面存在能力不足。战略联系促使台湾企业投资于美国地区,而网络联系促使台湾企业投资于东南亚地区;在对外直接投资区位选择问题上,小企业与大企业相比更加敏感于关系联系。

4. 家族控制与区位选择

企业境外投资进入模式与区位选择是企业国际化的重要战略考量,早期研究主要考察的是发达经济体之间的 FDI 流动,或者从发达经济体流向发展中经济体,近来研究则开始关注 FDI 如何从新兴工业化国家流向发展中经济体。诸多研究表明,新兴工业化国家企业在国际化战略选择问题上与西方发达国家企业存在差异(Makino, Lau and Yeh, 2002 JIBS)。来自新兴工业化国家的企业具有家族特征,企业关键的战略选择主要是由家族来制定的,并且严重依赖于网络联系(Hsing, 1996; Chen and Chen, 1998)。这些企业深谙成熟市场和发达基础设施,但是在投资于发展中经济体时将会面临市场无效性和市场不完全性等,这对于其发展是个挑战。这些企业在发展中国家进行投资时,将会面临信息不对称和与不完善法律制度和商业环境等造成的经营风险等(Hoskisson, Eden, Lau and Wright, 2000 AMJ; Wright, Filatotchev, Hoskisson and Peng, 2005 JMS)。

三、制度因素与境外投资区位选择

Kang and Jiang(2012 JWB)在《中国跨国公司在东亚和东南亚的FDI区位选择》一文中，考察了中国企业境外投资区位选择的影响因素，构建了概念性框架用于整合传统经济因素和制度因素。研究发现，制度因素和经济因素对中国企业境外投资区位选择产生影响，但是制度因素在决定境外投资区位选择时比经济因素具有更大的显著性、复杂性和多样性。研究还发现，中国企业境外投资区位选择具有动态性特征，中国企业在境外投资时面对不同的经济集团和在不同的时间周期中具有不同的反映。基于中国的经济背景和制度背景，Kang and Jiang(2012 JWB)提出如下研究假设。在市场拓展方面，中国企业倾向于投资到市场规模巨大、市场成长性好和市场开放度高的东道国或地区；在获取自然资源方面，中国企业倾向于投资到自然资源禀赋丰富的国家或地区；在效率提升方面，中国企业倾向于投资到劳动力成本低的国家或地区；在战略性资产获取方面，中国企业倾向于投资到战略性资产可获取性高的国家或地区；在管制制度方面，中国企业倾向于投资到经济体制与中国差别巨大的国家或地区，投资到政治体制与中国差别较小的国家或地区，投资到限制政策与中国差别巨大的国家或地区；在规范制度方面，中国企业倾向于投资到与中国文化距离较小的国家或地区；在认知制度方面，中国企业倾向于投资到与中国保持密切业务交易的国家或地区。

已有研究强调，新兴工业化国家企业的FDI战略与发达国家企业的FDI战略存在不同，并且新兴工业化国家企业存在较为严重的家族控制现象，这些家族控制了企业关键战略决策，并且在制定FDI战略时严重依赖于网络联系。但是，对于这些新兴工业化国家企业的治理情况、主要股东风险偏好和基于网络的商业文化是如何影响到其在新兴市场中的FDI战略决策，则研究不足。特别的，已有研究较少考察跨国公司母公司内部不同类型股东的风险偏好和监督能力的战略性后果。代理理论和制度理论认为，公司控制的具体形式和基于网络的商业文化将会对公司战略决策产生影响，这些决策包含企业国际化战略(Douma，Georgeand Kabir，2006 SMJ)。

Filatotchev，Strange，Piesse，and Lien(2007 JIBS)基于国际商务理论和比较治理理论，考察了来自台湾地区的跨国公司在中国的投资情况，特别是考察其母公司所有权结构、投资区位选择以及进入模式选择三者之间的关系。

Filatotchev, Strange, Piesse, and Lien(2007 JIBS)研究发现,台湾企业对于在华台资企业的资产结构取决于其家族和机构所有者在母公司中的持股情况。在与母公司有着紧密的经济联系、文化联系和历史联系的地区,台湾企业倾向于采取承诺程度较高的进入模式,进入模式和区位决策之间存在相关性。

以上我们从不同视角阐述了中国企业境外投资面临的特殊性对其区位选择的影响作用,但还没有考察这些因素对企业境外投资区位选择的综合影响。以下几位学者构建了较为宽泛的分析模型,有助于我们更好地理解这些因素对于区位选择的综合影响作用。Cheng and Ma(2010 NBER)研究认为,中国OFDI区位选择受到如下宏观因素的影响,包括首都距离、中国语言、地缘边界、内陆国家和岛国国家等。Buckley, Clegg, Cross, Liu, Voss and Zheng(2007 JIBS)考察了投资动机(市场拓展动机、自然资源获取动机和战略性资产获取动机)、政治风险、文化相似性、政策自由化、汇率变化、进出口规模、地理距离和市场开放度对中国OFDI的影响作用。基于1984—2001年间国家外汇管理局的统计数据,Buckley, Clegg, Cross, Liu, Voss and Zheng(2007 JIBS)研究发现,以GDP自然对数(LGDP)衡量的市场绝对规模对中国OFDI有着正向影响,也就是说市场绝对规模越大,中国OFDI对其投资力度越强;文化相似性与中国OFDI显著正相关,表明东道国华裔文化有助于中国OFDI;政策自由度与中国OFDI正相关,表明1992年邓小平先生的南方谈话确实通过政策效应对中国OFDI产生重要影响,政策放松使得中国企业能够拥有更大的境外投资决策自由度,而政策激励则使得中国企业能够利用政策优势来克服外来者劣势和新进入者劣势。此外,研究还发现,政治稳定性与中国OFDI显著负相关[①],亦即政治越不稳定,中国OFDI投资力度越高;这与基于西方企业投资实践的研究预期相反,对此反常现象的可能解释是,政治稳定性(或政治风险)所采用的衡量指标来自国际国家风险指南(International Country Risk Guide),而该指南对各个国家的政治稳定性的评价同该国与中国传统外交关系存在负相关,也就是政治稳定性弱的国家与中国有着较好的传统外交关系,而传统外交关系是中国OFDI的重要考量因素。因此,表面上看政治稳定性增强了中国OFDI水平,实际上其实质可能是两国外交关系增强了中国OFDI水平。该反常关系也可能表明,中国OFDI不是纯粹以利润最大化为投资导向,而是会考虑到政府主导的政策干预。

---

① 原文表格6有误,正确统计分析结果详见Buckley, Clegg, Cross, Liu, Voss and Zheng(2009 JIBS)的勘误阐述。

第七章　中国企业境外投资进入模式研究

跨国公司如何进入东道国市场是国际商务和国际营销的重要议题之一。不同进入模式意味着不同程度的所有权和控制权、不同程度的投资承诺以及不同程度的风险担责。这些因素对于企业成功进入东道国市场(特别是开拓新市场)具有极其重要的影响作用。传统跨国公司研究主要关注发达国家企业国际化问题,而当前发展中国家企业在国际投资中扮演着愈加重要角色,这就要求我们考察这些来自发展中国家企业在其国际化进程中是否具有特殊性,特别是在区位选择和进入模式方面是否存在特殊性。例如,Morck,Yeung and Zhao(2008 JIBS)研究指出,中国企业国际化具有国家利益动机,其国际化进程得益于政府干预以补偿其市场缺陷和制度缺陷,而不是基于企业自身的战略性发展考量。随着中国企业境外投资转向发达国家或地区,来自政府干预的好处难以延续,中国企业必须基于市场来考虑其生存与发展。本章将在阐述进入模式内涵和类别的基础上,阐述进入模式选择的影响因素、跨国公司独资化浪潮以及中国企业国际化进程中面临的独特环境对其海外市场进入模式选择的影响。

一、进入模式的内涵和类别

海外市场进入模式被定义为一种制度安排,其目的是组织和实施国际商务交易(Anderson,1997 MIR)。进入模式没有优劣之分,而只有合适与否的说法,最好的进入模式应该强调进入者优势和劣势能够与市场环境和企业自身结构特征和战略特征项匹配(Hill,Hwang and Kim,1990 SMJ)。Pan and Tse(2000 JIBS)在《市场进入模式的层级模型》一文中,提出了跨国公司东道国市场进入模式的层级模型,认为进入模式可以分为两个层面来加以分析,一是采取股权模式抑或非股权模式,二是在此基础上进一步分析股权模式和非股权模式下的具体模式。在股权模式下,具体的进入模式包括全资模式和合资模式，在非股权模式下，具体的进入模式包括合约模式和出口模式。Dikova and Witteloostuijin(2007 JIBS)将进入模式(entry mode)和建立模式(establishment mode)区分开来，前者主要是指跨国公司海外企业产权性质(全资或者合资)，后者主要是指跨国公司海外市场进入方式(跨国并购或者绿地投资)。本书将同时阐述这两类进入模式情况。从企业产权性质(亦即进入后果)来看，典型的进入模式包括合资和全资；从企业产权取得(亦即进入方式)来看，典型的进入模式包括绿地投资和跨国并购。为了降低市场进入风险，企业倾向于采取联盟方式进入东道国市场。企业采取联盟范式进入东道国市场，主要是基于风险共担、资源集聚、资产保护和对市场变化作出快速反应等战略性考量。跨国公司战略联盟可以发生在母国企业之间，可以发生在与第三方国家企业之间，也可以发生在与东道国企业之间。企业在与东道国企业组建战略联盟时，主要是想借助战略联盟来克服外来者劣势，从而提高与东道国本土企业的竞争能力。

在跨国并购抑或绿地投资对比方面，跨国并购能够加速企业国际化进程，但可能会面临源自文化差异和技术不匹配的并购后整合风险；相反，绿地投资有助于企业在国际化进程中保存并复制其自认为有价值的公司文化，但是这需要经历较长时间来搭建起商业网络平台。在全资模式抑或合资模式方面，全资模式有助于提高国际化企业的管理自主权和对当地业务的完全控制，但是由于缺乏本土合作伙伴的合法性支持而将面临外来者劣势威胁；相反，合资模式有助于国际化企业嵌入当地企业的有价值的资源和网络，并最小化投资风险，但是将面临共同管理和共同决策的管理问题，需要处理好与合作伙伴在能力、兴趣、目标以及战略等方面的差异。

二、进入模式选择的影响因素

1. 进入模式选择影响因素的分析框架

Hill, Hwang and Kim(1990 SMJ)构建了企业跨国投资进入模式选择的综合分析框架，认为进入模式依赖于企业在不同国家的战略布局，并分析了影响企业跨国投资进入模式选择的各种影响。影响企业境外市场进入模式决策的因素涉及全球战略变量、特定交易变量和环境变量三种因素(Kim and Hwang, 1992 JIBS)。Tse, Pan and Au(1997 JIBS)以《中国商业评论》(China Business Review)报道的 1979—1993 年间美、欧、日等国外跨国公司进入中国市场的商业活动为样本，从东道国因素、母国因素和行业特定因素三个方面，考察了其对跨国公司进入中国市场的模式的影响作用。Agarwal and Ramaswami(1992 JIBS)从所有权优势、区位优势和国际化战略三个角度，阐述了其对企业海外市场进入模式选择的影响情况。除此之外，企业拥有的资源和能力也是企业国际化进程中进入模式选择的重要影响因素之一；高管层特征也将会影响到企业海外市场进入模式选择。Hermann and Datta(2002 JIBS)研究发现，CEO继任者的职位任期、职业背景和国际化经验等特征将会对其海外市场进入模式产生影响。Li and Li(2010 JIBS)考察了当企业面临较高程度不确定性时，该如何选择其海外企业所有权。研究认为，当企业面临较高程度不确定性时，将倾向于采取柔性更大的所有权战略，但是这种关系在有些青睐销售增长、非相关投资的行业和行业竞争强度大的行业中则不显著。在《FDI模式选择：转型经济体的进入模式和建立模式》一文中，Dikova and Witteloostuijin(2007 JIBS)架起了FDI两大研究主题——进入模式选择(entry mode)和建立模式选择(establishment mode)之间的桥梁，进入模式选择主要是指跨国公司海外企业所有权性质(全资或者合资)，建立模式选择主要是指跨国公司海外市场进入方式(跨国并购或者绿地投资)；考察了制度因素对于进入模式和建立模式的直接效应和调节效应。Dikova and Witteloostuijin(2007 JIBS)认为，进入模式选择和建立模式选择是企业国际化战略的重要组成部分，他们的研究发现，母公司技术强度、国际化战略和经验将会决定企业国际化的进入模式选择和建立模式选择。基于制度经济学理论，Dikova and Witteloostuijin(2007 JIBS)的研究还发现，东道国制度先进性将会强化技术强度和国际化战略对进入模式和建立模式的影响作用。已有文献分别对上述两类模式进行了诸多研究(详见Dikova and Witteloostuijin，2007 JIBS)。

Dikova and Witteloostuijin(2007 JIBS)的研究对于以往学术研究有着诸多贡献。一是，以往研究只关注建立模式和进入模式中的一种情况，认为这两类模式之间相互独立，进入模式被认为是企业国际化进程中基于对海外资产控制需要而对海外企业进行的所有权性质安排，建立模式被认为是企业是否考虑将母公司资产和东道国企业资产结合起来而进行的战略性选择。在以往关于两类模式前因研究的基础上，Dikova and Witteloostuijin(2007 JIBS)试图考察哪些因素同时影响到这两类模式选择，亦即哪些因素同时影响到企业在国际化进程中对于跨国并购抑或绿地投资的选择，以及对于全资模式抑或合资模式的选择。二是，Dikova and Witteloostuijin(2007 JIBS)认为以往研究过多关注企业层面因素对跨国并购抑或绿地投资的影响，而忽视了国家层面因素对于跨国并购抑或绿地投资的影响，认为其研究弥补了制度研究在企业国际化进程中战略并购抑或绿地投资的运用。三是，在衡量制度环境方面，Dikova and Witteloostuijin(2007 JIBS)尝试采用世界银行治理指数(World Bank's governance indicators)，该指标能够反映出一个国家在政治稳定性、政府效率、管制质量、法律保护和腐败控制等方面的综合境况，并且有利于进行国别对比。四是，Dikova and Witteloostuijin(2007 JIBS)考察了制度环境对公司特征和进入模式抑或公司特征和建立模式的调节作用。对于上述四种研究贡献，本书认为 Dikova and Witteloostuijin(2007 JIBS)的主要研究贡献在于将进入模式和建立模式区别并联系起来，为我们深入理解跨国公司的进入模式和建立模式奠定了研究基础。

2.企业资源能力与进入模式选择

已有研究从竞争优势视角出发，分析哪些因素将会影响到市场进入模式选择。例如，Bradley and Gannon(2000 JIM)考察了企业市场集中度/多元化战略对其海外市场进入模式选择的影响。Kim and Hwang(1992 JIBS)考察了全球集中、全球协同和全球战略动机如何影响到企业海外市场进入模式选择。Erramilli，Agarwal and Dev(2002 JIBS)在《非股权进入模式选择：基于组织能力视角》一文中，考察了企业可模仿能力如何影响到其海外市场非股权进入模式选择。根据资源基础理论，企业竞争优势源于其所拥有的资源集合。对于企业国际化而言，资源基础论的核心要义在于企业能否将其竞争优势运用于其他东道国市场。这些企业在东道国成功与否取决于他们是否能够将其竞争优势转移至东道国。并非所有跨国公司都拥有在东道国经营所需的能力，但这些企业可以通过合资方式取得本土企业的经营支持，而本土企业也可以借此获得外国跨国公司的经营优势，从而形成优势互补。在合作过程中，如果隐性知识容易转移，那么进入者将获得经营优势。如果这种经营优势难以转移，那么企业将倾向于采取高控制权的进入模式。

根据资源基础理论，进入者将会选择某种进入模式以最大化利用本土企业的竞争能力，并且保护自己免受侵害。海外市场进入模式选择必须考虑到控制权、所有权、资源承诺和投资风险等。Brown，Dev and Zhou(2003 JIBS)认为，海外市场进入模式的所有权和控制权维度需要分离开来进行分析，而且海外市场进入模式决策分析应该超越生产领域和分销领域，拓展到服务领域等。他们基于资源基础理论，提出了如下研究假设：一是，市场进入者在提供客户服务方面的竞争优势越大，他们将越倾向于采取对营销和运作有着高度控制权的海外市场进入模式。二是，市场进入者在管理和组织方面的竞争优势越高，他们将越倾向于采取拥有更大控制权的海外市场进入模式。三是，市场进入者在物理设施方面拥有更大竞争优势，这些企业将倾向于采取股权方式的进入模式，并且在营销和运作方面持有较低控制水平。四是，市场进入者如果能够在东道国找到所需资源，企业将倾向于采取对营销和运作有着较低层次控制权的市场进入模式。五是，本土市场培训费用越高，市场进入者越倾向于采取对营销和运作有着高度控制权的市场进入模式。六是，当地投资者可获得性更高，市场进入者倾向于采取股权方式进入模式。

3. 制度环境与跨国并购抑或绿地投资

交易费用理论认为，与跨国并购相比，绿地投资风险更大。跨国并购意味着购并成熟企业的商业模式及其运作团队，这些运作团队深谙所在行业经营之道从而有助于减少外来者劣势威胁。相比较而言，绿地投资意味着需要从头开始，其在境外市场的资产投入尚未被证实是符合所在东道国地区及其行业发展前景的，因而具有较大不确定性。特别是在转型经济体中，这些国家或地区的制度环境存在较大不稳定性，因而具有更大的不可预测性，进入这些国家将意味着企业需要面对更大的经营风险。在这种情况下，跨国公司倾向于采取并购方式来进入该东道国市场，以降低绿地投资所面临的外来者劣势风险。而且，即使转型经济体不断提高制度完善性，它仍然存在较大程度的不确定性，这将严重影响到来自发达国家企业对其投资时的进入模式选择。Uhlenbruck and De Castro(2000 AMJ)研究指出，国家风险对于实施跨国并购的企业而言具有重要的影响作用，它甚至能够改变投资决策的制定基础。在转型经济环境下，从计划经济向市场经济转型，带来诸多经营不确定性，企业长期经营绩效难以预测。在这种情况下，实施跨国并购的企业只能进行短期经营业绩预测，并倾向于投资到制度环境不断完善的东道国或地区。基于此，Dikova and Witteloostuijin(2007 JIBS)提出如下研究假设：东道国制度环境优越性有助于引致跨国公司采取跨国并购方式进入该东道国市场。此外，Dikova and Witteloostuijin(2007 JIBS)还认为，制度环境不仅直接影响跨国公司采取跨国并购方式抑或绿地投资方式进入东道国市场，而且将会增强技术密集度和国际化战略对于采取跨国并购方式抑或绿地投资方式进入东道国市场的倾向性的影响程度。

4. 制度环境与独资模式抑或合资模式

制度环境不仅影响到企业国际化进程中的跨国并购抑或绿地投资的战略性选择，而且也将对独资模式抑或合资模式产生根本性影响。在发达经济体中，完善的产权保护制度确保投资者能够有效处置自身拥有资产并从中取得回报。在发展中经济体，产权保护制度较为薄弱，这将不利于投资者根据市场规则进行资本运作以取得经营回报。基于交易费用理论，我们可以认为，在产权保护制度完善的国度里，经营环境可预测性较高，市场交易费用较为低下，跨国公司不担心合资方式会带来各种经营风险，因而倾向于采取合资方式进入东道国市场；但是在产权保护制度薄弱的国度里，跨国公司倾向于采取独资方式，以便减少因制度不完善性带来的经营风险。Davis，Desai and Francis（2000 JIBS）基于制度同构化理论考察了企业海外市场进入模式的影响因素。研究发现，东道国制度环境和跨国公司内部制度环境将会对企业海外市场进入模式产生重要影响。如果企业面临较高程度的内部同构化压力，那么企业将倾向于采取全资方式进入东道国市场；如果企业面临较高程度的外在同构化压力，则企业倾向于采取出口、合资或者许可方式进入东道国市场；如果企业面临的同构化压力比较低，那么企业将倾向于采取多种或者混合的进入模式。Yiu and Makino（2002 OS）基于交易费用理论和制度理论，系统考察了研发密集度、国际化经验、规制制度、规范制度和认知制度对海外企业进入模式选择的影响作用。Uhlenbruck，Rodriguez，Doh and Eden（2006 OS）考察了腐败对进入战略的影响情况。Dikova and Witteloostuijin（2007 JIBS）研究认为，东道国制度环境优越性有助于引致跨国公司采取合资方式而非独资方式进入东道国市场。此外，Dikova and Witteloostuijin（2007 JIBS）还认为，制度环境不仅直接影响跨国公司采取独资方式抑或合资方式进入东道国市场，而且将会增强技术密集度和国际化战略对采取独资方式抑或合资方式进入东道国市场的倾向性的影响程度。

5. 东道国市场的进入择机行为

投资区位选择、进入模式选择和进入时机选择是企业国际化进程中三个重要的战略性决策。Gaba，Pan and Ungson（2002 JIBS）以《财富 500 强》在华美资企业为研究对象，从企业特定因素、行业/市场因素和东道国因素三个方面，考察其对中国市场进入择机行为的影响作用。基于资源和能力理论，企业的资源和能力基础，以及在此基础上形成的战略性目标确定了企业在行业中的现实地位和发展蓝图，从而影响到企业在国际化进程中进入东道国市场的时机选择；此外，企业评估市场信号和把握市场机会也将会影响到企业对东道国市场的进入时机选择。从外部环境来看，东道国投资环境优越与否也将影响到企业对该市场的识别和把握，从而影响到企业进入该市场的时机选择。研究表明，拥有更高国际化程度和更大范围经济的大型企业将较早进入中国市场，而且非股权模式、产品市场竞争者行为和较低程度国家风险将有助于吸引这些跨国公司尽早进入中国市场(Gaba,Pan and Ungson,2002 JIBS)。这表明,股权模式与进入择机之间存在相关关系。在进入模式方面,从产权性质来看,进入模式可以分为两大类,分别是股权进入模式(比如合资企业或独资企业)和非股权进入模式(比如出口、许可和非股权联盟等)。从风险担当角度来看,股权进入模式比非股权进入模式需要更大的风险担当。在进入择机方面,由于企业进入市场将面临文化差异等诸多外来者劣势,从而需要面对诸多经营风险,因此为了降低早期进入东道国市场面临的各种经营风险,企业倾向于采取非股权进入模式。但是,随着企业对东道国市场的了解程度不断提高,其所面临的外来者劣势也将逐渐降低,这时企业将倾向于采取股权进入模式。本世纪初在华外资企业的独资化浪潮,更是说明了这种关系。

三、跨国公司从合资到独资的独资化倾向

虽然诸多文献考察了企业在进入海外市场时的所有权选择,但是鲜有文献对企业在海外市场的"所有权变更"加以研究。企业所有权具有动态性,在海外市场进入模式方面,已有研究较多关注企业初始进入方式(Agarwal and Ramaswami,1992 JIBS;Tihanyi,Griffith and Russell,2005 JIBS),有部分学者认识到合资企业具有不稳定性(Inkpen and Beamish,1997 AMR),而对于东道国市场进入以后的所有权变更则关注不足。1997 年以前,跨国公司主要采取合资方式进入中国市场,这种情况在 1997 年之后有所变化,这主要归因于中国政府对在华子公司的监管政策方面上的变化。典型的所有权变更企业有三菱(Mitsubishi)、西门子(Siemens)和雀巢(Nestle)等跨国公司。

基于交易成本理论和制度基础理论,Puck,Holtbrugge and Mohr(2009 JIBS)考察了在华外资企业从合资企业转向全资企业的独资化浪潮,并考察了哪些因素能够预示这种独资化浪潮。改革开放初期,中国政府严格的政策性管制使得在华跨国公司只能采取合资方式进入中国市场。随着中国政府政策性管制的不断松绑,越来越多的跨国公司选择独资方式来进入中国市场,而原先合资企业也在逐步转型为独资企业,这种独资化浪潮现象在 1997 年之后尤为明显。我们可以通过对在华跨国公司独资化浪潮进行分析,找出其行为背后的理论逻辑,从而为中国企业在国际化进程中科学合理地选择进入模式提供借鉴。

在分析企业独资化浪潮现象时,需要结合交易成本理论和制度基础理论来加以解说。交易成本理论经常被用于解释企业进入新市场时的所有权选

择，但是在单独运用到企业国际化进程中的进入模式选择时受到质疑(Gomes-Casseres，1990 JIBS；Reuer and Tong，2005 JM)。一些学者建议将交易成本理论与制度理论相结合以更好地解释企业海外市场进入模式选择(Lu，2002 JIBS)。Puck，Holtbrugge and Mohr(2009 JIBS)认为这种理论结合也有助于解释在华跨国公司的独资化浪潮现象。Buckley(2007 Scandinavian Journal of Management)提出了“被迫合资企业”(forced JVs)的概念，认为一些企业之所以选择合资形式进入东道国市场并非基于市场考量而是迫于外在压力。从纯市场行为角度来看，根据交易费用理论，企业在选择进入模式时将考虑各种进入模式的潜在成本与潜在收益，将会考虑内部化协调成本与市场化交易成本。已有研究关注到企业国际化模式的后续转换问题，但主要是考察从出口到对外直接投资(Buckley and Casson，1981 The Economic Journal)或者从出口到合资企业(Pennings and Sleuwaegen，2004 Economic Modeling)，但是缺乏关注合资企业的独资化倾向。Puck，Holtbrugge and Mohr(2009 JIBS)弥补了这一学术研究空白，认为基于交易费用理论，合资企业反映的是混合治理模式，介于完全市场治理和完全内部治理之间。他们分别基于交易费用理论和制度理论，阐述了本土化知识、资产专用性、外部不确定性、文化距离、内部同构化压力以及政府管制复杂性等因素对于独资化倾向的影响作用。

1. 本土化知识与独资化倾向

Hennart(1988 SMJ)基于交易成本理论，认为在如下情况下合资形式优于独资形式：一是，中间品交易市场失灵；二是，取得或复制产品制造所需资产的成本高于通过合资协议而拥有这些资产。中间品包括产业特定知识、国别特定知识、市场知识和分销渠道等(Hennart，1991；Makino and Neupert，2000)。就中国市场而言，中国独特制度背景决定了在华跨国公司拥有中国本土化知识是极其重要的，这就迫使企业采取合资形式进入中国市场(Zhao and Zhu，1998 IBR)。本土化知识涵盖市场制度、规制框架、经济条件、政治形式和行业文化等综合知识(Inkpen and Beamish，1997 AMR)，这些知识对于在华跨国公司极其重要(Beamish and Jiang，2002 Long Range Planning)。随着在中国经营经验的提高，在华跨国公司对于这种具有中国独特制度背景的本土化知识的认知能力得到提高，从而降低了对于本土合作伙伴的依赖度。结合企业国际化渐进过程理论，可以认为随着企业对于东道国本土化知识了解程度的不断提高，合资企业倾向于转为独资企业。这一研究发现对于中国企业国际化具有重要意义，中国企业在国际化进程中，需要注重积累东道国市场知识,通过合资方式进入东道国市场。但是随着中国和外国之间在文化和科技等领域的交往日益密切,中国企业将越加了解其他国家,其他国家也将越加了解中国。这种国与国之间的文化交流与互动,将会有助于中国企业提高对东道国市场的认识,从而降低其在国际化进程中面临的外来者劣势,进而倾向于采取独资方式而非合资方式进入东道国市场。

2.资产专用性与独资化倾向

随着资产专用性的提高,市场交易将会面临更大风险,从而引导企业将市场交易内部化。在国际投资背景下,资产专用性提高了企业市场交易成本,因此企业倾向于将市场交易内部化。资产专用性越高,资产被用于企业特定情境以外的成本也将越高。当企业拥有特定的技术知识和管理知识时,其资产专用性将较高。将这种具有专用性的知识运用于国际合资企业将会带来经营危险以及合作伙伴的机会主义行为。为了降低这种风险,交易费用理论建议将这些资产内部化,亦即通过公司内部管理协调而非通过公司外部市场交易。实证研究支持了该观点,认为资产专用性将显著促进企业在进入东道国市场时选择独资模式(Lu,2002 JIBS;Chen and Hu,2002 IBR;Erramilli and Rao,1993 JM)。随着中国科技水平的提高和企业品牌的提升,特别是诸如华为和海尔等中国企业开始拥有自己的核心技术和专用资产,这就要求他们在国际化进程中逐步采取全资方式而非合资方式进入东道国市场,以提高对专有资产的运用成效。

3.外部不确定性与独资化倾向

根据交易费用理论,影响企业所有权模式的另一因素是外部不确定性。外部不确定性是指企业无法施加影响的风险因素,涉及政治风险、经济风险和社会风险等。外部不确定性将会影响到跨国公司国际化进程中所面临的外来者劣势,从而进一步影响到其国际化偏好。东道国本土企业拥有本国或本地区独特经营知识从而有助于减少经营风险,而合资方式有助于跨国公司通过资源分享和风险共担来减少市场投资承诺从而减少外来性风险。在海外市场进入模式方面,如果企业面临高度的外部不确定性,那么企业倾向于采取合资方式来减少外来者劣势;当企业进入东道国市场以后,如果其所面临的外部不确定性没有得以缓解,那么企业将倾向于保留合资方式而降低独资化倾向。针对中国企业而言,中国企业在国际化进程中,由于在政治、经济、社会、文化和科技等领域存在国别差异,中国企业正处于国际化成长阶段,还远未达到西方发达国家的成熟阶段,因此在东道国环境不确定性方面承受能力较低,这就要求中国企业在投资到西方等制度较为完善的国家或地区时,可以采取独资模式；而在进入非洲和东欧等制度相对不完善的国家或地区时，可以采取合资方式进入。

4.文化距离与独资化倾向

东道国与母国之间的文化距离，是影响企业海外市场进入模式选择的重要因素。文化距离提高了市场交易的不确定性和交易费用（Hennart and Larimo，1998 JIBS；Chen and Hu，2002 IBR）。Chen and Hu（2002 IBR）将文化距离定义为“母国与东道国在价值和信仰方面的差异”，高文化距离将会带来更大的不确定性从而增加交易成本。根据 Erramilli and Rao（1993 JM）的研究观点，合资模式将会减少由文化距离带来的沟通成本和控制成本。一般而言，在高度文化距离的情况下，企业难以单独管理其海外业务。但也有研究认为，高文化距离将会引致企业采取高所有权方式甚至独资方式进入东道国市场（Anand and Delios，1997 JIBS）。但是，大部分研究认为，高文化距离将会带来交易成本增加从而引致企业采取合资方式进入东道国市场。基于此，Puck，Holtbrugge and Mohr（2009 JIBS）认为，文化距离将会减弱国际合资企业的独资化倾向。这一研究发现对于中国企业而言具有重要意义，中国企业应该采取合资方式进入“心理距离”较远的东道国市场，比如非洲国家和东欧国家。而对于诸如香港、澳门和台湾地区，以及新加坡和马来西亚等华人聚集地区，由于“心理距离”相对比较小，可以倾向于采取独资方式进入这些市场。

5.内部同构化压力与独资化倾向

制度理论认为，企业所处环境将会深刻影响到企业的战略制定和战略实施。这一环境经常包括政治环境、经济环境和社会环境等。组织面临来自各方的同构化压力，以使其与所处环境保持一致，这就使得组织行为并非完全基于市场最优化，而是必须考察其所处环境带来的同构化压力。制度理论高度关注制度情境在组织决策制定中的重要性，强调企业需要遵从制度环境而不至于违背制度环境。在企业海外市场进入模式选择方面，一些学者关注到制度环境对企业海外市场进入模式的影响作用（Yiu and Makino，2002 OS）。Martinez and Dacin（1999 JM）研究认为，社会对于组织形式合宜性和组织行为合宜性的预期，要求组织在社会思考和社会行动上保持与规则一致的身份。这种对于组织的规制性、规范性和认知性的社会预期被认为是一种同构化压力/同构化约束。基于这些预期来源的不同，Rosenzweig and Singh（1991 AMR）将内部同构化约束和外部同构化约束明确区分开来。

在海外市场进入情境下，内部环境涉及境外企业与母公司之间的关系，而外部环境则涉及组织外部因素，例如东道国国别文化和法律制度等。制度理论既被用于解释企业海外市场进入模式(Yiu and Makino,2002 OS),也被用于解释国际合资企业的独资化倾向(Puck,Holtbrugge and Mohr,2009 JIBS)。内部同构化压力主要源于母公司与海外企业之间的相互依赖程度,以及母国对于海外企业的影响程度。海外企业在管理海外事务时必须遵循母公司管理原则的压力,将会随着海外企业与母公司之间相互依赖程度的提高而提高。相互依赖程度不断提高,海外企业面临的内部同构化压力不断增强,从而要求海外企业采用与母公司相同或者相类似的管理原则。在这种情况下,海外企业在处理与海外合作方关系时所拥有的自由度和柔性度随之下降。合资形式要求跨国公司海外企业拥有一定的行为自由度和柔性度,从而放缓甚至阻碍海外企业对母公司管理实践的采纳和模仿。基于以上观点,Puck,Holtbrugge and Mohr(2009 JIBS)研究认为,母公司与海外企业之间的资源相互依赖性程度和母公司对海外企业的控制程度减少了跨国公司对于合资方式的容忍度,从而进一步要求提高独资化倾向,也就是说跨国公司海外企业所面临的内部同构化压力将会提高国际合资企业的独资化倾向。这一点对于中国企业而言也就有重要借鉴意义。整体而言,中国企业在管理模式上倾向于总部控制,特别是诸多中国民营企业本质上是家族企业,这些企业在国际化进程中偏好谨慎原则,海外企业对母公司的依赖程度较高,母公司对海外企业有着较高的控制程度。在这种情况下,中国企业(特别是民营企业)在国际化进程中倾向于采取独资方式进入海外市场,以满足控制其海外企业经营实践的管理原则。

6.政府管制与独资化倾向

政府管制是企业国际化经营过程中必须面对的外在环境。考虑到外部同构化压力,制度理论高度重视政府管制对海外市场进入模式选择的影响作用(Gomes-Casseres,1990 JIBS)。2001 年以前,国外跨国公司在进入中国市场时面临着合资模式的强制性要求,随着中国政府对外资管制政策的逐步松绑,这些企业具有独资化倾向。但是,虽然这些合资模式的强制性要求逐步消失,但是政府管制仍然是影响企业国际化进入模式选择的重要因素。跨国公司进入东道国市场的首要问题是获得东道国市场合法性,亦即取得在该新市场开展活动的权力(Yiu and Makino,2002 OS)。这就要求跨国公司时刻了解和洞察东道国政府管制政策。这些政府管制政策越加复杂,跨国公司就越加需要借助于东道国本土企业来克服其外来者劣势,从而取得经营合法性。诸多研究表明,企业在国际化进程中如果面临复杂的东道国管制环境,那么这些企业将倾向于采取国际合资企业的方式进入其东道国市场。基于此,Puck,Holtbrugge and Mohr(2009 JIBS)认为，在独资化浪潮背景下，如果国际合资企业面临着高度复杂的政府管制政策，那么这些企业将会降低其独资化倾向。

四、中国企业境外投资进入模式理论解释

1. 中国企业境外投资进入模式类型

随着中国政府“走出去”发展战略的不断深入与发展，中国企业国际化进程在不断加快。中国企业在国际化进程中，不乏企业倾向于采取绿地投资方式进入海外市场(比如海尔)，也有企业倾向于采取跨国并购方式进入海外市场(比如联想)。Child and Rodrigues(2005 MOR)在案例研究的基础上，考察了中国企业在寻求技术和品牌资产的过程中可供选择的三种进入方式，分别是作为原始设备制造商(OEM)而成立合资企业、并购海外企业和在海外进行绿地投资等国际扩张。但整体而言，中国企业在国际化进程中，倾向于采取跨国并购方式进入东道国市场，跨国并购成为中国企业境外投资的主要形式。例如，2012 年，中国有影响力的跨国并购案有：一是，三一重工以约 4.2 亿美元收购德国普茨迈斯特，标志着德国著名中型企业与中国企业的首次合并，刷新了中国工程机械行业的海外并购纪录。“全球最大的混凝土机械制造商”收购“全球混凝土机械第一品牌”，强强联合的品牌叠加效应，将重塑全球工程机械行业的竞争格局。二是，大连万达以 26 亿美元收购美国 AMC 影院公司，成为中国民营企业在美国最大宗的企业并购，也是中国文化产业的最大宗的海外并购，收购世界排名第二的院线集团 A M C 影院公司，使万达一跃成为全球最大电影院线，此项收购也标志着中国企业海外并购已从能源资源和制造业等传统领域逐渐扩展至文化产业等更高层次。三是，中海油以 151 亿美元并购加拿大尼克森公司，成为中国企业迄今为止在海外获批的最大宗收购案，也是加拿大自 2008 年爆发金融危机以来的最大金额外资收购案。在全球经济复苏乏力的当下，这桩“超级交易”将提振相关行业及整体经济的投资和商业信心，为未来中国企业“走出去”提供重要案例。四是，中国财团以 52.8 亿美元收购国际飞机租赁公司，成为中国企业在美国最大规模的一次股权收购，也是该年度西方金融机构向亚洲企业出售航空租赁业务的三大交易之一。美国国际集团宣布，将旗下国际飞机租赁金融公司 90％的股权出售给新华信托牵头的中国企业集团。国际飞机租赁金融公司是全球资产第二大飞机租赁

公司，而中国是其最大单一市场，这项收购将改变中国飞机租赁市场的竞争格局①。为了实现其战略性资产获取动机，中国企业境外投资采取了跨国并购或者绿地投资的进入方式。根据跨国投资主流理论，只有占有绝大多数股权的企业才能展示其经济意图、战略能力和资源承诺，中国企业在境外投资过程中也倾向于采取全资方式或者以大股东身份进入东道国市场。以下将就中国企业在国际化进程中特别是在进入模式方面面临的问题进行分析。

2.外来者劣势与进入模式选择

外来者劣势是企业国际化进程中不可避免的经营障碍，如何克服外来者劣势是国际商务研究的重要问题。企业克服外来者劣势的方式有很多，比如通过尽职调查、声誉建设、经验积累和共同控制等。然而，这些不同方式在克服外来者劣势成效方面，将会随着企业海外市场进入模式不同(跨国并购抑或绿地投资)而存在差异。特别的，中国企业在国际化进程中，将面临着更为严重的外来者劣势问题。这种外来者劣势体现在经济体制差异、东西方文化差异、法律环境差异、经济发展水平差异以及企业自身经营能力水平差异等方面。这就要求中国企业在国际化进程中，充分考虑其所面临的外来者劣势问题，并采取合适模式进入东道国市场，以克服其所面临的外来者劣势，从而更好地提高企业国际化经营业绩。

Klossek，Linke and Nippa(2012 JWB)以在德中资企业为例，考察了中国企业在境外投资过程中，如何通过进入模式选择来缓解外来者劣势问题。基于对 7 家中国跨国公司及其利益相关者的 31 位员工进行半结构性面谈得来的访谈数据，Klossek，Linke and Nippa(2012 JWB)研究发现，中国企业已经累积了国际化经验，并且其降低外来者劣势的战略选择依赖于其东道国市场进入模式。Klossek，Linke and Nippa(2012 JWB)的研究基于实地深度访谈，考察中国企业如何通过绿地投资或者跨国并购的进入方式进入德国市场，以缓解其外来者劣势，该研究从如下六个方面来对此加以阐述。第一，尽职调查(due diligence)。企业在市场拓展时，需要通过尽职调查来降低投资风险。在国际化背景下，企业需要通过尽职调查来减少外来者劣势，从而提高市场进入成效。基于实地案例访谈，Klossek，Linke and Nippa(2012 JWB)发现，采取跨国并购方式进入德国市场的中国企业在国际化进程中进行了更高程度的尽职调查，而通过绿地投资方式进入德国市场的海尔等公司在尽职调查方面则

① 具体信息可参考新华网：http://news.xinhuanet.com/energy/2013-01/08/c_124200164.htm。

相对较低。基于此，Klossek，Linke and Nippa(2012 JWB)提出如下命题：中国企业在进入发达国家市场时，相对于采取绿地投资方式而言，采取跨国并购方式更能通过尽职调查来缓解外来者劣势。第二，声誉构建和可靠性提高(reputation building and reliability enhancement)。Luo and Tung(2007 JIBS)研究认为，中国企业在缓解外来者劣势方面，可以通过构建组织声誉和可靠性来提高利益相关者对其信赖程度，因此在东道国建立起政府联系和社会联系是极其重要的。就跨国并购而言，并购方通常借助沟通机制和信号机制来在投资目的地建立起声誉和可靠性。基于此，Klossek，Linke and Nippa(2012 JWB)提出如下研究命题：中国企业在进入发达国家市场时，相对于采取绿地投资方式而言采取跨国并购方式更能通过声誉机制构建和可靠性提升来缓解外来者劣势。第三，先前经验(prior experience)。先前经验被认为是企业缓解外来者劣势的重要方式，诸多针对中外合资企业的学术研究表明，企业合资时间有助于提高企业合资取得成功(Wang，Wee and Koh，1999 JWB；Nippa，Beechler and Klossek，2007 MOR)。Child and Rodrigues(2005 MOR)在《中国企业国际化：理论拓展案例》一文中，认为中国企业通过OEM和合资企业获得了知识和能力，这些知识和能力有助于他们克服外来者劣势从而更好地管理其境外投资项目。基于此，Klossek，Linke and Nippa(2012 JWB)提出如下研究命题：中国企业在进入发达国家市场时，无论是通过跨国并购还是绿地投资，其先前的国际化投资经验有助于其缓解外来者劣势。第四，控制权共享(share of control)。企业在国际化过程中，“二元领导机制”(system of dual leadership)是较为经常被使用的控制机制。在这种领导机制下，来自不同文化背景的管理者共同参与公司管理，分享其管理控制权。案例研究表明，相对于绿地投资而言，跨国并购方式下企业更倾向于通过共享控制权来缓解外来者劣势(Klossek，Linke and Nippa，2012 JWB)。此外，Klossek，Linke and Nippa(2012 JWB)还针对工作共享(share of work)和关键雇员角色(key employee roles)两个方面对比分析了跨国并购和绿地投资两种不同模式下中国企业缓解外来者劣势的差异情况。Klossek，Linke and Nippa(2012 JWB)架起了进入模式研究与外来者劣势研究直接的桥梁，从而能够更好地为企业如何克服外来者劣势提供决策借鉴。

3. 政治联系与进入模式选择

Cui and Jiang(2012 JIBS)以2000—2006年间132起中国企业境外投资实践为研究样本，考察其政治联系对其进入模式选择的影响情况。他们将制度理论运用于中国企业国际化进入模式分析，考察了企业在国际化进入模式选择时对于外在制度过程的差异化反应，以及企业的政治联系对其进入模式选择的影响情况。研究认为，国有产权属性使得中国企业与中国政府之间保持政治联系；政治联系一方面将提高企业对政府的依赖性，另一方面也将影响到其在东道国的身份识别。这种依赖性和政治知觉压力要求企业尊崇同构化制度压力。研究发现，母国规制制度和东道国规制制度与规范制度对企业选择合资形式进入东道国市场的压力，随着国有产权比例的提高而增强。

政治联系属于制度理论范畴，因此考察政治联系对进入模式的影响，就必须基于制度理论来对其进行解释。制度理论声称，社会行为锚定于规则制度和文化氛围，制度作为一种“游戏规则”(rules of game)包含了正式的规制制度(formal/regulative)、非正式的规范制度和认知制度(informal/normative and cognitive)。在特定组织领地内，现存的正式规制制度、非正式规范制度和认知制度决定了能够为社会所接受的组织结构形式和组织行动形式。组织为了获得其所在组织领地的合法性认可，就必须遵从和采纳其所在领地已达成共识的商业模式、商业实践和商业结构等。因此，来自制度的同构化压力将会影响和限制企业的战略性选择。在国际化背景下，企业面临的任务环境涉及外部环境和内部环境，因而其国际化行为必须嵌入于母国环境和海外环境，企业将同时面临来自母国和东道国的同构化压力。具体而言，这些同构化压力来自母国的规制制度、东道国的规制制度和规范制度。与此同时，海外企业也将面临跨国公司内部制度压力，当海外企业所面临的内部制度压力与外在制度压力出现冲突时，不同企业将会对此冲突作出不同回应。但是，如果企业隶属于外在环境而非市场自由经营主体，那么它们在面对外在环境制度压力时，将难以完全从自身利益角度出发遵循自由市场竞争规则来作出战略选择，而是会考虑到其对于外在环境的隶属身份。中国国有企业对于国家政府的隶属关系，决定了这些国有企业在国际化进程中的重大战略抉择点时，必须考虑到政府对其担当政治任务的期待。

政治联系作为一种特殊的制度背景，对于中国企业海外市场进入模式选择的影响，主要表现在其对合资模式抑或独资模式的直接作用和调节作用。在直接作用方面，政治联系对海外市场进入模式(独资模式/合资模式)的影响表现在两个方面。一方面，由于企业在国际化进程中将会面临外来者劣势威胁，对于来自东道国环境的经营风险持谨慎态度。对于国有企业而言，由于他们特殊的政治隶属关系，使得这些企业在国际化进程中对经营风险持乐观态度。在这种情况下，相对于民营企业而言，国有企业对经营风险有着更大的承载能力，因而倾向于采取独资方式进入东道国市场。另一方面，由于合资模式有助于中国企业经由合资企业来学习国外合作伙伴在技术、管理、品牌等方面的知识和能力，从而提高其自身的经营水平。因此，具有政治联系的企业在国际化进程中，将会面临母国政府对其的政治任务期许，亦即母国政府会鼓励这些国有企业在国际化进程中采取合资方式进入海外市场以便能够有更多机会来学习和提高在技术、管理和品牌等方面的知识和能力。基于以上分析，我们可以发现，政治联系对于国有企业在国际化进程中采取独资模式抑或合资模式进入东道国市场，存在着两种不同方向的影响作用。因此，Cui and Jiang (2012 JIBS)将政治联系作为控制变量，纳入母国制度环境/东道国制度环境对于选择合资模式抑或独资模式的影响分析框架。

在调节作用方面，政治联系调节了母国规制制度、东道国规制制度和东道国规范制度对于企业选择独资模式抑或合资模式的影响作用。第一，母国规制制度(home country regulative institution)。由于政治联系的缘故，国有企业在国际化进程中，其战略性决策将受到母国政府的政策性干预。例如，中国政府委托国资委对国有企业国际化担当监督职责，以保证其在国际化进程中能够避免资金外流和盲目投资。中国国家商务部也获得授权来管理中国企业境外投资许可证发放。这些政策性监管目的在于规范和引导中国企业在国际化进程中能够遵循国家意志，国家商务部和国资委有权否决那些不符合国家宏观政策的跨国投资行为。中国企业在国际化进程中进行重大战略决策时，其自身发展意愿可能与国家政策导向存在分歧，在这种情况下中国企业的国有产权属性就表现出其重要性。国有企业在进行重大战略决策时将会考虑到国家政府对其提出的政策性任务，从而需要更好地遵从这些政策性同构化压力，以强化母国政府对其海外企业进入模式的影响程度。也即是说，国有产权属性调节了母国政策性制度安排对其境外企业进入模式选择的影响情况。第二，东道国规制制度(host country regulative institution)。东道国政策环境也是影响企业国际化的重要因素之一，东道国政府可以通过各种政策性规定来引导跨国公司投资导向。对于跨国公司而言，他们借助于合资模式取得东道国本土企业支持，从而克服其面临的外来者劣势，已有研究表明东道国政策性压力将会增加跨国公司采取合资方式进入东道国市场的倾向性(Yiu and Makino，2002 OS)。对于中国国有企业而言，政治联系将会改变东道国政府和民众对其的身份认可度。东道国政府和民众可能会认为，这些中国国有企业的国际化并非纯粹商业行为，而是具有政治意图，因此将对这些企业进入该国市场进行严格审查，特别是当这些企业的市场进入将会对其国内企业运营产生较大影响时。虽然跨国公司在面临来自东道国制度压力时可以通过政治协商(political negotiation)来建立正面的外在联系以取得合法性而避免屈服于外在同构化压力(Kostova,Roth and Dacin,2008 AMR),但是这种由于政治联系而带来的负面的政治形象使得这种政策协商存在极大困难,并且这种负面形象在民众和媒体下被进一步放大化(Zhang,Zhou and Ebbers,2011 IBR)。因此,可以认为,国有企业由于其国有产权属性而改变了东道国政府和民众对其投资动机的认识,改变了其外在形象,从而调节了东道国规制性制度环境对企业海外市场进入模式的影响作用。亦即国有产权比例越高,可感知东道国规制制度对企业选择合资模式进入东道国市场倾向性的影响程度就越高。第三,东道国规范性制度(host country normative institution)。社会期待对于企业经营成功与否具有重要的影响作用。企业在国际化进程中,能否取得来自东道国的社会认同,对于其国际化成功极其重要。为了具有社会合法性,海外企业需要遵从当地规范制度,否则将会面临各种外来者劣势。在对待东道国规范性制度所带来的外来者劣势问题上,制度理论学者建议企业采取合资方式进入东道国市场,以借助合作伙伴来获取进入合法性并减少同构化压力。但是,对于国有企业而言,其政治形象将会影响到东道国民众对其合法性的认知,从而影响到对其的接受程度。其次,国有企业还具有官僚组织形象,被认为是缺乏市场效率的,这进一步恶化了东道国民众对国有企业的社会期许,使得国有企业难以获得东道国民众对其的合法性认可。在这种情况下,国有企业更加需要通过合资方式进入东道国市场,以借助合作伙伴来取得合法性。以及国有企业的国有产权属性调节了东道国规范制度对于其进入模式选择的影响。国有产权比例越高,东道国规范制度的感知压力对于企业选择合资方式进入东道国市场的选择倾向更高。

第八章　中国企业境外投资合法性管理研究

合法性(Legitimacy)一词在政治学中通常被用来指政府与法律的权威为民众所认可的程度。合法性概念也被应用于与权威问题有关的非政治领域，诸如雇主权威和行为正当性等。广义的合法性概念涉及广泛的社会领域，比法律和政治有着更加广泛的范围，并且含有社会适用性内涵。合法性是指符合某些规则，法律只是一种特殊规则，社会规则还有规章、标准、原则、典范以及价值观和逻辑等。因此，合法性基础可以是法律程序，也可以是社会价值先例。合法性必须拥有共同认可基础，这种认可可以是神秘的或是世俗的力量。对合法性基础的认识最经典的是马克思・韦伯的概括，他将之分为传统型、法理型和魅力型。在国际商务研究领域，合法性内涵源于社会学领域，但被运用于企业国际化战略中，是指企业在国际化进程中为其组织领域所认可和接纳的程度。合法性意味着社会民众和政府组织对企业行为的认可和接纳程度，从而决定了企业能否有效进入并融入东道国环境。合法性不足将意味着企业面临外来者劣势威胁且难以得到认同，因而其国际化进程将面临更大的经营困难。

一、合法性的内涵与分类

1. 合法性的内涵

合法性(legitimacy)是组织研究的核心构念。早期管理学家将组织视为理性系统(rational systems)，20 世纪 60 年代末管理学者逐渐将组织视为“开放系统”(open system)。Powell and DiMaggio(1991)等制度理论学者强调，组织环境的动态性不仅源于技术因素而且源于文化、信仰和礼节等。在这场对组织的认识转变中，合法性扮演着重要作用，Parsons(1960)和 Weber(1978)的研究成果成为合法性研究的奠基性文献。在合法性定义方面，诸多学者给出了其独立见解，早期学者强调从评价角度或认知角度来加以定义。Maurer(1971)从评价角度，将合法性定义为组织向其同僚或者上级组织证明其生存权利的一种过程。Dowling and Pfeffer(1975)、Pfeffer and Salancik(1978)和 Pfeffer(1981)保留了 Maurer(1971)从评价视角来定义合法性的研究观点,但是强调合法性是一种文化遵从而非自我辩解,是组织行为所隐含的社会价值与更大范围社会系统所秉持的可接受行为准则之间的一致性。Meyer and Scott(1983)和 Scott(1991)则从认知角度,将合法性定义为已经形成的文化制度能够用于解释组织存在的程度。Suchman(1995 AMR)基于对以上学者观点的归纳性总结,结合从评价角度和认知角度来定义合法性的方法,对合法性作出如下定义:合法性是一种共同认识或者共同假定,认为组织行为在社会结构化的规范体系、价值体系、信仰体系和规章制度中是受人欢迎的、正当的和恰当的。① 组织合法性依赖于群体评价而非个人观点,有助于提高组织行为的稳定性和可理解性。合法性有助于组织的持久性发展,这是源于社会大众对于合法性组织更加信赖,愿意提供更多支持性资源来促进组织生存与发展;行为缺乏合法性的组织,更加容易受到非议从而显得更加脆弱。合法性有助于组织的生存与发展,但是不同情境下组织对合法性的需要存在差异。如果组织行为仅仅是为了保持其已有状态,则只需要较低程度的合法性支持,其行为只要有意义即可(an organization need only "make sense")。如果组织行为是为了突破已有状态,则需要较高程度的合法性支持,其行为必须能够增加价值(it must also "have value")。

2.合法性的分类

在《组织合法性:战略视角和制度视角》一文中,Suchman(1995 AMR)整合了组织合法性的大量研究文献,指出组织合法性研究存在两大阵营,分别是战略方视角(strategic approach)和制度视角(institutional approach)。战略视角主要源于 Jeffrey Pfeffer 及其同事的研究文献,认为"社会组织的竞争与冲突涉及参与方的信仰和观点"(Pfeffer,1981)。在该视角下,战略合法性相关文献视合法性为运作资源(operational resource),认为组织将从其文化环境中萃取出这种资源以用于实现其组织目标(Dowling and Pfeffer,1975);认为组织将对其合法化过程保持高度的管理控制,将象征和礼仪等与销售、利润和预算等区分开来,认为管理者倾向于象征主义的柔性和经济性,而选民倾向

① 原文如下:Legitimacy is a generalized perception of assumption that the actions of an entity are desirable, proper, or appropriate with some socially constructed systems of norms, values, beliefs, and definitions. 参见 Suchman, Mark. Managing legitimacy: strategic and institutional approaches[J]. Academy of Management Review. 1995, Vol. (3)571—610:574.

于实质性回应(Ashforth and Gibbs,1990)。因此,战略视角下的组织合法化过程被认为是有预谋的、算计的和相互攻击的。与战略视角不同,制度视角将合法性认为是一种结构信仰(constitutive beliefs),认为组织并非仅仅关注于从其外在环境中萃取合法性,而是外在制度从多个维度渗透进组织中来,认为合法化近乎等同于制度化。与战略视角学者强调考察特定核心组织的战略性合法化努力不同,制度视角学者强调组织生活的集体结构化。然而,由于现实世界面临着来自战略性运作资源挑战(strategic operational challenges)和制度性结构压力(institutional constitutive pressures),因此有必要将两种视角整合起来,以更加真实地反映出合法性在组织变革中的作用。基于前人对组织合法性研究的诸多文献,Suchman(1995 AMR)将合法化归纳为三种形式,分别是实用型的(pragmatic)、道德型的(moral)和认知型的(cognitive),考察了每种形式合法化的取得、维持和修正的战略方法,并分析了每种战略方法的优缺点。实用型的、道德型的和认知型的合法性都强调组织行为在既定社会结构化行为体系中应该是受欢迎的、合适的和适当的,但他们在行为动力(behavioral dynamic)方面存在不同观点。

二、合法性的管理

组织面临来自多方利益相关者的利益诉求,难以完全满足不同参与方对其合法性提出的各种期待和挑战,但组织仍然应该通过其自身努力来满足既定情境下各参与方对受欢迎的、适合的和适当的组织行为的诉求,合法性挑战及其管理成为组织管理者必须正视的重要问题。与文化过程类似,合法化过程需要组织与其外在环境保持密切沟通。由于合法性是个动态累积的结果,因此有必要从合法性获取、合法性维持和合法性修补三个角度来系统考察合法性挑战及其管理策略。这也是 Suchman(1995 AMR)所秉持的研究观点。在《组织合法性:战略视角和制度视角》一文中,Suchman(1995 AMR)归纳整理了组织合法化战略类型,从合法性获取、合法性保持和合法性修复三个方面,分别阐释了实用型合法性、道德型合法性和认知合法性的战略选择。

1. 合法性获取的挑战与管理

组织在踏上新业务线的征程中,特别是那些在社会环境中没有先验可供借鉴的新业务线,经常面临来自各利益相关者对该业务线可行性的质疑压力,面临着新来者劣势的挑战。当新进入者面临技术难题和制度空白的情境时,他们需要足够的资源来支持建立新业务线，建立起客观性和外在性，以证实该新业务线与旧业务线之间是相互独立的。新业务线既需要植根于已有业务线，同时也必须证实其独立性，从而造成了新来者劣势。例如，和平利用核能来促进社会发展是核能利用的重要形式，但是这必须与战争核武器开发区别开来以保证其合法性，民用核设施既源于军用核技术但是又必须与军用核设施区别开来。面对这种新来者挑战，Suchman(1995 AMR)提出可以采取三种战略来应对，这三种战略分别是遵从合法性战略、选择合法性战略和操纵合法性战略。遵从合法性战略强调组织同构策略，组织通过改变自身和采取社会认可的形式和做法来获得实用的、道德的和认知的合法性；选择合法性战略强调组织在其现有环境中选择能够并愿意支持其行为的外在参与者；操纵合法性策略强调组织通过创造支持其行为的参与者和新的合法性信仰来操纵其环境结构。

2.合法性维持的挑战和管理

与合法性获取和修补相比，合法性维持相对较为容易，但是也不能忽视其重要性和面临的各种挑战，包括受众差异性大导致难以在创新问题上达成一致、稳定性导致组织刚性不利于创新和制度化引发反对声音等问题。这些问题在组织面临变革需求时将特别突出，因为组织变革需要打破既有习俗等合法性基础，这就要求组织需要对其合法性进行调整以保持其存在的合理性。组织合法性是个动态发展过程，组织需要采取包括预测未来变化和保护已有成果等各种行为来维持合法性(Suchman,1995 AMR)。在预测未来变化方面，组织需要提高对公众反应的识别能力和预测未来即将出现的各种挑战的能力，亦即需要构建危机预警机制，从而能够对突发事件作出及时反应并采取有效措施来应对各种突发事件。在保护已有成果方面，组织需要将其各种合法性单一事件整合成合法性连续体，从而巩固其合法性。这就要求组织审查其内部运作以避免误判、注重细节和发展支持性的信仰和态度等。

3.合法性修补的挑战和管理

当组织预见性能力不足时，组织合法性可能受到损害，这就要求组织采取各种措施来修补其合法性。特别的，面对各种危机情境，组织合法性常常更加容易流失，过去成功动因在危机情境下可能转变成为进一步前进的阻碍物。合法性危机不仅削弱了管理层的操纵能力，而且还将因为其自我强化循环机制而影响到其原先值得信赖的外部盟友。当组织出现合法性危机时，外部盟友将可能通过各种方式撇清其与该组织的盟友关系，从而进一步加剧组织合法性危机所带来的负面影响程度。面对组织合法性修补存在的各种挑战，

Suchman(1995 AMR)提出三种策略来加以应对,分别是建立规范化制度、重组和冷静应对。

三、合法性与国际化

如何在多维、复杂的全球环境中建立并维持其合法性,是跨国公司面临的重要研究课题。Singh,Tucker and House(1986 ASQ)在《组织合法性与新来者劣势》一文中,考察了外在合法性和内在协调机制是否对新来者劣势产生影响。研究发现,合法性缺失将会提高新来者劣势,以及提高新进者死亡率。鉴于合法性是跨国公司国际化进程中面临的重要问题,以下将从三个方面阐述跨国公司如何影响到合法性以及如何利用合法性促进生存与发展。一是,跨国公司独特性质对合法性带来的管理挑战;二是,合法性能否以及如何提高企业成长;三是,企业在国际化进程中,如何通过股权结构安排来应对合法性挑战。

1.跨国公司独特性质与合法性

随着经济全球化的不断深入与发展,跨国公司在经济全球化过程中扮演着重要角色,同时也是经济全球化的结果。随着跨国公司的不断发展与壮大,社会对于跨国公司的声音存在两种极端。一种是高度鼓吹跨国公司在经济发展中的重要性,另一种是完全否定跨国公司对于社会发展的贡献所在。在此情况下,跨国公司境外投资合法性问题引起学术界和实业界的关注,全球每年都会发生一些影响力较大的反对跨国公司的游行示威。那么跨国公司复杂性是否会影响到其面临的合法性问题?跨国公司又是如何排解这些合法性压力的?这是跨国公司学术界和实业界所必须共同关注的重要问题。Kostova and Zaheer(1999 AMR)在《复杂性情境下组织合法性研究——以跨国公司为例》一文中,考察了跨国公司面临的三种复杂性,分别是环境复杂性、组织复杂性和合法化过程复杂性;在此基础上考察跨国公司整体及其构成合法性差异,提出相应命题来阐释内在合法性和外在合法性以及正负合法性溢出问题。Kostova and Zaheer(1999 AMR)关于跨国公司所面临的复杂性问题及其对于合法性的影响情况汇总如表8-1所示。整体而言,由于跨国公司嵌入于多层次和多维度的组织领域,面临着来自不同层次和不同维度的合法性主体对其提出的合法性诉求与挑战,包括规制合法性、规范合法性和认知合法性等方面。特别的,中国企业在国际化进程中,面临着独特的外来者劣势,特别是在投资于发达国家经济体时将面临着更为严峻的外来者劣势威胁。因此，中国企业在境外投资过程中，需要更加重视合法性取得、维护和发展，以更好地得到东道国合法性评价主体的认可，从而取得更好的发展。在此，中国企业可以通过合资方式来借助于东道国企业取得合法性，或者借由第三方中介机构来提升自身为东道国合法性评价主体所认可。中国企业要重视品牌建设，走一条"走出去、走进去、走上去"的国际化发展路径。

表 8-1　跨国公司面临的与合法性相关的复杂性

影响合法性的因素	复杂性来源	复杂性描述	对合法性的影响
外部制度环境	制度环境的多领域属性	制度环境包括三种类型：规制性制度、规范性制度和认知性制度，它们都将对合法性造成影响	认知领域和规范领域的隐性制度将对跨国公司的合法性寻求过程中提出特殊挑战
	许多存在差异的国别制度环境	由于制度环境存在国别差异，因此跨国公司将面临来自多个国家的制度环境	跨国公司涉及国别越多，其所面临的合法性要求差异性就越大。但是，跨国公司涉及国别越多，该跨国公司更有可能建立起能力来处理不同的制度环境所提出的合法性要求
	母国与东道国之间的制度距离差异	企业的母国与东道国在规制性制度、规范性制度和认知性制度等方面存在的差异性程度或者相似性程度	制度距离越大，跨国公司越加难以理解东道国环境及其对于跨国公司的合法性要求。而且，制度距离越大，组织需要采纳更多实践来满足东道国的合法性要求
内部组织环境	跨国公司面临两种制度环境，一是外部东道国环境，二是跨国公司内部的环境	由于跨国公司生存得到来自母公司和东道国市场的照顾，因此合法性应该同时满足外部制度环境和内部组织环境	内部合法性要求与外部合法性要求之间的矛盾使得跨国公司海外企业在获取外部合法性方面存在诸多困难
合法性过程	有限理性和外来者劣势	由于社会化过程中社会和认知的本质，跨国公司海外企业被接受程度受到东道国环境对海外企业的知觉和态度的影响	外来者劣势给合法性带来了诸多挑战，这是因为：第一，缺乏跨国公司相关信息；第二，判断海外企业时存在刻板效应和采取不同标准；第三，东道国利益群体借由跨国公司作为攻击对象
	合法性在组织内部和组织外部的溢出问题	由于合法性过程中存在有限理性，跨国公司特定海外企业合法性并非独立于与其存在认知相关性的其他企业。	在有限理性情境下，跨国公司合法性与其他类似企业的合法性之间存在相关关系

资料来源：Kostova，T.，Zaheer，S.. Organizational legitimacy under conditions of complexity：the case of the multinational enterprises［J］. Academy of Management Review，1999，Vol. 24，No. 1，64081.

2. 合法性与企业成长

Zimmerman and Zeitz(2002 AMR)在《超越生存:合法性构建与新创企业成长》一文中,认为合法性是企业获取资源的重要资源基础,这种资源对于新创企业成长至关重要,并认为合法性可以通过战略性行为来获取。Zimmerman and Zeitz(2002 AMR)考察了合法性对新创企业的影响以及新创企业合法性来源,提出新创企业取得合法性的战略性行为,分析了新创企业合法性构建过程以及考察了合法性门槛的概念内涵等。该研究对于我们认识合法性如何影响企业成长特别是新创企业成长,具有重要的借鉴意义。

第一,合法性对于新创企业资源获取的影响。合法性是企业行为被社会认同和接受的程度,对于企业资源获取具有重要的影响作用,企业只有得到合法性才能够获取所需资源。在获取资源方面,合法性对新创企业的重要性要大于对成熟企业的重要性,因为社会可以根据成熟企业历史业绩来评判其未来前景,但新创企业往往缺乏足够的经营业绩数据,甚至在业务开展之初经营不善,但并不等同于该业务没有发展前景,在这种情况下,新创企业只能通过向社会展示自身行为合法性来获取认同并获得资源。合法性是企业生存和发展所需重要资源,能帮助新创企业克服"新进者劣势"从而使新创企业能够更易获得生存与发展所需资源。基于此,Zimmerman and Zeitz(2002 AMR)提出如下研究命题:新创企业合法性程度越高,就越能够获得更多资源;以及新创企业获得资源越多,就越能够取得成长壮大。合法性对于力求二次创业的企业而言尤为重要。二次创业意味着企业需要打破既有的商业逻辑,追求商业模式创新,力求通过突破现有制度障碍来取得更大发展。这就需要企业能够有勇气和有能力来打破既有合法性评价主体对其二次创业行为的合法性评价,并取得他们的认可和支持。特别的,对于中国企业而言,其境外投资尚处于发展阶段,因此需要打破已有的商业逻辑,构建新的业务平台,搭建新的竞争规则。所有这些都对中国企业商业行为的合法性管理提出了挑战。

第二,新创企业合法性来源。合法性是个抽象概念,无法直接观察到。它源于社会行动者内心的理解,但这些社会行动者在其思考和决策时并不一定会对合法性产生条件反射。研究者们试图对合法性加以测量,他们采用一系列与合法性来源密切相关的非直接或者代理测量指标。Hunt and Aldrich(1996 WP)提出了分类框架用以分析合法性类型,包括社会政治规制合法性、社会政治规范合法性和认知合法性三个方面。对比制度类型,我们可以发现,Hunt and Aldrich(1996 WP)对合法性的划分与学术界对制度类型的划分(规制制度、规范制度和认知制度)极为相似。一是,在社会政治规制合法性方面,社会政治规制合法性也简称为规制合法性，源于政府、资格认证协会、专业团体甚至权势组织所提出来的规制、规则、标准和期望等。合法性并非仅仅是对制裁作出反应，而是包含着对新创企业的普遍认可，亦即该企业遵循法律和规章的条文和法的精神，从而认为该新创企业是个社会好公民。社会政治规制合法性可以通过遵循法的精神和取得专业资格认证等方式来实现。这些合法性对于企业成长特别是新创企业成长具有极其重要的作用。基于此，Zimmerman and Zeitz(2002 AMR)提出如下研究命题：新创企业获取合法性的途径包括遵循由政府、资格审查协会、专业团体和权威组织所提出来的规章、规则、标准和期望等。二是，在社会政治规范合法性方面，Zimmerman and Zeitz(2002 AMR)提出如下研究命题：新创企业获取合法性的途径包括核准和实施在其业务领域中被广泛认可的价值观和行为准则。三是，在认知合法性方面，Zimmerman and Zeitz(2002 AMR)提出如下研究命题：新创企业获取合法性的途径包括拥护和实施被所在活动领域广泛认同的信仰和假定。对于中国企业境外投资实践而言，我们需要了解并尊重东道国法律法规制度，提高规制合法性认可程度；需要尊重东道国的社会文化习俗，参与其社会文化交流活动，提高规范合法性认可程度；需要重视多层次对外交流与合资，提高其对中国企业品牌的认知度和认可度。当然，所有这些需要中国企业自身拥有足以引起东道国乃至第三方国家的企业和消费者的兴趣和青睐的资源和能力。

3.合法性与股权结构

股权结构是企业行为的重要影响因素。对于中国企业而言，股权结构不仅意味着大小股东的股权体系，而且意味着国有股比重及其对企业决策的影响。所有权结构是中国企业区别于国外企业的重要企业层面因素之一。在国际化背景下，海外企业股权结构选择是国际管理研究的重要议题，该议题试图研究跨国公司在进入东道国市场时是采取合资方式还是全资方式。已有研究主要从以下几个视角来定义海外企业股权结构。一是，将所有权等同于对海外企业战略决策和运作决策的控制权；二是，将所有权等同于跨国公司母公司对海外企业的资源承诺；三是，将所有权视为一种治理机制用以保护跨国公司使其企业独特能力不至于扩散到其合作伙伴；四是，将所有权视为合资企业合作伙伴的互补性资产和能力能够得以联合和交换的一种资源渠道；五是，将所有权视为跨国公司与东道国政府或者东道国企业之间的一种谈判协商结果，它反映出合作双方的相对讨价还价能力。

Chan and Makino(2007 JIBS)在《合法性与多层次制度环境：对海外企业所有权结构的意涵》一文中，基于制度视角考察了合法性对跨国公司海外企业股权结构的影响作用，指出跨国公司海外企业股权结构选择是基于对相对股权结构的成本和收益进行分析的结果。这种成本收益分析主要考虑经济因素，比如最小化投资风险和交易费用、增加资源准入机会和确保对海外企业的更大控制权。虽然海外企业股权结构选择受到经济意愿的影响，但是在制度贫瘠的环境里，股权结构选择难以单独由经济意愿来决定，它还将受到合法性等制度因素的影响(Kostova and Roth，2002 AMJ)。他们基于制度视角考察了东道国国别、东道国本土行业和母公司等对合法性的要求对跨国公司海外企业股权结构的影响作用，为我们理解如何借助股权结构安排来适应合法性要求提供了决策借鉴和研究支持。

近来研究开始关注从组织合法性角度来研究进入模式选择(Chan and-Makino，2007 JIBS)。Chan and Makino(2007 JIBS)基于制度视角，考察了海外企业股权结构选择，将股权结构视为一种社会身份，其目的是遵从内外制度压力从而获得合法性。该文献的核心命题是，海外企业股权结构选择反映了跨国公司试图通过所有权交换以获得东道国市场对其合法性认定和试图保持其内在合法性。具体而言，由其他跨国公司所形成的具有不同股权结构的海外企业表征了该东道国市场海外企业的合法性程度，而跨国公司内部其他子公司表征了该跨国公司的内部合法性，并进而影响到跨国公司对其后续子公司的股权结构选择。Chan and Makino(2007 JIBS)的研究从如下三个方面拓展了已有研究工作。第一，该文献考察了跨国公司试图通过海外企业所有权与合法性交换来顺从制度压力。已有研究考察了跨国公司在进入模式选择上具有模仿倾向性(Lu，2002 JIBS；Yiu and Makina，2002 OS)，但是没有深入考察合资模式下的具体差异，比如是少数股权参与、对等股权参与还是多数股权参与。第二，该文献从东道国国别、东道国产业和母公司等多个层面考察海外企业股权结构选择。Lu(2002，JIBS)考察了发达国家制造业的进入模式选择，而 Yiu and Makino(2002 OS)则考察了大型汽车类和电子类跨国公司，而忽视其他产业中的小型跨国公司。由于跨国公司所必须遵从的制度压力来自东道国国别、东道国产业和母公司等多层次因素，因此有必要从多个层面来综合考察其对跨国公司海外企业股权结构选择的影响。第三，已有研究缺乏考察股权结构与合法性之间的关系，特别是在政治不稳定的投资情境下。已有研究认为，政治不稳定性是跨国公司投资行为的重要影响因素(Delios and Henisz，2000 AMJ)，但是缺乏考察跨国公司在政治不稳定性国家和政治稳定性国家上是否具有相同的合法性获取倾向。

根据 Suchman(1995 AMR)的研究观点，合法性是指社会主体在规则、价值、信仰和定义等社会结构化系统中的行为的惬意性、合适性和合理性，反映了合法性评价主体与合法性被评价客体之间的耦合程度。合法性评价主体基于其自己的制度逻辑，对合法性被评价客体提出同构化要求，要求他们能够遵从已有的合法性规范。在不确定性环境下，企业为了取得合法性经常会遵从甚至屈服于其他成功企业的结构与实践（Lu，2002 JIBS；Yiu and Makino，2002 OS）。Chan and Makino（2007 JIBS）认为，模仿仅仅是取得合法性的一种方式，企业还可以通过所有权与合法性交换来取得合法性。合法性管理需要合法性评价主体与合法性被评价客体之间进行充分的沟通合作（Suchman，1995 AMR），但是对于跨国公司而言，它们在国际化初期对于东道国制度环境下合法性评价主体对企业投资行为的合法性要求缺乏充分信息，因而难以明确如何获得合法性评价主体支持，而合法性评价主体也因信息不充分而难以对合法性被评价客体行为的合法性作出判断。在这种情况下，跨国公司为了博得东道国合法性评价主体的社会支持，可以通过合资方式寻求东道国本土企业的支持，以提高其投资行为合法性从而博得东道国市场青睐（Xu and Shenkar，2002 AMR）。

虽然合资方式能够提高跨国公司投资行为的合法性，但是到底合资比例与合法性之间的关系程度如何？Chan and Makino（2007 JIBS）研究认为，跨国公司运用所有权来交换合法性的程度，依赖于东道国合法性评价主体所认为的海外企业所应该拥有的合法性大小。他们认为，跨国公司处于多维组织领地，包括东道国国别、东道国产业和母公司等，因此其海外投资行为应该得到这些领地成员对其的合法性认可。

第一，东道国国别对海外企业合法性需求。无论是发达国家还是发展中国家，作为东道国都存在各类合法性评价主体，跨国公司在进入这些国家或者地区时必须取得这些合法性评价主体的认可（Kostova and Zaheer，1999 AMR）。在一些东道国，政府是最为重要的合法性评价主体，它们对国内企业的外资比例有着严格的法律规定（Contractor，1990 MIR）；而在其他一些东道国，虽然政府的法律约束比较低，但是来自国家贸易联盟、产业同盟和社会民众等的合法性要求则很高（Kostova and Zaheer，1999 AMR）。由于合法性本身难以得到有效的充分度量，跨国公司为了能够准确把握东道国合法性评价主体对于其投资行为的合法性要求，就需要借助于东道国合法性评价主体在历史上对该跨国公司母公司内其他跨国公司在该东道国的海外企业的合法性要求来作为东道国合法性评价主体对其投资行为的合法性要求。如果所研究跨国公司母国的其他跨国公司在该东道国或者地区的海外企业的所有权比例很低，就意味着该东道国对来自该跨国公司母国的企业的合法性要求比较高，该跨国公司在该东道国市场所面临的制度压力较大；在该情境下，该跨国公司应该采取较低股权比例方式进入该东道国市场，以表征其行为与东道国环境的同构化程度较高，从而取得东道国合法化评价主体的社会认可。相反，如果所研究跨国公司母国的其他跨国公司在该东道国或者地区的海外企业的所有权比例很高，就意味着东道国对来自该跨国公司母国的企业的合法性要求比较低，该跨国公司在该东道国市场所面临的制度压力较小；在该情境下，该跨国公司可以采取较高股权比例甚至独资方式进入该东道国市场。

第二，东道国本土产业对海外企业的合法性要求。由于东道国内部不同产业对合法性要求不同，因此跨国公司需要根据行业特征来考虑其所有权安排，以满足其合法性需要。例如，在国家政策方面，东道国政府出于产业发展战略考虑，对于不同产业会制定不同的扶持政策和管制政策，这将影响到作为合法性评价主体的东道国政府对跨国公司在该国的海外企业的合法性要求。因此，跨国公司必须根据不同产业特点，满足东道国政府等合法性评价主体对于该具体产业内合法性的具体要求。因此，股权结构与合法性需求之间的关系在行业层面比在国别层面将更加显著。此外，政治不稳定性是一个重要的制度调节变量，它对不同行业对于合法性的需求都有着重要影响。Chan and Makino(2007 JIBS)研究认为，东道国制度不确定性对跨国公司海外企业所有权比例有着负面影响，亦即东道国制度不确定性越高，跨国公司对该东道国海外企业的所有权比例将越低。不仅如此，政治不稳定性还将对股权结构与合法性要求之间的关系产生调节作用。

第三，母公司对海外企业合法性要求。跨国公司海外企业的所有权决策不仅受到东道国国别和行业对其合法性要求的影响，而且还将受到来自母公司对其合法性要求的影响。跨国公司形成了其内部制度环境，其下属企业将嵌入并遵从该制度环境(Kostova and Zaheer，1999 AMR)。已有研究表明，如果跨国公司海外企业对母公司依赖度很高，跨国公司将对其海外企业施加压力以迫使其遵从母公司行为准则和行为规范；但是如果海外企业被授权拥有战略自主权，则跨国公司将较少对其海外企业施加同构化压力(Davis，Desai and Francis，2000 JIBS)，这就要求跨国公司考量其海外企业股权结构以适应跨国公司对其同构化要求。组织理论学者认为，组织实践一旦形成就将形成某种行为规范，从而成为组织成员行为的合法性标准，并要求组织成员遵从该合法性标准。因此，如果组织成员已有行为倾向于采取独资或者高股权比例的股权结构，就意味着组织对其成员的合法性要求比较高，从而也要求其组织成员后续行为也采取独资或者高股权比例的股权结构以满足组织对其的合法性要求。相反，如果组织成员已有行为倾向于采取低股权比例的股权结构，则意味着组织成员对其成员的合法性要求比较低，从而也允许其组织成员后续行为也采取低股权比例的股权结构以满足组织对其的合法性要求。

以上研究对于中国企业境外投资具有重要的借鉴意义。中国企业尚处于国际化成长阶段，如何取得东道国对其国际化行为的支持是其面临的重要问题之一。研究表明，中国企业境外投资虽然企业数量很多，但是投资数额集中于国有企业，也就是说国有企业境外投资占有中国企业境外投资总额的大部分。而国有企业在国际化进程中，将相对于民营企业而言面临着更加严峻的合法性挑战。面对这种情况，中国企业需要从优化自身股权结构入手，提高市场机制在公司决策中的支配地位。需要充分认识所面临的合法性挑战，在国际化进程中主动采取各种措施来提高外界对其国际化行为的合法性认定，从而博得对其国际化行为的支持。

第九章　中国企业境外投资腐败问题研究

腐败问题是企业国际化面临的重要问题。东道国腐败对企业国际化的影响情况，源于邓宁提出的OLI范式中对于区位优势的重视。东道国腐败作为东道国区位特征，将极大影响到跨国公司在该地区的投资行为。与此同时，跨国公司行贿动机及其母国是否实施《反海外腐败法》，亦将对企业国际化经营产生重要影响。可以说，东道国腐败形成了国际投资腐败需求方，跨国公司行贿意愿形成了国际投资腐败供给方，而《反海外腐败法》则试图制止跨国公司对东道国政府官员提供贿赂，从而规范国际投资秩序。因此，只有将跨国公司行贿行为与东道国索贿行为和跨国公司母国《反海外腐败法》结合起来，才能切实有效地解决企业国际化进程中面临的腐败问题。

一、腐败影响对外直接投资的两种假说

腐败意味着滥用公权以牟取私利，聚焦于公职人员如何利用其政府职位来牟取私利。腐败行为意味着腐败参与者无视经济交易的各项管制，通过额外非经常性支付来促使经济交易进行(Kaufman，Kraay and Mastruzzi，2003 World Bank Working Paper)。从腐败需求方来看，公职人员在如下两种情况下将具有索贿动机，一是当他们拥有资源分配的自由裁量权时，二是当索贿带来的私利增加大于成本支出时(Shleifer and Vishny，1993 QJE)。从腐败供给方来看，企业将有动机通过行贿来取得某种经营特权或者经营便利。在全球化背景下，企业在国际化进程中将面临着东道国腐败问题，成为腐败现象的行凶者、受害者或者参与者。已有研究倾向于考察腐败供给层面，而忽视腐败需求层面。Beets(2005 JBE)从国际腐败需求角度，考察了政府、经济和贫穷、教育、地理和文化等对腐败需求的影响情况，并采用透明国际(TI)公布的腐败感知指数(CPI)和其他数据来源对上述因素进行分析。在腐败问题认识上，存在“商业车轮润滑剂”(grease in the wheels of commerce)和“商业车轮

阻碍物”(sand in the wheel of commerce)两种观点，亦即腐败的便利假说和腐败的税负假说。

1.腐败的便利假说

持有“商业车轮润滑剂”观点的学者认为，腐败行为有利于促进经济交易和加速交易程序；如果不采取腐败行为，这些经济交易将难以进行。持有该观点的学者支持腐败的“便利假说”，认为东道国腐败将会便利企业与规制过分国家进行交易，从而对对外直接投资规模产生正面影响。一些实证研究表明，东道国腐败与对外直接投资规模之间不存在负相关关系，甚至存在正相关关系(Wheeler and Mody，1992 JIE)。例如，印度是腐败程度相对较高的国家，但却是对外直接投资的主要流入国。Egger and Winner(2005 European Journal of Political Economy)基于1995—1999年间的73个发达国家和欠发达国家的研究样本，考察了腐败对内向FDI的影响情况，研究发现腐败成为内向FDI激励因素，提高了内向FDI水平。这就引发我们思考，东道国腐败到底如何影响对外直接投资？Habib and Zurawicki(2002 JIBS)在《腐败与对外直接投资》一文中，基于国际货币基金组织(IMF)公布的对外直接投资数据和透明国际(TI，Transparency International)公布的腐败感知指数(CPI，corruption perception index)，考察了腐败对对外直接投资的影响情况。该文首先分析了东道国腐败水平对对外直接投资的影响情况，其次考察了东道国和母国两国之间腐败水平的绝对差异对对外直接投资的影响情况。实证分析结果表明，东道国腐败水平以及东道国和母国两国之间腐败水平的绝对差异，都会对FDI产生负面影响。腐败有助于将市场程序和竞争机制引入管制过严甚至错误的充满垄断的经营环境。腐败有助于将自由竞争市场机制引入自由竞争受限的经营环境。Wheeler and Mody(1992 JIE)研究发现，包含腐败因素的风险指标与美国海外投资之间并不存在关系。Hines(1995)对美国FDI的研究发现，东道国腐败并没有影响到其整体的内向FDI；虽然在1977年实施FCPA后，东道国腐败对FDI增长具有负面影响。以上研究表明，腐败在一定程度上不仅不会阻碍招商引资，而且还促进了招商引资。对于这种反常的研究结果，本书认为，问题在于这些东道国或地区的腐败程度已经超出了资本自由流动的门槛。这些东道国或地区的当权者掌控着资源配置权限，他们借助公权来牟取私利，背离了自由市场竞争精神。跨国公司如果没有采取行贿行为，就无法渗透到这些国家或地区当中。跨国公司不得不屈服于东道国或地区的强大的索贿压力，从而造成如上研究结果。

2.腐败的税负假说

持有“商业车轮阻碍物”观点的学者认为，从资源利用效率来看，腐败将降低资源利用效率(Kaufmann,1997 Foreign Policy)。持有该观点的学者支持腐败的“税负假说”，认为东道国腐败增加营运成本不确定性，东道国腐败如同税收负担，增加成本负担，扭曲投资激励(Shleifer and Vishny,1993 QJE)，从而对对外直接投资规模产生负面影响，该假说得到实证研究支持(Habit and Zurawicki,2002 JIBS)。由于行贿是非法的，所以行贿者未必能够实现预期目的，在法庭上也将难以控告受贿者。即使行贿实现了预期目的，行贿也将导致成本增加(Shleifer and Vishny,1993 QJE)。更有甚者，公职人员可能会通过强化额外管制来创造索贿机会，腐败会导致将经济资源无效地分配到易受行贿影响的经济领域。大量的研究表明，东道国腐败将对 FDI 产生负面影响。Mauro(1995 JPE)对 67 个国家的制度特征进行分析，发现腐败降低了对该国的整体投资。Wei(2000a RES)分析了 12 个发达国家和 45 个投资目的国之间的双向投资，发现腐败将会对 FDI 产生负面影响。Wei(2000b BPEA)在考虑了政府政策因素后，进一步证实了东道国腐败与 FDI 之间具有负相关关系。Habit and Zurawicki(2002 JIBS)分析了 7 个发达国家和 89 个投资目的国之间的双向投资，发现东道国腐败程度以及东道国与母国腐败程度的绝对差异对 FDI 具有负面影响。Voyer and Beamish(2004 JBE)对日本 FDI 的研究发现，腐败与人均 FDI 之间存在负相关关系，特别是在发展中国家中更是如此。腐败税负假说得到更多的研究支持，也更能够从理论上予以解释。

二、腐败影响对外直接投资来源构成

Cuervo-Cazurra(2006 JIBS)在《谁在乎腐败?》一文中，认为东道国腐败不仅负面影响对外直接投资规模，而且亦将改变对外直接投资来源国构成，指出并非所有海外投资者都在乎这种由腐败所引致的额外不确定性和营运成本东道国腐败，讨论了对外直接投资的两类来源，分别是“签订 OECD 反海外贿赂公约成员国”和“高腐败国家”。虽然东道国腐败将带来额外不确定性和营运成本，从而对对外直接投资产生负面影响；但是，在不同对外直接投资来源国之间存在差异。基于此，Cuervo-Cazurra(2006 JIBS)提出如下两个研究假设：一是，与来自其他国别的 FDI 相比，东道国腐败与来自签订“反海外贿赂公约”成员国的 FDI 规模之间具有负相关关系；二是，与来自其他国别的 FDI 相比，东道国腐败与来自高腐败国家的FDI规模之间具有正相关关系。Cuervo-Cazurra(2006 JIBS)采用来自183个经济体对106个经济体的双边FDI流入数据，对其研究假设进行实证检验；数据来源于UNCTAD国家概况数据(UNCTAD,2005)，并采用OECD(2004)FDI数据作为补充。实证分析结果表明，东道国腐败降低了对外直接投资中来自签订“OECD反海外贿赂公约”成员国的比例，这表明反海外贿赂法将阻止企业参与东道国腐败；东道国腐败提高了对外直接投资中来自高腐败程度国家的比例，这表明高腐败国家企业将不会被东道国腐败所威慑，相反会选择高腐败国家作为投资对象。Cuervo-Cazurra(2006 JIBS)认为，投资者在东道国腐败问题方面态度不同，对于东道国腐败敏感性存在差异。该文献考察了FDI来源国的两大特征(是否签署反海外行贿法和是否具有高度腐败)如何影响跨国公司的行贿成本、行贿动机以及对东道国腐败的敏感性。

1. 低腐败国家对东道国腐败的反应行为

Cuervo-Cazurra(2006 JIBS)考察了《反海外腐败法》签约国对外直接投资对东道国腐败的敏感性。诸如美国等对外直接投资来源国签有《反海外腐败法》以阻止其本国企业在海外行贿。《反海外腐败法》将提高对外直接投资来源国企业的行贿成本，这些成本不仅包括行贿物品的成本，而且还包括惩罚成本和形象受损成本等。这些成本将可能达到足以改变企业对行贿的收益成本分析，从而可能最终改变其行贿与否决策。与此同时，企业可以将《反海外腐败法》作为挡箭牌，以应对东道国索贿的压力。美国是全球最早实施《反海外腐败法》的国家，于1977年颁布了《反海外腐败法》，并于2012年11月14日颁布了《反海外腐败法实施指南》，由美国司法部刑事庭和美国证券交易委员会执法部联合负责督查实施。该法案要求美国企业在境外投资时，对每笔支付进行详尽记录，从而确保能够对在海外行贿的企业或者个人进行起诉。《反海外腐败法》具有三类主要条款，分别是准确计量、有效的内部控制，以及禁止对海外官员、政客和政治候选人进行行贿。《反海外腐败法实施指南》对行贿主体、行贿客体、行贿内容、起诉条件和免责条款等都有详细分析。那么，《反海外腐败法》到底能否有效威慑海外行贿？Hines(1995 WP)的研究支持“《反海外腐败法》能够威慑海外行贿”的观点，其依据是美国企业在颁布该法案之后减少了对高度腐败国家的投资增长、资本—劳动比例与合资活动。但是也有学者的研究发现与此相反，他们认为高腐败并不一定阻碍外资引进。Tanzi(1998 IMF)对此结果冲突提出两种可能解释。一是，美国企业有动机忽视《反海外腐败法》以避免在海外合同方面输给来自其他国家的竞争对手；二是，美国政府对《反海外腐败法》执行不力，特别是对在“友好国家”投资的美国企业。这种状况在20世界90年代中期得到改变，一是由于冷战使得对友好国家腐败的无视变得不再必要；二是诸如透明国际（Transparency International）等非政府组织在削弱腐败方面发挥积极作用；三是诸如世界银行（Word Bank）和国际货币基金组织（IMF，International Monetary Fund）要求加强投资项目治理；四是OECD等国际组织在抵抗腐败方面发挥积极作用。1997年11月21日，30个OECD成员国和5个非成员国共同签订了国际商务交易中的反海外腐败公约。该公约于1999年2月15日生效，构建了惩罚海外行贿的综合框架。该公约禁止向海外政府职员和公共性国际组织职员行贿，要求签约国修改法律将海外贿赂列为非法行为、在调查方面相互提供法律援助，以及允许将犯罪人员引渡回国。该公约还要求执行更为严格的会计准则、外部审计和内部控制。伙伴协议规定不可将贿赂列为可免税支出。该公约建立起了一套系统性机制来监督签约国对公约标准的执行力度。OECD反海外腐败工作组周期性地评价和发表各个国家对公约标准的采纳进程和执行情况。这套相互监督机制弥补了《反海外腐败法》的局限性，建立起了海外投资共同行为准则，创造了公平竞争的环境；对公约采纳情况的周期性评价将有助于公约执行，对公约标准执行不力的国家将面临来自严格执行公约标准国家的制裁压力。基于此，东道国腐败将会削弱来自OECD反腐败公约国的对外直接投资，反腐败公约不仅通过惩罚机制提高海外行贿成本，而且还通过相互监督机制提高行贿侦查能力。这将有力促使OECD反海外腐败签约国企业正确评估东道国腐败所带来的投资风险和投资成本，从而可能降低对具有腐败行为的东道国的对外直接投资。基于此，Cuervo-Cazurra（2006 JIBS）提出如下研究假设：与来自其他国别的对外直接投资相比，东道国腐败与来自签订“反海外腐败公约”成员国的对外直接投资规模之间具有负相关关系。

2. 高腐败国家对东道国腐败的反应行为

Cuervo-Cazurra（2006 JIBS）考察了FDI来源国高度腐败的对外直接投资对东道国腐败的敏感性。来自高度腐败国别的企业具有处理腐败需求的经验和能力，它们在国际化进程中对东道国腐败敏感性较弱，甚至可能会更加愿意到腐败程度比较高的国别进行投资，以发挥其处理腐败需求的能力优势。国际化要求企业处理海外经营的额外成本（Hymer，1976）或者外来者劣势（liability of foreignness）（Zaheer，1995 AMJ），这些成本包含了东道国腐败处理成本（Calhoun，2002 JIM）。Cuervo-Cazurra（2006 JIBS）将这类成本分为两种。一是，海外行贿的态度转变成本，海外行贿要求经理人改变原先对业务交易方式的态度，接受“通过非法支付以促成业务”的经营规则。然而，要改变经理人根深蒂固的经营态度是非常困难的，特别是当企业进行海外扩张时(Johanson and Vahlne，1977 JIBS；Eriksson，Johanson，Majkgard and Sharma，1997 JIBS)。二是，海外行贿的具体知识成本。由于缺乏操作指南或者咨询公司提供海外行贿帮助，企业要了解海外行贿专业知识需要支付高昂成本。由于海外行贿具有非法性，海外行贿需要了解行贿背后所蕴含的精妙之处。在很多情况下，要区分海外行贿与礼物交换是极其困难的(Donaldson，1996 HBR)。跨国公司经常采取合资方式或者聘用具备海外行贿经验的经理人，这虽然有利于部分减少海外行贿成本，但是仍然要面临行贿态度转变成本以及寻找和监督当地合作伙伴或者经理人，以免他们在行贿时损害公司利益。

来自高腐败国家的跨国公司更加谙于行贿世故，在态度上更加理解海外行贿，在知识上更加了解海外行贿。结果是，当这些来自高腐败国家的跨国公司在进入高腐败国家进行投资时，它们的海外行贿成本相对较低。对于跨国公司而言，如果其经理人已经具备了行贿经验，那么其国际化成本将较低(Eriksson，Johanson，Majkgard and Sharma，1997 JIBS)。这些跨国公司在国内已经习惯于通过行贿来取得合约和获得保障，因此它们受行贿的非法性、不透明性和不确定性影响的程度降低。来自高腐败国家的跨国公司，不仅不会恐惧东道国腐败，甚至会主动进入高腐败东道国。两国之间制度环境的相似性促使来自高腐败国家的跨国公司更加倾向于将资金投放到腐败程度相当的国家。该观点得益于国际化渐进理论(亦即乌普萨拉模型，Uppsala model)(Johanson and Vahle，1977 JIBS)，该模型试图基于母国和东道国之间的心理距离来解释投资国别选择。心理距离表征了语言、文化、教育、商业实践、产业发展和管制等方面的国别差异，这些差异将降低企业及其经理人海外信息的获取能力。企业首先进入心理距离比较低的国家进行投资，随着心理距离处理能力的增强，逐渐进入心理距离较高的国家进行投资。基于此，Cuervo-Cazurra(2006 JIBS)提出如下研究假设：与来自其他国别对外直接投资相比，东道国腐败与来自高腐败国家对外直接投资规模之间有正相关关系。Cuervo-Cazurra(2006 JIBS)的研究所运用到数据来源包括 UNCTAD(2005)、OECD 反海外行贿公约成员国(OECD，2005)、综合治理指标数据库(Kaufman，Kraay and Mastruzzi，2003 World Bank Working Paper)、世界发展指标数据库(WDI)(WB，2005)、中央情报局地理坐标数据(CIA，2005)、Encyclopedia Britannica(2005)和 Heritage Foundation(遗产基金会)(2005)等。这些公开数据来源值得后续研究借鉴。

三、东道国腐败与进入战略选择

制度理论认为，组织通过与制度环境协同发展来获取外部合法性。腐败行为影响到了正式制度和非正式制度的有效性，进而影响到组织合法性。Rodriguez，Uhlenbruck，and Eden（2005 AMR）在提出（普遍性—恣意性）分析框架的基础上，基于制度理论分析了政府腐败对跨国公司组织合法性的影响，进而提出系列研究命题，用于解释腐败是如何通过组织合法性来影响跨国公司海外市场进入模式选择。海外市场进入模式选择是跨国公司重要的战略决策，决定了企业的资源承诺、投资风险、控制程度和利润分享等。

跨国公司在东道国经营时经常遭遇政府腐败威胁。东道国政府官员在诉求国别利益的同时，也会诉求自身私利。政府腐败意味着政府官员兜售政府财产而牟取私利（the sale by government officials of government property for personal gain，Shleifer and Vishny，1993 NBER WP）。Rodriguez，Uhlenbruck，and Eden（2005 AMR）在《政府腐败与跨国公司进入战略》一文中，基于制度理论视角，考察了腐败普遍性和恣意性对跨国公司组织合法性以及战略决策制定的影响，并将该框架运用于分析企业海外市场进入模式选择。Uhlenbruck，Rodriguez，Doh and Eden（2006 OS）考察了腐败对进入战略的影响情况，基于 64 个发展中经济体的 220 个电信开发项目，发现企业通过短期合约与合资方式来应对腐败压力。研究还发现，腐败恣意性对企业决策有着重大影响，跨国公司会采用非股权进入模式或者合资方式作为适应性战略进入东道国市场，而不管其是否存在腐败现象。

政府是商业游戏规则的制定者和监督者，通过法律、管制和舆论等制度安排来影响甚至主导经济行为。但是，政府的各项制度安排通常并非仅仅局限于服务普通大众，而是会通过腐败行为来追求其合法目的。腐败行为扭曲了商业游戏规则，为了获得贿赂向低效率企业提供便利，最终损害高效率企业和创新型企业。腐败行为如同糟糕的货币政策和财政破产一样，对企业成长和经济发展产生负面影响。应对腐败行为是国际商务领域的固有活动，它将有助于提高企业优势。腐败行为不仅无处不在，而且形态各异。腐败行为如同劳工成本和公司税收一样，在各个国家之间存在差异。仅仅根据腐败程度来认识腐败行为是不足的，在腐败环境下，企业不仅需要考虑腐败大小，而且还应该考虑腐败不确定性。为了能够在新的环境中取得高效率，企业必须能够理解和鉴赏腐败特征。对于跨国公司而言，如何理解特定国家腐败本质并将其与其他国家的腐败区分开来，是进入决策和扩张决策的核心问题。在管理学研究文献和国际商务研究文献中，学者们倾向于假定政府及其代理机构遵从公共利益最大化原则(Zahra，Ireland，Gutierrez，and Hitt，2000 AMR)，但实际并非如此简单。

Rodriguez，Uhlenbruck，and Eden(2005 AMR)提出了腐败分析框架，亦即“普遍性—恣意性”分析框架。普遍性独立于腐败交易自身特性，衡量了企业在与政府官员的正常沟通中面临腐败的可能性，亦即对整体交易中腐败交易所占比例的预期。普遍性反映了企业被迫参与腐败交易的预期水平，它可能源于短期的或者长期的腐败交易，反映了腐败在某特定国家中成为商业活动所不可缺少的组成部分的程度。简言之，普遍性维度衡量的是公司主动处理腐败带来的机会和威胁的必要性，描绘了腐败的价值中立性。恣意性产生于不确定性，对于可知结果存在大量风险，亦即无法获知事件潜在概率分布。如果腐败具有高恣意性，那么与政府官员交易将会出现持续不断的不确定性，这些不确定性涉及行贿额度、行贿目标和行贿数目等。相反，低恣意性意味着行贿者能够明确索贿者意图，从而“更好地”满足索贿者要求。在高恣意性情境下，行贿者难以通过行贿有效取得政府官员的合法性支持，从而面临着更为严重的外来者劣势。

基于以上分析，Rodriguez，Uhlenbruck，and Eden(2005 AMR)提出如下研究命题：东道国腐败越加恣意，跨国公司越加倾向于与当地企业合资而非全资投资；东道国腐败越加普遍，跨国公司越加倾向于全资投资而非与当地企业合资；东道国腐败越加普遍，来自具有反腐败立法国家的跨国公司越加倾向于采取非股权投资方式；东道国腐败普遍性与全资投资模式之间的正相关关系，将会随着跨国公司处理腐败普遍性能力的提高而加强；东道国腐败普遍性与全资模式之间的正相关关系，将会随着腐败恣意性的提高而减弱。由此看来，东道国腐败对企业境外投资产生重要影响，这种影响不仅表现在对外直接投资的规模上，也表现在来源和进入模式上等。当前，中国企业正处于国际化发展阶段，对于东道国腐败现象缺乏深刻了解，因此在国际化进程中将面临更加严重的外来者劣势。基于此，中国企业需要在国际化进程中正确认识东道国国别或地区的腐败程度及其表现，并以此作为投资决策和进入决策依据。

四、《反海外腐败法》与国际直接投资

《反海外腐败法》(FCPA,Foreign Corrupt Practices Act)是一部美国联邦法律,根据1934年证券交易法和其他有关外国官员行贿受贿行为来解决账目透明度要求。《反海外腐败法》适用于与美国有一定程度关系但同时又参与了国外腐败行为的任何个人。该法案也适用于任何美国公司或在美国进行证券交易的国外公司,以及任何促进国外腐败行为的美国国民、公民及居民,而不论他(她)们是否身在美国。对于国外的自然人和法人,如果他(她)们的腐败行为发生时其人身在美国,则该法案也适用。此法案不仅限制了给国外官员、候选人或政党的不当支付,也限制了给其他任何人的支付,如果这笔支付最终形成了对官员的贿赂。这些所谓支付,不仅包括货币形式,也包括任何有价值之物。美国国会试图通过海外反腐败法案来阻止类似的对国外政府的贿赂,并使公众重拾对美国商业体系诚信度的信心。该法案由总统Jimmy Carter于1977年12月19日签署并生效,并于1998年根据国际反贿赂法(1998)修改,其目的是履行经济合作及发展组织的针对反贿赂的相关规定①。

2012年11月,零售业巨头沃尔玛被指控为了快速获得开店许可,经常对墨西哥官员行贿。然而,过去几年,被指控涉嫌商业贿赂的美国公司,不止沃尔玛一家。几乎在同一时间,美国证券交易委员会(The Securities and Exchange Commission,SEC)指控摩根士丹利(Morgan Stanley)前高管盖斯·彼得森为了替公司招揽业务,向一家中国国有企业的官员行贿。同一天,传媒业巨头新闻集团(News Corp.)承认,受到电话窃听丑闻的影响,目前美国政府正在对该公司进行贿赂调查。美国《反海外腐败法》规定,在其他国家行贿将在美国受到处罚。越来越多的公司开始在财务文件中披露,虽然公司尽了最大努力阻止行贿行为,但仍可能存在员工违反美国反海外商业贿赂法规的情况。如果没有美国法律的限制,有些公司也许会对行贿的做法举双手赞成。比如,纽约长岛一家工业防护服制造商雷克兰工业公司(Lakeland Industries)近期表示,由于公司遵守美国法律,没有像其他竞争对手一样行贿,结果导致

① 资料来源:http://zh.wikipedia.org/wiki/%E6%B5%B7%E5%A4%96%E5%8F%8D%E8%85%90%E8%B4%A5%E6%B3%95。

公司销量下降。当然，迫使公司有意申报比实际更低的利润，会计法的存在也是原因之一。目前，因涉嫌行贿而成为美国政府调查对象的公司包括惠普公司(Hewlett-Packard)、电信公司高通(Qualcomm)、农业设备制造商美国迪尔公司(Deere & Co.)、化妆品公司雅芳(Avon)、博彩公司拉斯维加斯金莎集团(Las Vegas Sands)，以及共和党捐款大户查尔斯·科赫与大卫·科赫旗下的德州科氏工业集团(Koch Industries)。此外，美国证监会正在调查，美国电影制作公司是否通过贿赂手段打入中国娱乐市场①。

从以上简短案例我们可以看出，《反海外腐败法》对跨国公司行贿行为将有着深刻影响，将越加严格审查跨国公司国际投资行为。随着《反海外腐败法》在全球日益为大多数国家所支持，跨国公司需要认真审视其行为是否遵循《反海外腐败法》，以免陷入行贿门事件。

《联合国反腐败公约》要求各缔约国应当采取必要的立法措施，将贿赂外国公职人员或者国际公共组织官员的行为规定为犯罪并追究刑事责任。2005年10月27日，第十届全国人民代表大会常务委员会第十八次会议批准了《联合国反腐败公约》。我国作为《联合国反腐败公约》的缔约国，将贿赂外国公职人员或者国际公共组织官员的行为规定为犯罪并处罚，是坚决履行反腐败公约的重要举措。而业界人士认为，“中国政府对于中国公民的海外腐败行为并无鲜明的严打立场，事实上成就了中国公司的某种竞争优势，使得中国公司能进入苏丹等欧美企业无法立足的市场”(周乐达，2012 财富中文网)。在《中国需要更严格的海外反腐败法吗?》②一文中，周乐达(2012 财富中文网)指出，跨国公司的国际业务高管们必须不断地在“利润最大化”和“着眼于未来的国际业务快速发展”之间谋求平衡。在美国上市的公司受《反海外腐败法》(Foreign Corrupt Practices Act，FCPA)管制，在英国上市的公司则要受《反贿赂法》(UK bribery Act)约束。美国《反海外腐败法案》和英国《反贿赂法》都要求公司及其高管贯彻会计透明政策，同时禁止对外国政府官员行贿。既然其他国家的公司及其高管必须遵守反腐败法规，中国公司及其高管有适用的法律法规吗？中国早已有了和美国《反海外腐败法》相似的反腐败法。2011年2月25日，全国人大批准了《刑法》49个条文的修订，其中一条就是将“给予外

① 资料来源：http://www.fortunechina.com/huanqiu/c/2012-04/28/content_98028.htm。

② 资料来源：http://www.fortunechina.com/column/c/2012-05/03/content_98276.htm。

国公职人员或国际公共组织官员以财物的"行为列入刑事犯罪。国际法专家们指出,这是中国法律首次明文禁止中国公民和中国公司向外国政府官员行贿。而现实是,在海外经商,特别是在法治意识淡薄、聊胜于无的新兴市场,贿赂当地官员和关键人员实属司空见惯。中国是否应该出台更严格的反腐执法?答案是肯定的。

第十章　中国企业境外投资权限管理研究

跨国公司如何完善下属企业投资权限管理机制，以避免下属企业争夺投资权限和盲目投资，是跨国管理研究的重要议题。实践表明，伴随着跨国公司的海外扩张，下属海外企业争夺投资权限和盲目投资行为时有发生。如何完善海外企业投资权限管理机制，避免海外企业盲目投资和争夺投资权限，从而更好地促进跨国公司的全球发展，成为跨国管理的重要议题。例如，在权限争夺方面，金融海啸使全球广告业竞争愈加激烈，WPP 集团旗下的尚扬媒介(Mediaedge)和奥美广告(Ogilvy&Mather)两大公司，为争夺互联网广告，不惜展开投资权限争夺战(《华尔街日报》，2009 年 2 月 23 日)。在投资风险控制方面，面对全球金融危机，中国大型商业银行面临的“金融集团风险管理机制挑战”日益严峻。中国工商银行积极探索将全资子公司、控股子公司和境外子、分行纳入该行的风险管理体系，对上述机构的自主投资的范围和限额加以控制(《财经》，2009 年 1 月 9 日)。

一、跨国公司海外企业定位范式转型

跨国公司研究文献众多，如果从海外企业定位范式转型角度来看，则主要体现在从科层范式向网络范式的转型。其中，科层范式包括总部委派模式和海外企业当地自治模式。跨国公司海外企业定位范式的转型，既是企业实践的需要，也是理论运用于企业实践的结果。不同定位范式都有其深刻的理论根基，是企业实践和理论研究共同促进的产物。定位范式不同，表明海外企业在跨国公司内部的战略性功能定位不同，从而决定了其投资权限不同。因此，要研究跨国公司海外企业投资权限，首先需要分析跨国公司海外企业定位范式转型。

1. 总部委派模式

总部委派模式的理论根基涉及 Hymer(1976)的垄断优势理论(MA)、

Vernon(1966)的产品生命周期理论(PLC)、Buckley and Casson(1976)的内部化优势理论(IA)、Johanson and Vahlne(1977)的国际化进程理论(IP)以及Dunning(1980)的国际生产折中理论(OLI)等。垄断优势理论解释了公司规模扩张的原因,但无法解释企业为什么需要通过国际化来实现垄断优势。产品生命周期理论解释了技术转移接受型子公司的产生和发展问题,但无法解释非技术转移子公司的产生与发展。内部化理论从交易成本角度解释跨国公司的产生,认为跨国公司的产生是为了减少交易成本并将企业行为的外部性进行内部化,在一定程度上解释了跨国公司的产生,但是不能解释跨国公司非全资子公司的产生与发展等。国际化进程理论试图从认知行为理论角度来解释企业的跨国行为,认为子公司发展是跨国公司市场知识与市场承诺之间动态螺旋发展的过程。国际化进程理论适合用于解释跨国公司子公司的发展,而对于子公司的衰退现象缺乏解释力。国际生产折中理论是Dunning综合垄断优势理论、内部化理论优势和区位优势理论后提出来的,较好地解释子公司的产生,但仍然存在科层范式的局限性。

在总部委派模式视角下,学者们将跨国公司母公司视为委托人,而将其海外子公司视为代理人,用以研究如何解决其潜在的代理问题。这样,有关跨国公司母子公司关系的研究,就主要采用委托代理理论来展开。总部委派模式认为跨国公司海外企业不仅在产权上而且在经营上应该从属于跨国公司总部,是跨国公司组织边界在国外的延伸,是跨国公司经营范围在国外的拓展。海外企业没有独立的决策权,没有自由的投资权限,而是完全根据总部指令采取行动,因而缺乏自主性和创新性。在总部委派模式下,跨国公司以总部为中心指派海外企业战略定位与任务,海外企业的战略定位是以总部委派为基础的,是服从于跨国公司整体发展的战略需要。在这种模式下,各个海外企业更像是企业内部的业务单位,理应听命于总部的战略决策,缺乏自主创新权力和活力。总部委派模式适合于解释海外企业发展的早期阶段,专业分工模式适合于解释海外企业发展的较为高级的阶段,但它们都忽视了海外企业创业创新精神的重要性,从长期来看会导致跨国公司专有知识的丧失,使其失去持续竞争优势。

2.海外企业当地自治模式

海外企业当地自治模式的理论根基在于资源与能力理论(Teece,Pisano-and Shuen,1997 SMJ)。该模式强调从海外企业自身角度出发,研究海外企业演化进程;强调海外企业拥有跨国公司所依赖的特质资源,从而也就具有讨价还价能力并拥有自主决策的资源基础。海外企业当地自治模式要求充分审视东道国环境特征和海外企业创业创新精神(Birkinshaw and Hood,1998 AMR)。Birkinshaw and Hood(1998 AMR)从能力和许可变化角度定义了子公司演化,提出了五种海外企业演化类型,分别是母公司推动的投资扩张(PDI)、子公司推动的许可扩张(SDE)、子公司推动的许可巩固(SDR)、母公司推动的撤资(PDD)和子公司能力衰竭(ASN)。该模式充分考虑了子公司的能动性和创新性,但忽视了进行全球资源整合的重要性。

海外企业当地自治模式的提出,源于海外企业所具有的能动性和特质性。前者强调海外企业具有创业创新精神,能够主动吸收、开发和利用当地知识,以更有效地规避当地商业风险和把握发展机会;后者强调海外企业拥有总部和其他海外企业所没有的独特资源。导致海外企业当地自治模式出现的另外一个缘由,是东道国政府对跨国公司的压力,总部必须考虑来自东道国法律和社会团体等机构的各种现实的和可能的约束。海外企业自治模式认为,总部支持是海外企业发展的必要但非充分条件,海外企业的自治行为、创业创新精神和资源特质性能够成为跨国公司发展的一种潜在力量;所有权优势并非一定源于母国,而是可以通过海外企业自身来获取和发展。海外企业演化是其独特且有价值资源的成长或枯竭的有机过程,它受到资源增长的影响和总部对其资源配置的影响。随着海外企业独特资源存量的增加,其对于总部和其他海外企业的依赖程度就会随之降低,从而对自己的发展拥有更大的管理自主权。

海外企业当地自治模式假定各个国别市场是不同的,因此最好的组织战略和组织形式,是让分布在不同国别市场上的各个海外企业进行运作自治化。资源配置和决策制定是在地区内的附属企业间进行的,而各个分散的运作之间缺乏交流。有关海外企业自治模式的实证研究主要源于加拿大,同时还包括瑞典、爱尔兰和英国等。加拿大产业拥有高度的海外企业比例,是海外企业研究的理想选择。在海外企业研发方面,学者们的研究得出了同样的研究结论,也就是海外企业通过自己的首创精神来建立和发展研发实验室,并逐渐向高附加值环节发展。研究表明,海外企业自治行为是海外企业发展的重要影响因素,因为它使得海外企业的资源和能力的发展是有计划的而不是偶然的;并表明总部的支持对于海外企业的发展是必要的但不是充分的。海外企业当地自治模式有助于发挥其拥有的创业创新精神,从而进一步影响到其自主性和对其他姐妹公司的影响力。Ambos, Anderson and Birkinshaw(2010 JIBS)考察了跨国公司下属企业的首创精神的后果,基于位于澳大利亚、加拿大和英国的257家海外企业的样本数据,研究发现海外企业如果没有得到总部支持,将难以提高其影响力;海外企业首创精神对其自主性有着直接影响,但同时也将引起总部监督关注，而总部监督关注却将会降低海外企业自主性。这表明，海外企业首创精神对于海外企业自主性具有重要作用，但还是需要得到总部的制度支持和认可。

海外企业当地自治模式强调海外企业要从自身发展需要出发，主动发挥战略能动性而不是仅仅听命于总部的任务委派，其角色从调整母公司开发的技术以适应当地市场环境，转变为主动吸收和开发当地知识和技术。海外企业当地自治模式强调海外企业具有创业创新精神，并且拥有跨国公司所需的异质性资源和能力，从而能够为跨国公司发展作出独特贡献。与此同时，该模式还强调海外企业能够对当地压力作出更为有效的反应，以把握当地商业机会和避免当地商业风险，从而提高跨国公司的战略柔性并改善跨国公司与当地政府的关系。从海外企业自身发展来看，海外企业自治模式无疑是非常优越的；但是如果从跨国公司整体来看，则可能导致由于缺乏对海外企业进行协调而无法发挥资源整合效益，甚至会在海外企业之间引发利益冲突。这就使得跨国公司必须重新重视其总部在协调跨国公司网络中的重要性，从而导致全球价值网络模式的出现。

3. 网络范式

网络范式的理论根基在于网络组织理论。Barney(1991 JM)和 Wernerfelt(1984 SMJ)从资源与能力角度，研究了动态环境下企业的竞争优势来源，认为有价值的、稀缺的、不可转移的和不可模仿的资源与能力能够给企业带来持续竞争优势。然而，子公司的资源和能力优势需要通过网络组织来实现，单一资源无法获得持续竞争优势，企业竞争优势来源于对不同资源的整合能力。在模块化时代，跨国公司要提高资源整合能力从而取得持续竞争优势，就需要发展子公司间的网络关系，培育企业关系资源以及提高对关系资源的治理能力(O'Donnell and Watson,2000 SMJ)。特别是在当前高度不确定的和复杂的全球竞争环境下，跨国公司更像一个由彼此套牢的准市场交易关系所形成的联合体，更加需要通过搭建关系网络来提高战略柔性。

20 世纪 70 年代和 80 年代，学者们将研究焦点转向跨国公司战略和组织问题，并建立了跨国公司网络模型。Malnight(1996 JIBS)从演化角度出发，研究了跨国公司结构从分权化向网络化转变的过程，指出跨国公司发展的每个阶段是对特定机会与挑战的战略性反应。跨国公司早期关注的是如何在分散的经营单位中建立组织联系并调整资源数量和种类，后来逐渐转向跨越经营单位进行资源与角色的重新配置。一些学者声称，对于全球性组织的战略实施而言，企业内和单位间关系与总部控制同等重要，O'Donnell(2000 SMJ)

的实证研究证实了该观点。基于跨国公司的网络属性，学者们侧重于从网络组织视角研究跨国公司治理机制，日益重视运用组织机制来研究各分散运作单位间的联系，包括合作协调机制、知识治理机制、子公司创新治理、跨国公司与东道国政府关系、程序公正性和组织惯例转移等。在网络范式下，企业追求的不再是企业间纯粹的竞争关系和交易关系以及企业内纯粹的科层关系，而是企业间的合作竞争和网络关系，强调通过在全球范围内进行资源的有机配置来提升企业竞争力。Jarillo and Martinez(1990 SMJ)提出了活跃型子公司概念，这种子公司具有全球整合和当地响应(global integration and local responsiveness)特征。Roth and Morrison(1992 JIBS)提出了分散化集权概念，即全球化战略需要总部给予子公司在全球范围内管理某特定产品的权限，并对各子公司活动进行协调，以实现资源的全球整合与配置。Malnight(1996 JIBS)研究了跨国公司从分权模式向网络模式的演化，认为随着产业全球化的发展，在全球范围内配置资源是跨国公司的演变趋势。在网络范式下，子公司之间的知识共享极其重要，其目的是打造全球卓越中心体系(Frost，Birkinshaw and Ensign，2002 SMJ)。网络范式越发成为当前和未来企业竞争的重要模式，它将子公司视为跨国公司全球价值网络节点，强调在全球范围内进行资源整合，通过联盟、合作与外包等方式与其他企业建立网络关系，发挥企业间资源协同效应，以此提升企业的运作柔性和竞争优势。

从全球商业运作的发展趋势来看，随着全球化的加剧和网络组织的发展，跨国公司传统的战略模式逐渐受到挑战，一种新的基于价值网络的战略模式正日益盛行。在网络环境下，企业追求的不再是企业间纯粹的竞争关系和交易关系以及企业内纯粹的科层关系，而是追求企业间的合作竞争和网络关系，强调通过在全球范围内进行资源的有机配置来提升企业竞争力。跨国公司是(或者应该是)一种异质性企业间全球价值网络，它是由地理分散和目标不同的企业和总部组成的，并嵌入于外部环境之中。对于跨国公司这种复杂的分散化异质性组织而言，传统的组织内理论无法提供非常有效的研究基础。运用企业间网络理论能够更好地分析跨国企业作为异质性企业间全球价值网络所具有的内涵的差异性。现有的企业间网络理论及其实证研究，大多没有考虑到所有权关系。因此，在将企业间网络理论运用于跨国企业研究时，需要先分析跨国企业内部的所有权归属关系，是否会对其企业间网络关系性质产生影响。从跨国公司跨国经营的目标来看，跨国公司的协同关系应该是第一位的，产权关系应该让位于协同关系。也就是说，在跨国公司当中，拥有产权并不代表拥有命令权力，日常经营活动的权力来源于资源特质性而不是产权拥有。

以上这些学者的研究表明，全球资源整合模式越发成为当前和未来企业竞争的重要模式。在网络环境下，跨国公司是(或者应该成为)一种异质性企业间全球价值网络，而其海外企业则是全球价值网络中的各个节点；它不仅强调海外企业资源能力的重要性，而且更加强调海外企业之间以及海外企业与总部之间的资源协同的重要性。全球价值网络模式强调，应该在全球范围内对跨国公司关系资源进行有机整合，通过联盟、合作与外包等方式与其他企业建立网络关系，充分发挥企业间的资源协同效应，以此提升企业的运作柔性和竞争优势。全球价值网络模式是对当地自治模式的继承与发展，强调应该同时进行当地自治和全球整合，也就是在追求海外企业创业创新的同时，努力挖掘海外企业之间资源与能力的协同效应。

海外企业定位范式从科层范式向网络范式的转型，带来了各种管理创新挑战。但其核心问题是：随着海外企业自治权力的提升和角色地位的转变，跨国公司如何规范其海外企业投资权限，以防范海外企业争夺投资权限和盲目投资行为。这是完善海外企业治理机制的重要问题。虽然学者们日益关注海外子公司定位范式的转型(陈福添，2006)，但是很少有学者系统、深入地研究海外子公司的投资权限及其管理机制。本书后续内容将阐述投资权限的内涵、形式和影响因素，以及投资权限的演化路径等。

二、投资权限的内涵、形式和影响因素

1. 投资权限的内涵

投资权限意味着投资范围和投资自由度。Rugman and Douglas(1986 Canadian Public Policy)在《多国公司的战略管理和世界产品权限》一文中，指出世界产品全线(WPM，world product mandate)可以被定义为跨国公司下属企业中新生产线的开发、生产和营销的全价值链业务权限。Birkinshaw(1996 JIBS)考察了跨国公司海外企业权限的取得和流失，根据如下标准将海外企业投资权限分为不同类别。一是，根据权限涉及地区范围差异，将权限范围划分为北美地区、北美地区附加少量出口和全球地区；二是，根据职能范围差异，将权限范围划分为制造权限、产品管理权限、制造和开发权限、除了国际销售意外的所有权限以及包含国际销售的所有权限；三是，根据主要推动者差异，将权限范围划分为子公司管理推动的权限演化、母公司推动的权限演化和两者同时推动的权限演化；第四，根据权限动机差异，将投资权限划分

为市场开拓型权限、资源获取型权限、效率提升型权限和战略性资产获取型权限等。

2.投资权限的形式

虽然跨国公司下属企业同属于该跨国公司，但是他们在投资权限方面存在巨大差异。传统上，海外企业扮演着“能力利用”角色，是一种基于母国的能力利用。随着海外企业日益嵌入跨国公司全球价值网络体系，海外企业越发扮演着能力开发型角色，根据所在地区的比较创新优势开发新技术。海外企业拥有“能力开发权限”抑或“能力利用权限”，取决于其在母公司全球价值网络中所扮演的角色。在拥有“能力创造权限”的海外企业中，这种角色转型将引致研发水平的提高，并且本土研发的动机和推动因素也在不断发生变化。成立的年限越长，跨国公司的全球扩张更加充足，从而更易于形成跨国公司内部企业网络。这些下属企业除了关注所在东道国市场以外，其影响力也将渗透到跨国公司地区业务甚至全球业务。这样，海外企业所扮演角色将逐渐从本土导向逐渐发展到出口导向甚至全球业务整合导向。虽然有些海外企业仍然扮演着能力利用型角色，其他海外企业开始逐渐扮演着技术创新角色，从而导致研发水平更高、复杂性更大。海外企业“能力开发”活动与“能力利用”活动的区别，如同组织学习理论中的知识开发与知识利用的区别。竞争能力更强的跨国公司更倾向于追求本土研发战略，倾向于将研发资源配置到研发基础条件更好的国家。Cantwell and Mudambi(2005,SMJ)研究认为，海外企业演化有其自身逻辑，管理层首创精神和自由裁量权将会影响到子公司对区位优势的发挥。Birkinshaw and Fry(1998 Sloan Management Review)研究认为，海外企业首创精神表现为两种形式，分别是聚焦于外部的首创精神(external focused)和聚焦于内部的首创精神(internal focused)。前者主要是通过与外在利益相关者互动从而识别新机会或者提高商业机会。后者主要是通过与内部利益相关者互动来提高海外企业在跨国公司现有组织边界范围内的投资权限。Morrison and Roth(1993 Business Quarterly)考察了全球子公司权限，认为子公司能够承担一些对于跨国公司整体而言极其重要的业务，通过全球子公司权限来实施全球战略能够有助于形成一体化组织，从而实现规模经济、范围经济和比较优势。

3.投资权限的影响因素

海外企业处于特定的经营环境当中，其投资权限影响因素也是多方面的。根据组织领地理论，海外企业嵌入于东道国环境和跨国公司，因此其投资权限必将受到东道国环境和跨国公司战略的影响，此外，海外企业自身的资源和能力，也将影响到其投资权限的获取和保留。Cantwell and Mudambi（2005 SMJ）在《跨国公司海外企业能力创造型权限》一文中指出，跨国公司内部不同下属企业的研发密集度决定因素存在差异。已有研究认为，跨国公司海外企业能否获得能力创造型权限依赖于其所处东道国市场的质量情况。在跨国公司情境下，能力创造型海外企业研发战略是供给导向的，而纯粹能力利用型海外企业则是需求导向的。基于非英国跨国公司在英国海外企业的经营数据，Cantwell and Mudambi（2005 SMJ）研究发现，海外企业研发水平取决于跨国公司母公司特征、海外企业特征和东道国因素。具有研发权限海外企业的研发水平随着并购而提升，但是不具有研发权限海外企业的研发水平将随着并购而下降；通过并购取得成长的跨国公司，其下属企业间研发具有更大的多样性。因此，我们需要从多方面来认识海外企业投资权限的影响情况。

第一，东道国层面因素与海外企业投资权限。Cantwell and Mudambi（2005 SMJ）研究认为，海外企业能力创造型权限受到其所处东道国的影响。东道国如果拥有更好的科研平台和基础设施，那么在该国家或地区的海外企业将更有可能获得能力创造型投资权限。因此，东道国环境越加丰腴，拥有能力创造型权限的海外企业将有着更高的研发密集度，但是非能力创造型海外企业则不会受到东道国环境丰腴度的影响。

第二，跨国公司层面因素与海外企业投资权限。海外企业投资权限既是由跨国公司根据公司发展需要而赋予海外企业的，也是海外企业在已有公司资源配置框架内经过努力所获取的。因此，考察海外企业投资权限的影响因素，就必然要分析跨国公司层面因素和海外企业层面因素。整体而言，跨国公司战略性资源配置决定了其下属企业在公司内部的功能和定位，从而也就决定了其对于跨国公司整体而言的战略性功能和战略重要性，处于公司核心环节和未来发展潜力点的海外企业，将获得更好的资源支持，从而拥有更加优越的投资权限。此外，不同海外企业由于所扮演角色的差异，其所拥有的投资权限也存在差异。Almeida and Phene（2004 SMJ）考察了跨国公司下属企业创新能力的影响因素，基于美国半导体产业海外企业的专利引文数据，研究发现跨国公司技术丰腴度、海外企业与东道国企业的知识联系以及东道国的技术多样性等对海外企业创新能力有着正面影响。Ambos and Birkinshaw（2010 MIR）考察了总部注意力及其对子公司业绩的影响作用，研究发现如果子公司拥有较高层次的战略选择并且获得总部注意，将有助于其业绩跑赢其同类企业，子公司自治、企业间权力和首创精神产生交互影响，共同提高了子公司经营业绩。

第三，海外企业层面因素与海外企业投资权限。母公司是决定海外企业投资权限的重要因素，Rugman and Douglas(1986 Canadian Public Policy)认为，大部分跨国公司都不愿意将其新产品的全范围权限授权给一家海外企业，他们对在加拿大的跨国公司进行分析发现，大部分在加拿大的跨国公司都缺乏足够管理自主性，特别是在国际营销能力方面。这表明，跨国公司母公司对于海外企业投资权限具有决定性作用。Feinberg(2000 JIBS)在《世界产品权限真的重要么?》一文中，基于445家在加拿大的美资企业进行实证分析发现，在贸易自由化背景下，拥有较高程度研发能力和人力资本的海外企业能够发展得更好；世界产品权限能够降低海外企业脆弱性，而研发能力和人力资本开发对于世界产品权限而言具有平等的重要性。Cantwell and Mudambi(2005 SMJ)研究认为，海外企业拥有更大的战略自主性，其拥有能力创造型投资权限的机会就更高。Bouquet and Birkinshaw(2008 AMJ)考察了海外企业如何获得总部注意，基于对233家海外企业的详尽的问卷调查，研究取得如下发现：一是，海外企业可以通过其在跨国公司体系中的结构性位置重要性来获得总部注意；二是，海外企业可以通过话语权来取得总部注意；三是，海外企业话语权与总部注意力之间的关系，受到地区距离和下游能力的调节影响。这表明，海外企业自身拥有的资源和能力等，将影响到其投资权限的获取和保持。

三、投资权限的演化路径

海外企业投资权限的演化过程，实际上也是海外企业自治能力与跨国公司许可之间的互动过程。Birkinshaw and Hood(1998 AMR)将资源定义为海外企业所拥有或控制的可获得要素的存量，而将能力定义为海外企业对于其所拥有资源进行有效利用的程度。海外企业能力可能是某个领域的(如柔性生产和物流管理等)，也可能是较为广泛的(如全面质量管理等)。这样，海外企业演进过程就可以被视为随着时间推移其能力不断积累或枯竭的过程①。根据企业动态能力理论的观点，能力是能够积累和储存的，其过程受到海外企业、总部和当地环境的影响(Birkinshaw and Hood，1998 AMR)。但是，有必要指出的是，海外企业能力与母公司能力和其他海外企业能力之间是存在差

① 在此，有必要对能力积累和资源积累作出严格的区分。资源积累型企业可能是“臃肿”型的，而能力积累型企业则是富有创造性地利用其新资源。

异的。也就是说，不同的地理环境和发展历史形成了各个海外企业特殊的发展路径，从而形成了其独特能力。当然，各个海外企业之间可以建立各种机制来共享其能力。能力转移是极其重要的，它不仅受到能力可编码性的影响，而且还受到接受者和大量情境变量的影响。由于能力具有黏滞性，其转移具有一定的难度。海外企业能力具有黏滞性的主要原因在于其路径依赖，能力是不容易转移和扩散的，它是长期历史经验的结果并被用于新的领域。各海外企业之间竞争的重要性可以从波特的竞争优势理论中得以说明。Birkinshaw and Hood(1998 AMR)进一步认为，对于海外企业而言，内部竞争和外部竞争都会对其许可产生重要影响，而内部竞争(也就是海外企业之间的竞争)则对于海外企业能力发展具有极其关键的作用。在一些不存在内部竞争的情境下，跨国公司将会引入内部市场机制来培养竞争动力。

海外企业的战略角色可以通过其所拥有的许可来衡量。所谓许可，是指海外企业负有责任并且有权经营的业务，包括所服务的市场、所生产的产品、所掌握的技术、所覆盖的功能及其组合等。许可是海外企业与总部之间就海外企业责任范围的共同理解。海外企业许可和能力之间的关系是极其复杂的，海外企业的演化历程是许可和能力交互作用的过程。许可和能力之间并非同步变化的，这就导致了海外企业存在各种形式的演化模式。另外一个需注意的是，跨国企业内部各海外企业之间常常是许可竞争者，包括对现有许可的竞争和对新许可的竞争。大部分许可之间存在竞争，特别是那些资源具有高度流动性的许可。但是，并非所有许可都具有竞争性，一些许可由于内在异质性和特定环境而无法转移给其他企业，从而不具有竞争性。海外企业演进是其能力和许可交互作用的过程。海外企业发展包括能力提升和许可获取，海外企业衰退包括能力枯竭和许可撤销。能力变化可能领先于也可能滞后于许可变化，但海外企业演进最终要求许可与能力保持一致。按照Birkinshaw and Hood(1998 AMR)的观点，总部在将许可授权给海外企业时，必须先对海外企业的能力进行明确评估。如果能力没有达到要求，就不会授予相应许可，从而就不会导致海外企业演进。

总之，在全球金融危机背景下，中国跨国公司如何化危机为契机，积极完善海外企业投资权限管理机制，从而在绿地投资或跨国并购的过程中，避免海外企业盲目投资，防范其恶性争夺投资权限，培育海外企业成为卓越中心，促进跨国公司进行战略性结构升级，从而打造全球卓越中心体系，使之更好地参与全球竞争，是学术界和实业界共同面临的研究课题。具体而言，由于各个海外企业是相对独立的利益体，海外企业存在权限争夺动机和盲目扩张动机。

投资权限管理包括两个方面,从投资总量平衡方面来看,要求跨国公司站在战略高度配置下属企业间投资项目,以防止投资权限的恶性争夺;从投资风险控制方面来看,要求跨国公司密切监督下属企业投资行为,以加强海外投资的风险控制。理论研究和实践经验表明,海外企业在跨国公司成长中,经历了从属者、自治者、贡献者的角色演化历程。基于海外企业角度,研究其创新能力、技术转移、知识共享、卓越中心、程序公正性、母子公司关系以及跨国公司与东道国政府关系等,是当前和未来跨国管理的研究重点。但是,海外企业投资权限管理问题,则始终贯穿在以上各研究主题当中,是跨国管理研究的重要问题。

主要参考文献

[1]Amit,R. ,& Schoemaker,P. J. H. (1993). Strategic assets and organizationalrent. Strategic Management Journal,14:33—46.

[2]Ararwal,S. and Ramaswami,S. (1992). Choice of foreign market entry mode:impact of ownership,location and internationalization factors. Journal of International Business Studies,23:1—27.

[3]Arino,A. (2003). Measures of strategic alliance performance:an analysis of construct validity. Journal of International Business Studies,34:66—79.

[4]Assaf,A. ,Josiassen,A. ,Ratchford,B. and Barros,C. (2012). Internationalization and performance of retail firms:a bayesian dynamic model. Journal of Retailing,88:191—205.

[5]Banalieva,E. and Eddleston,K. (2011). Home-region focus and performance of family firms:the role of family vs non-family leaders. Journal of International Business Studies,42:1060—1072.

[6]Barkema,H. and Drogendijk,R. (2007). Internationalising in small, incremental or larger steps?. Journal of International Business Studies, 38(7):1132—1148.

[7]Barkema,H. ,Bell,J. and Pennings,J. 1996. Foreign entry,culturalbarriers,and learning. Strategic Management Journal,17(2):151—166.

[8]Barney,J. B. (1991). Firm resources and sustained competitive advantage. Journal of Management,17:99—120.

[9]Bartlett,C. ,Ghoshal,S. and Beamish,P. (2000). Transnational Management:Text,Cases and Reading in Cross-Border Management(Fifth Edition). McGraw-Hill Companies,Inc.

[10]Birkinshaw,J. (1996). How multinational subsidiary mandates are gained and lost. Journal of International Business Studies,27:467—495.

[11]Birkinshaw,J. and Hood,N. (1998). Multinational subsidiary evolution:Capability and charter change in foreign-owned subsidiary companies. Academy of Management Review,23:773—795.

[12]Birkinshaw,J. ,Brannen,M. and Tung,R. (2011). From a distance and generalizable to up close and grounded:reclaiming a place for qualitative methods in international business research. Journal of International Business Studies,42:573—581.

[13]Blumentritt,T. P. and Nigh,D. (2002). The integration of subsidiary political activities in multinational corporations. Journal of International Business Studies 33:57—78.

[14]Boddewyn,J. and Brewer,T. L. (1994). International business political behaviour:new theoretical directions. Academy of Management Review 19:119—143.

[15]Boisot,M. and Meyer,M. N. (2008). Which way through the open door? Reflections on the internationalization of Chinese firms. Management and Organization Review,4:349—365.

[16]Bouquet,C. and Birkinshaw,J. (2008). Weight versus voice: how foreign subsidiaries gain attention from corporate headquarters. Academy of Management Journal,51:577—601.

[17]Buckley,P and Casson,M(2002)The Future of The Multinational Enterprise,25th anniversary. Palgrave Macmillan:NewYork.

[18]Buckley,P. (2002). Is the international business research agenda running out of steam. Journal of International Business Studies,33:365—373.

[19]Buckley,P. and Ghauri,P. (2004). Globalisation,economic geography and the strategy of multinational enterprises. Journal of International Business Studies,35:81—98.

[20]Buckley,P. and Lessard,D. (2005). Regaining the edge for international business research. Journal of International Business Studies,36:595—599.

[21]Buckley,P. J. ,Clegg,L. J. ,Cross,A. R. ,Liu,X. ,Voss,H. ,& Zheng,P. (2007). The determinants of Chinese outward foreign direct investment. Journal of International Business Studies,38:499—518.

[22]Cai,K. (2009). Outward foreign direct investment:a novel dimension of China's integration into the regional and global economy. The China Quarterly,160:856—880.

[23]Campos,J. E. ,Lien,D. and Pradhan,S. (1999). The impact of corruption on investment:predictability matters'. World Development,27:1059—1067.

[24]Cantwell,J. and Mudambi,R. (2005). MNE competence-creating subsidiary mandates. Strategic Management Journal,26:1109—1128.

[25]Chan,C. and Makino,S. (2007). Legitimacy and multi-level institutional environments:implications for foreign subsidiary ownership structure. Journal of International Business Studies,38:621—638.

[26]Chan,C. M. ,Makino,S. and Isobe,T. (2010). Does sub-national region matter? Foreign affiliate performance in the United States and China. Strategic Management Journal,31(11):1226—1243.

[27]Chandy,P. R.. and Williams,T. (1994). The impact of journals and authors on international business research:a citational analysis of JIBS articles,Journal of International Business Studies,25:715—728.

[28]Chang,S. and Rhee,J. (2011). Rapid FDI expansion and firm performance. Journal of International Business Studies,42:979—994.

[29]Chen,S. and Tan,H. (2012). Region effects in the internationalization performance relationship in Chinese firms. Journal of World Business, 47:73—80.

[30]Cheng,L. and Ma,Z. (2010). China's outward foreign direct investment. National Bureau of Economic Research:545—578.

[31]Child,J. and Rodrigues,S. (2005). The internationalization of Chinese firms:a case for the oretical extension. Management and Organization Review,1:381—410.

[32]Christmann,P. ,Day,D. L. and Yip,D. (1999). The relative influence of country conditions,industry structure,and business strategy on multinational corporation subsidiary performance. Journal of International Management,5(4):241—265.

[33]Cohen,W. and Levinthal,D. (1990). Absorptive capacity:a new perspective on learning and innovation. Administrative Science Quarterly,35

(1):128—152.

[34]Collinson, S. and Rugman, A. M. (2008). The regional nature of Japanese multinational business. Journal of International Business Studies, 39:215—230.

[35]Contractor, F. J. , Kumar, V. , & Kundu, S. K. (2007). Nature of the relationship between international expansion and performance: the case of emerging market firms. Journal of World Business, 42:401—417.

[36]Contractor, F. J. , Kumar, V. , and Kundu, S. K. (2007). Nature of the relationship between international expansion and performance: the case of emerging market firms. Journal of World Business, 42, 401—417.

[37]Contractor, F. J. , Kundu, S. K. , and Hsu, C. —C. 2003. A three-stage theory of international expansion: The link between multi-nationality and performance in the service sector. Journal of International Business Studies, 34:5—18.

[38]Cuervo-Cazurra, A. (2006). Who cares about corruption?. Journal of International Business Studies, 37:807—822.

[39]Czinkota, M. R. and Ronkainen, I. A. (2005). A forecast of globalization, international business and trade: report from a Delphi study. Journal of World Business, 40:111—123.

[40]Dacin, M. , Goodstein, J. and Scott, W. (2002). Institutional theory and institutional change: introduction to the special research forum. Academy of Management Journal, 45:45—57.

[41]Deng, P. (2003). Foreign direct investment by trans-nationals from emerging countries: the case of China. Journal of Leadership and Organizational Studies, 10(2):113—124.

[42]Deng, P. (2004). Outward investment by Chinese MNCs: motivations and implications. Business Horizons, 47(3):8—16.

[43]Deng, P. (2007). Investing for strategic resources and its rationale: the case of outward FDI from Chinese companies. Business Horizons, 50:71—81.

[44]Deng, P. (2009). Why do Chinese firms tend to acquire strategic assets in international expansion?. Journal of World Business, 44:74—84.

[45]Dikova, D. and Witteloostuijn, A. (2007). Foreign direct investment

mode choice: entry and establishment modes in transition economics. Journal of International Business Studies, 38: 1013—1033.

[46] Djankov, S., La Porta, R., Lopez-de-Silanes, F. and Shleifer, A. (2005). The law and economics of self-dealing. NBER Working Paper, no. 11883.

[47] Doh, J., Rodriguez, P., Uhlenbruck, K., Collins, J. and Eden, L. (2003). Coping with corruption in foreign markets. Academy of Management Executive, 17: 114—127.

[48] Doz, Y. (2011). Qualitative research for international business. Journal of International Business Studies, 42: 582—590.

[49] Doz, Y., & Prahalad, C. K. (1991). Managing DMNCs: a search for a new paradigm. Strategic Management Journal, 12: 145—164.

[50] Duanmu, J. (2012). Firm heterogeneity and location choice of Chinese multinational enterprises (MNEs). Journal of World Business, 47: 64072.

[51] DuBois, F. and Reeb, D. (2001). Ranking the international business journals: a reply. Journal of International Business Studies, 32: 197—199.

[52] DuBois, F. and Reen, D. (2010). Ranking the international business journals. Journal of International Business Studies, 31: 689—704.

[53] Dunning, J. (1980). Toward an eclectic theory on international production: some empirical tests. Journal of International Business Studies, 11: 9—31.

[54] Dunning, J. (1998). Location and the multinational enterprise: a neglected factors?. Journal of International Business Studies, 29: 45—66.

[55] Dunning, J. and Lundan, S. (2008). Institutions and the OLI paradigm of the multinational enterprise. Asia Pacific Journal of Management, 25: 573—593.

[56] Dunning, J., Fujita, M. and Yakova, N. (2007). Some macro-data on the regionalization/globalization debate: a comment on the Rugman/verbeke analysis. Journal of International Business Studies, 38: 177—199.

[57] Eisenhardt, K. M. and Martin, J. A. (2000). Dynamic capabilities: what are they?. Strategic Management Journal, Vol. 21: 1105—1121.

[58] Elenkov, D., Judge, W., & Wright, P. (2005). Strategic leadership

and executive innovation influence: an international multi-cluster comparative Study. Strategic Management Journal, 26: 665—682.

[59]Ellis, P. (2000). Social ties and foreign market entry. Journal of International Business Studies, 31(3): 443—469.

[60]Erramilli, M., Agarwal, S. and Kim, S. (1997). Are firm-specific advantages location-specific too?. Journal of International Business Studies, 28: 735—757.

[61]Filatotchev, I., and Strange, R., Piesse, J. and Lien, Y. (2007). FDI by firms from newly industrialized economies in emerging markets: corporate governance, entry mode and location. Journal of International Business Studies, 38: 556—572.

[62]Frost, T., Birkinshaw, J. and Ensign, P. (2002). Centers of excellence in multinational corporations. Strategic Management Journal, 23: 997—1018.

[63]Gao, G. and Pan, Y. (2010). The pace of MNE's sequential entries: cumulative entry experience and the dynamic process. Journal of International Business Studies, 41: 1572—1580.

[64]Geringer, M. and Hebert, L. (1989). Control and performance of international joint ventures. Journal of International Business Studies, 20: 235—254.

[65]Gomez-Mejia, L. R., Makri, M. and Larraza-Kintana, M. (2010). Diversification decisions in family-controlled firms. Journal of Management Studies, 47(2): 223—252.

[66]Griffith, D., Cavusgil, S. and Xu, S. (2008). Emerging themes in international business research. Journal of International Business Studies, 39: 1220—1235.

[67]Griffiths, A. and Zammuto, R. F. (2005). Institutional governance systems and variationsin national competitive advantage: an integrative framework. Academy of Management Review, 30: 823—842.

[68]Guler, I. and Guillen, M. (2010). Home country networks and foreign expansion: evidence from the venture capital industry. Academy of Management Journal, 53: 390—410.

[69]Guler, I. and Guillen, M. (2010). Institutions and the internationali-

zation of IS venture capital firms. Journal of International Business Studies, 41:185—205.

[70]Habib,M. and Zurawicki,L. (2002). Corruption and foreign direct investment. Journal of International Business Studies,33:291—307.

[71]He,W. and Lyles,A. (2008). China's outward foreign direct investment. Business Horizons,51:485—491.

[72]Henisz,W. and Swaminathan,A. (2008). Institutions and international business. Journal of International Business Studies,39:537—539.

[73]Herrmann,P. and Datta,D. (2002). CEO Successor characteristics and choice of foreign market entry mode:an empirical study. Journal of International Business Studies,33:551—569.

[74]Hill,C. ,Hwang,Pand Kim,W. (1990). An eclectic theory of thechoice of international entry mode. Strategic Management Journal,11:117—128.

[75]Hillman,A. and Keim,G. (1995). International variation in the business-government interface: institutional and organizational considerations. Academy of Management Review 20:193—214.

[76]Hillman,A. ,Keim,G. and Schuler,D. (2004). Corporate political activity:a review and research agenda. Journal of Management, 30:837—857.

[77]Hitt,M. ,Boyd,B. and Li,D. (2004). The state of strategic management research and a vision of the future. In D. Ketchen & D. Bergh(Eds), Research methodology in strategy and management: 1 — 32. New York: Elsevier.

[78]Hult,G. et al. (2008). An assessment of the measurement of performance in international business research. Journal of International Business Studies,39:1064—1080.

[79]Husted,B. (1999). Wealth,culture and corruption. Journal of International Business Studies, 30:339—360.

[80]Inkpen,A. (2001). A note on ranking the international business journals. Journal of International Business Studies,32:193—196.

[81]Johanson,J. and Vahlne,J. (1977). The internationalization process of the firm-a model of knowledge development and increasing foreign market

commitments. Journal of International Business Studies,8:23—32.

[82]Jone,C. ,Hesterly,W. and Borgatti,S. (1997). A general theory of framework governance:exchange conditions and social mechanisms. Academy of Management Review,22:911—945.

[83]Kang,Y. and Jiang,F. (2012). FDI location choice of Chinese multinationals in east and southeast Asia:traditional economic factors and institutional perspective. Journal of World Business,47:45—53.

[84]Klossek,A. ,Linke,B. and Nippa,M. (2012). Chinese enterprises in Germany:establishment modes and strategies to mitigate the liability of foreignness. Journal of World Business,47:35—44.

[85]Kolstad,I. and Wiig, A(2012). What determines Chinese outward FDI?. Journal of World Business,47:26—34.

[86]Kostova,T. and Dacin,M. (2008). Institutional theory in the study of multinational corporations: a critique and new directions. Academy of Management Review,33:994—1006.

[87]Kostova,T. and Zaheer,S. (1999). Organizational legitimacy under conditions of complexity:the case of the multinational enterprise. Academy of Management Review,24:64—81.

[88]Kotable,M. ,Srinivasan,S. and Aulakh,P. (2002). Multi-nationality and firm performance:the moderating role of R&D and marketing capabilities. Journal of International Business Studies,33:79—97.

[89]La Porta,R. ,Lopes-De-Silanes,F. and Vishny,R. (1999). Corporate ownership around the world. Journal of Finance,54(2):471—517.

[90]Law,J. ,Chen,S. ,Bae,J. and Bai,B. (2011). High-performance work systems in foreign subsidiaries of American multinationals:an institutional model. Journal of International Business Studies,42:202—220.

[91]Le Breton-Miller,I. and Miller,D. (2009). Agency vs stewardship inpublic family firms:a social embeddedness reconciliation. Entrepreneurship Theory & Practice,33(6):1169—1191.

[92]Liang,X. ,Lu,X. and Wang,L. (2012). Outward internationalization of private enterprises in China:The effect of competitive advantages and disadvantages compared to home market rivals. Journal of World Business, 47:134—144.

[93]Liu, H. and Li, K. (2002). Strategic implications of emerging Chinese multinationals: the Haier case study. European Management Journal, 20 (6): 699—706.

[94]Lu, J. W. and Beamish, P. W. (2004). International diversification-and firm performance: the s-curve hypothesis. Academy of Management Journal, 47: 598—609.

[95]Luo, Y. and Tung, R. (2007). International expansion of emerging market enterprises: a springboard perspective. Journal of International Business Studies, 38: 481—498.

[96]Luo, Y., Xue, Q. and Han, B. (2010). How emerging market governments promote outward FDI: experience from China. Journal of World Business, 45: 68—79.

[97]Ma, X., Tong, T. and Fitza, M. (2013). How much does subnational region matter to foreign subsidiary performance? Evidence from Fortune Global 500 Corporations' investment in China. Journal of International Business Studies, 44: 66—87.

[98]Martinez, J. I. and Jarillo, C. (1991). Coordination demands of international strategies. Journal of International Business Studies, 22(3): 429—444.

[99]Makino, S., Isobe, T. and Chan, C. M. 2004. Does country matter?. Strategic Management Journal, 25(10): 1027—1043.

[100]Barney, J. B. (1991). Firm resources and sustained competitive advantage. Journal of Management, 17: 99—120.

[101]Mathews, J. A. (2002). Competitive advantages of the latecomer firm: a resource-based account of industrial catch-up strategies. Asia Pacific Journal of Management, 19: 467—488.

[102]Mauro, P. (1995). Corruption and growth. Quarterly Journal of Economics, 110: 681—712.

[103]McKinley, W., Mone, M. and Moon, G. (1999). Determinants and development of schools in organization theory, Academy of Management Review, 24: 634—648.

[104]Morck, R., Yeung, B and Zhao, M. (2008). Perspectives on China's outward foreign direct investment. Journal of International Business

Studies,39:337—350.

[105]Nadolska, A. and Barkema, H. (2007). Learning to internationalise: the pace and success of foreign acquisitions. Journal of International Business Studies,38:1170—1186.

[106]Pan,Y. and Tse,D. (2000). The hierarchical model of market entry modes. Journal of International Business Studies,31:535—554.

[107]Peng,M. (2004). Identifying the big question in international business research. Journal of International Business Studies,35:99—108.

[108] Peng, M. W. (2003). Institutional transitions and strategic choices. Academy of Management Review 28:275—296.

[109]Penrose,E. T. (1959). The Theory of the Growth of the Firm. Oxford:Oxford University Press.

[110]Pfefer,J. and Salancik,G. (1978). The External Control of Organizations:A Resource Dependence Perspective,Pitman Press,Boston,M. A.

[111]Puck,J. ,Holtbrugge,D. and Mohr,A. (2009). Beyond entry mode choice:explaining the conversion of joint ventures into wholly owned subsidiaries in the People's Republic of China. Journal of International Business Studies,40:388—404.

[112]Qian,G. ,Li,L. ,Li,J. ,& Qian,Z. (2008). Regional diversification and firm performance. Journal of International Business Studies, 39: 197—214.

[113]Ramasamy,B. ,Yeung,M. and Laforet,S. (2012). China's outward foreign direct investment: location choice and firm ownership. Journal of World Business,47:17—25.

[114]Robertson,C. J. and Watson,A. (2004). Corruption and change: the impact of foreign direct investment. Strategic Management Journal, 25: 385—396.

[115]Rodriguez,P. ,Siegel,D. ,Hillman,A. and Eden,L. (2006). Three lenses on the multinational enterprise:politics,corruption,and corporate social responsibility. Journal of International Business Studies,37:733—746.

[116]Rodriguez,P. ,Uhlenbruck,K. and Eden,L. (2005). Governance corruption and the entry strategies of multinationals. Academy of Management Review,30:383—396.

[117]Rugman,A. and Verbeke,A. (2003). Extending the theory of the multinational enterprise: internalization and strategic management perspectives,Journal of International Business Studies,34:125—137.

[118]Rugman,A. M. and Verbeke,A. (2004). A perspective on regional and global strategies of multinational enterprises. Journal of International Business Studies,35(1):3—18.

[119]Rui,H. and Yip,G. (2008). Foreign acquisitions by Chinese firms: a strategic intent perspective. Journal of World Business,43:213—226.

[120]Salomon, R. and Martin, X. 2008. Learning, knowledge transfer, and technology implementation performance: a study of time-to-build in the global semiconductor industry. Management Science,54(7):1266—1280.

[121]Shaffer, B. (1995). Firm-level responses to government regulation: theoretical and research approaches. Journal of Management, 21:495—514.

[122]Shleifer,A. and Vishny,R. (1993). Corruption. Quart. J. Econom, 108:599—617.

[123]Shrader,R. ,Oviatt,B. and McDougall,P. 2000. How new ventures exploit trade-offs among international risk factors: lessons for the accelerated internationalization of the 21st century. Academy of Management Journal,43(6):1227—1247.

[124]Suchman,M. (1995). Managing legitimacy: strategic and institutional approaches. Academy of Management Review,20:571—610.

[125]Sun, S. , Peng, M. , Ren, B. and Yan, D. (2012). A comparative ownership advantage framework for cross-border M&As: the rise of Chinese and Indian MNEs. Journal of World Business,47:4—16.

[126]Taylor,R. (2002). Globalization strategies of Chinese companies: current developments and future prospects. Asian Business and Management, 1(2):209—225.

[127]Teece,D. J. ,Pisano,G. and Shuen,A. (1997). Dynamic Capabilities and Strategic Management. Strategic Management Journal,Vol. 18(7): 509—533.

[128]Tsui, A. S. , Schoonhoven, C. B. , Meyer, M. W. , Lau, C. M. , & Milkovich,G. T. (2004). Organization and management in the midst of socie-

tal transformation: The People's Republic of China. Organization Science, 15: 133—144.

[129]Uhlenbruck, K., Rodriguez, P., Doh, J. and Eden, L. (2006). The impact of corruption on entry strategy: evidence from telecommunication projects in emerging economics, Organization Science, 17: 402—414.

[130]Van Alstyne, M. (1997). The state of network organization: a survey in three frameworks. Journal of Organizational Computing and Electronic Commerce, 7(2&3): 83—151.

[131] Venkatraman, N. and Ramanujam, V. (1986). Measurement of business performance in strategy research: a comparison of approaches. Academy of Management Review, 11: 801—814.

[132]Verbeke, A. and Kano, L. 2010. Transaction cost economics(TCE) and the family firm. Entrepreneurship Theory & Practice, 34(6): 1173—1182.

[133]Vermeulen, F. and Barkema, H. 2002. Pace, rhythm, and scope: process dependence in building a profitable multinational corporation. Strategic Management Journal, 23(7): 637—653.

[134]Villalonga, B. and Amit, R. 2006. How do family ownership, control and management affect firm value?. Journal of Financial Economics, 80(2): 385—417.

[135]Warner, M., Hong, N. S. and Xu, X. (2004). Late developmentexperience and the evolution of transnational firms in the People's Republic of China, Asia Pacific Business Review, 10(3/4): 324—345.

[136]Wei, S-J. (2000). How taxing is corruption on international investors?. Review of Economics and Statistics, 82: 1—11.

[137] Welch, C., Piekkari, R, Plakouiannaki, E. and Mantymaki, P. (2011). Theorizing from case studies: towards a pluralist future for international business research. Journal of International Business Studies, 42: 740—762.

[138] Welch, D. E., Welch, L. S., Young, L. C. and Wilkinson, I. F. (1998). The importance of networks in export promotion: policy issues. Journal of International Marketing, 6(4): 66—82.

[139]Werner, S. and Brouthers, L. (2002). How international is man-

agement?. Journal of International Business Studies,33:583－391.

[140]Wernerfelt,B. (1984). A Resource-based view of the firm. Strategic Management Journal,vol. 5(2):171－180.

[141]Westney,E.,and Zaheer,S. (2001). The multinational enterprises an organization. In A. Rugman(Ed.),The Oxford handbook of international business. Oxford:Oxford University Press:349－379.

[142]Witt,M. and Lewin,A. (2007). Outward foreign direct investment as escape respond to home country institutional constraints. Journal of International Business Studies,38:579－594.

[143] Wright, R. (1970). Trends in international business research. Journal of International Business Studies,1:109－123.

[144]Wright,R. and Ricks,D. (1994). Trends in international business research:twenty-five years later. Journal of International Business Studies, 25:698－701.

[145]Yiu,D.,Lau,C. and Bruton,G. (2007). International venturing by emerging economy firms:the effects of firm capabilities,home country networks, and corporate entrepreneurship. Journal of International Business Studies,38:519－540.

[146]Zhou,L.,Wu,W. and Luo,X. (2007). Internationalization and the performance of born-global SMEs: the mediating role of social networks. Journal of International Business Studies,38:673－690.

[147]Zimmerman, M. and Zeitz, G. (2002). Beyond survival: achieving new venture growth by building legitimacy. Academy of Management Review,27:414－431.

[148]君合律师事务所(2013).《中国投资者海外投资指南》. 北京大学出版社.

[149]周煊(2012). 中国国有企业境外资产监管问题研究——基于内部控制整体框架的视角.《中国工业经济》,286:131－140.

[150]国商务部、国家统计局、国家外汇管理局(2010).《中国对外直接投资统计制度》. 商合发\[2010\]520 号.

[151]张建红,卫新江,海柯·艾伯斯(2010). 决定中国企业海外收购成败的因素分析.《管理世界》,3:97－107.

[152]张建红,周朝鸿(2010). 中国企业走出去的制度障碍研究——以海

外收购为例.《经济研究》,6:80－119。

[153]李桂芳主编(2011).《中央企业对外直接投资报告》.中国经济出版社.

[154]王海(2007).中国企业海外并购经济后果研究——基于联想并购IBMPC业务的案例分析.《管理世界》,2:94－109.

[155]薛求知,韩冰洁(2008).东道国腐败对跨国公司进入模式的影响研究.《经济研究》,4:88－98.

[156]裴长洪,郑文(2011).国家特定优势:国际投资理论的补充解释,《经济研究》,11:21－35.

[157]陈福添(2006),跨国公司子公司定位研究——从科层范式到网络范式的演化.《中国工业经济》,214:64－71.

[158]顾露露,Robert Reed(2011).中国企业海外并购失败了吗?.《经济研究》.7:116－129.

[159]颜光华等著(2008).《中国海外企业治理与组织控制》.上海交通大学出版社.

[160]黄速建,刘建丽(2009).中国企业海外市场进入模式选择研究.《中国工业经济》,250:108－117.

图书在版编目(CIP)数据

中国企业境外投资理论研究前沿/陈福添著.—厦门:厦门大学出版社,2013.6
(厦门大学企管学术文库)
ISBN 978-7-5615-4702-1

Ⅰ.①中…　Ⅱ.①陈…　Ⅲ.①企业-对外投资-研究-中国　Ⅳ.①F279.23

中国版本图书馆 CIP 数据核字(2013)第 154902 号

厦门大学出版社出版发行
(地址:厦门市软件园二期望海路 39 号　邮编:361008)
http://www.xmupress.com
xmup @ xmupress.com
厦门市明亮彩印有限公司印刷
2013 年 6 月第 1 版　2013 年 6 月第 1 次印刷
开本:720×970　1/16　印张:11.5　插页:1
字数:210 千字
定价:32.00 元